★★★ 반드시 내 것으로 ★★★

#MUSTHAVE

20년 베테랑에게 아파트 실거래 데이터로 실전처럼 배워보자

나성호의
R
데이터 분석 입문

Must Have 시리즈는 내 것으로 만드는 시간을 드립니다. 명확한 학습 목표와 핵심 정리를 제공하고, 간단명료한 설명과 다양한 그림으로 학습 효과를 극대화합니다. 설명과 예제를 제공해 응용력을 키워줍니다. 할 수 있습니다. 포기는 없습니다. 지금 당장 밑줄 긋고 메모하고 타이핑하세요! Must Have가 여러분의 성장을 돕겠습니다.

GOLDEN RABBIT

골든래빗은 가치가 성장하는 도서를 함께 만드실 저자님을 찾고 있습니다.
내가 할 수 있을까 망설이는 대신, 용기 내어 골든래빗의 문을 두드려보세요.

apply@goldenrabbit.co.kr

우리는
가치가 성장하는
시간을
만듭니다.

GOLDEN RABBIT

추천의 말

이 책은 원고 단계에서 베타 리딩을 진행했습니다. 보내주신 의견을 바탕으로 더 좋은 원고로 만들어 출간합니다. 참여해주신 모든 분께 감사드립니다.

R 데이터 분석 입문자와 초보자

프로그래밍을 배우고 싶지만, 다른 언어는 진입장벽이 높아 보인다면 이 책을 추천합니다. 깊이 있는 프로그래밍 지식이 없더라도, 쉽게 따라 할 수 있는 예제를 반복하다 보면 어느새 '나도 데이터 분석을 할 수 있다'는 자신감을 갖게 될 겁니다.

김호영 고등과학원 전문

처음 R을 접하면서 만나게 될 자료구조와 문법을 쉽게 설명했습니다. 기존에 프로그래밍 경험이 있는 분이라면 저자가 풀어놓은 쉽고 명쾌한 설명이 쉽게 이해될 겁니다. 실무에서 자주 사용하는 예제에 많은 지면을 할애했기 때문에 실제 데이터 분석 업무에 R을 어떻게 적용하는지 간접 체험하고, 향후 더 공부할 방향을 찾는 길잡이가 되어줄 겁니다.

박찬웅

이 책은 명확한 학습 목표를 설정하고 개념과 코드를 체계적으로 그리고 적절한 분량으로 설명합니다. 장마다 끝에 요약 정보를 제시하여 방대한 내용을 다시 상기시켜줍니다. 데이터 분석은 결국 본인의 업무에 따라 활용도가 다를 수밖에 없습니다. 이 책으로 기본을 익힌 다음, 더 고급 내용까지 배우면 R을 이용한 데이터 분석에서 자신감이 생길 겁니다.

최종기 서울아산병원 소화기내과 조교수

현업에서 R로 데이터를 분석하는 전문가

데이터 분석을 시작하면서 가장 어려운 점은 '뭘 모르는지 모르는 상태'에서 벗어나는 겁니다. 이 책은 데이터 분석 입문자가 최단 경로로 '뭘 모르는지 모르는 상태'에서 빠져나갈 수 있도록 도와주는 북극성 역할을 해줍니다.

강동훈 한국기업데이터 데이터연구센터 대리

R 프로그래밍 기초를 자세히 설명하는 책입니다. 데이터 분석을 시작하기 전 R 기본기를 갖추려는 분에게 추천합니다. 장마다 핵심 요약이 제공되어 정말 유용합니다.

양민혁 현대모비스 책임

R은 SAS나 SPSS와 달리 오프소스이며 프로그래밍의 자유도가 높은 장점이 있지만, 익숙해지기까지 많은 노력이 필요하고, 사소한 실수에도 에러가 발생합니다. 저자는 R을 처음 접하는 사람도 하나씩 따라 할 수 있도록 기초부터 친절히 설명합니다. 이 책으로 핵심 내용을 익히고 점차 자신에게 맞는 패키지, 함수, 방법을 익혀나가면 통계분석 전문가로 성장할 수 있을 겁니다.

이재훈 성신여자대학교 교육혁신팀 팀장

저자와 5문5답

 왜 이 책으로 R 데이터 분석에 입문해야 하나요?

패스트캠퍼스/러닝스푼즈/멀티캠퍼스를 비롯해 유수의 기업에서 강의를 했습니다. 강의를 해보니 ❶ 수강생은 바쁘다 ❷ 바쁘다는 이유로 자료 구조를 건너뛰고 무작정 데이터 분석부터 배우면 ❸ 데이터 분석을 제대로 익히지 못한다는 사실을 알게 되었습니다.

그래서 이 책을 준비했습니다. ❶ 한 권으로 ❷ 특히 데이터 분석 핵심인 자료 구조를 자유자재로 다룰 수 있게 중점적으로 설명하고 ❸ 데이터 분석 전과정을 체험하게 구성했습니다. 단순히 명령어 사용법만 안다고 데이터 분석을 할 수는 없습니다. 실제 현장에서 만나게 되는 다양한 경우에 맞춰 활용하는 방법을 알아야 합니다.

 R과 데이터 분석 초보자에게 전하고 싶은 말씀이 있으신가요?

아주 당연한 얘기지만 '세상에 공짜는 없다'라는 말씀을 드리고 싶습니다. R과 파이썬으로 데이터 분석 강의를 판매하는 일부 기관이나 업체에서 'R과 파이썬 데이터 분석은 쉽다'라는 허위 광고를 수 년째 하고 있습니다. 프로그래밍도 모르고 데이터 분석도 모르는 입문자에게 자칫 불필요한 오해를 심어주고 있습니다. R과 파이썬 데이터 분석은 절대로 쉽지 않습니다. 새로운 언어를 배워야 하기 때문에 익숙해지려면 수개월에서 수년이 걸립니다. 그러다 보니 프로그래밍과 데이터 분석에 도전했다가 내 길이 아닌가 싶어서 금세 포기하는 분이 많습니다.

프로그래밍과 데이터 분석을 꾸준하게 학습할 수 있도록 스스로 동기부여하고 환경을 조성해야 합니다. 가장 좋은 방법은 학습자 본인이 가장 좋아하는 분야를 찾고, 그 분야의 데이터를 분석해보는 겁니다. 예를 들어 야구를 좋아하는 사람은 야구 데이터를 분석하고, 영화를 좋아하는 사람은 영화 데이터를 분석하는 겁니다. 최근 주식 거래 붐이 일고 있으므로 주식 데이터를 분석하여 돈을 벌 수 있는 투자 전략을 수립하고, 자동매매 프로그래밍에 도전하는 것도 아주 좋은 동기부여가 될 것이라고 생각합니다.

Q | R이 얼마나 많이 사용되는 거죠?

R은 프로그래밍 언어 랭킹에서 2020년에 8위 2021년 8월에 14위를 차지했습니다 (tiobe.com). R은 통계학자가 통계 분석을 위해 만든 언어이므로 통계 분석에 사용합니다. 파이썬과 함께 데이터 분석 핵심 언어로 사용되고 있습니다.

Q | R이 데이터 분석에 많이 사용되는 이유가 있나요?

R은 통계학자가 통계 분석을 목적으로 만든 프로그래밍 언어입니다. 그래서 통계 분석에 특화되어 있습니다. 아울러 데이터 전처리에 유용한 dplyr 패키지와 데이터 시각화에 강점을 갖는 ggplot2 패키지가 있다는 장점이 있습니다. 그리고 웹 크롤링이라든가 Shiny(웹 애플리케이션 제작용 R 프레임워크)를 활용해 대시보드 개발도 가능합니다.

Q | 엑셀, R, 파이썬 데이터 분석의 장단점이 궁금합니다.

엑셀은 사용자 친화적인 프로그램이라서 많은 직장인이 데이터 분석에 사용합니다. 그런데 엑셀은 셀마다 함수를 생성하는 방식으로 처리해야 하므로 대용량 데이터를 다루기에 한계가 있습니다. 고급 통계 분석도 사용하기 어렵습니다. 하지만 R과 파이썬으로 엑셀의 한계를 해결할 수 있습니다. 고급 통계 분석은 물론 머신러닝과 딥러닝, 텍스트 마이닝까지 수행할 수 있기 때문입니다. 다만 R과 파이썬을 잘 다루려면 키보드로 프로그래밍하는 방법에 익숙해질 필요가 있습니다.

R과 파이썬 둘 중에 어떤 것을 배울 것인지 고르는 기준은 저마다 다르겠지만, 보통 프로그래밍 언어에 익숙한 개발자라면 파이썬이 좋고, 프로그래밍 언어가 처음인 비개발자라면 R이 좋습니다. 아무래도 인덱스가 0부터 시작하는 파이썬보다는 1부터 시작하는 R이 조금 더 인간다운 언어처럼 보이기 때문일 겁니다.

숫자로 보는 책의 특징

0 아무것도 몰라도 OK

R을 몰라도 됩니다. R 입문과 데이터 분석 입문 과정 모두를 알려줍니다.

3 단계로 익히는 R 데이터 분석

1단계에서 R 자료구조, 2단계에서 프로그래밍, 3단계에서 데이터 분석(수집, 전처리, 기술통계, 시각화)을 차례대로 배웁니다.

3 가지 OS별 개발 환경 구축

윈도우, 맥OS, 리눅스 개발 환경 구성 방법을 모두 제시합니다.

4 가지 데이터 입출력 형식

엑셀 파일, 텍스트 파일, RDS 파일, RDA 파일 입출력을 배웁니다. 이 4가지 형식으로 입출력을 자유자재로 할 줄 알면 데이터 관리가 훨씬 수월해집니다.

5 가지 데이터 시각화 그래프 학습

데이터의 분포와 시간에 따른 변화 및 상관관계 등 데이터 분석 과정에 유용한 5가지 시각화 그래프(히스토그램, 상자 수염 그림, 막대, 선, 산점도)를 소개합니다.

4000 건 아파트 매매 데이터 활용

국토교통부 '아파트 매매가격 데이터'와 한국감정원 'K-APT 아파트단지' 정보 4천여 건을 직접 수집해 활용합니다.

독자께 드리는 편지

 R 데이터 분석이 처음인 IT 비전공자께

쉽게 설명하려고 노력했지만, 이 책의 모든 것이 낯설고 어렵다고 느껴질 수 있습니다. 몇 페이지를 따라 해보다가 포기하고 싶은 마음이 굴뚝같아질 겁니다. 그럼에도 R 프로그래밍과 데이터 분석 공부를 포기하지 않을 용기를 가진 분께 드리고 싶은 말씀은 매일 한 줄이라도 직접 코딩해보시라는 겁니다. 일단 코딩에 익숙해져야 합니다. '하루라도 코딩하지 않으면 손가락에 가시가 돋는다'는 심정이면 충분합니다. 그렇게 코딩하는 삶에 익숙해지면 빠르게 이 책을 완주하게 될 겁니다. 꼭 한 번 이상 읽어주세요.

 R 데이터 분석에 입문하는 IT 전공 학생께

프로그래밍에 익숙한 IT 전공자라면 R 프로그래밍 기초를 익히는 어려움이 크지 않을 겁니다. 하지만 기존에 알고 있던 지식(스키마라고 하죠)이 오히려 방해를 할 수도 있습니다. 이를 테면 '파이썬에서는 되는데 R은 왜 안 될까?'와 같은 거죠. 우선 다름을 인정해주세요. 그러면 학습에 도움이 될 겁니다. 기초를 빠르게 통과했다면, 데이터 입출력(9장)부터 데이터 시각화(14장)에 소개된 예제 코드를 수차례 반복해보세요. 코드를 보지 않고도 머릿속에서 코드를 떠올릴 수 있을 때까지 반복하길 바랍니다.

 R 데이터 분석에 입문하는 직장인들께

회사 업무로 데이터를 다룰 때 엑셀만큼 편한 것이 없고, 엑셀로 못할 것 없다고 생각하지만, 최근 주변에서 데이터 분석이다 뭐다 해서 R을 배우려는 사람들이 하나둘씩 늘어나는 모습에서 '나도 더 늦기 전에 R을 배워야 하나?'하는 생각을 하고 있을 것 같습니다. 결론부터 말씀드리자면, R은 엑셀보다 빠르고 R을 잘 다루면 업무 생산성이 향상됩니다. 데이터 분석에 익숙하고, 어떤 데이터를 분석해야 하는지 잘 알고 계실 테니, R 코딩 실력을 쌓아 업무 능력을 뒷받침한다면 마치 호랑이 등에 날개를 단 격이 될 겁니다. 이 책으로 몸 값을 올릴 것을 추천합니다.

이 책을 보는 방법

1 학습 개요 안내

학습 목표와 순서, 핵심 내용을 일목요연하게 제시합니다.

2 ToDo

독자가 실습해야 하는 내용을 확실히 알려드려요.

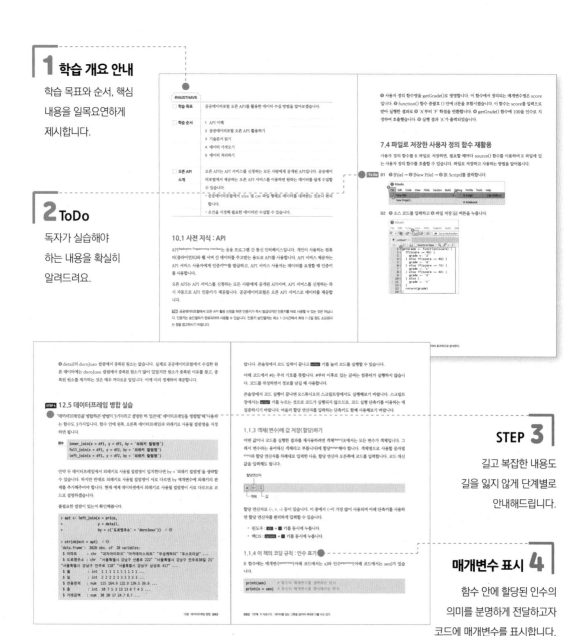

STEP 3

길고 복잡한 내용도 길을 잃지 않게 단계별로 안내해드립니다.

매개변수 표시 4

함수 안에 할당된 인수의 의미를 분명하게 전달하고자 코드에 매개변수를 표시합니다.

5 새 명령 사용 형식

새 명령어는 사용 형식을 먼저
보여주고 나서 사용합니다.

6 새로 배운 문법 모아보기

새로 배운 문법을 한눈에
보기 좋게 제공합니다.

7 새로 배운 함수 모아보기

새로 배운 함수를 한눈에
보기 좋게 제공합니다.

8 코드와 출력 구분

코드는 출력문보다 두껍게
표시해쉽게 구분할 수 있습니다.

---

❶ price에 아파트와 금액구분 컬럼으로 그룹을 지정하고, 빈도수를 계산하여 매매건수 컬럼으로 생성한 결과를 elong에 할당합니다. ❷ 2개 이상의 컬럼으로 그룹을 지정하면 콘솔창에 출력되는 안내문구입니다. 만약 이 안내문구가 출력되지 않도록 하려면 summarise() 함수 안에 .groups = 'drop'을 추가합니다. ❸ elong의 마지막 행을 출력하면, 같은 아파트에 대해 금액구분 컬럼의 원소인 '1억 미만'과 '1억 이상'이 세로로 생성되었다는 것을 알 수 있습니다. 이렇게 세로로 길게 늘어선 데이터프레임을 Long type이라고 합니다.

11.10.2 Long type과 Wide type으로 상호 변환하기

그런데 데이터 분석 과정에서 주로 다루는 데이터프레임의 형태는 가로로 펼쳐진 Wide type입니다. 따라서 Long type의 데이터프레임을 Wide type으로 변환하는 방법을 알아야겠죠. 아울러 마지막 챕터에서 소개해드릴 ggplot2 패키지는 경우에 따라 Long type의 데이터프레임이 사용되므로 Wide type을 Long type으로 변환하는 방법도 알아둡니다.

데이터프레임의 형태를 변환할 때 다양한 함수가 사용되지만 tidyverse 패키지를 호출할 때 함께 호출되는 tidyr 패키지 함수를 소개합니다.

spread() 함수는 Long type을 Wide type으로 변환합니다.

```
spread(data = Long type의 데이터프레임,
       key = Wide type의 컬럼으로 생성될 Long type의 컬럼명,
       value = Wide type의 원소로 제공 Long type의 컬럼명,
       fill = Wide type으로 변환할 때, 빈 칸에 제공 값 (기본값은 NA)
```

gather() 함수는 Wide type을 Long type으로 변환합니다.

```
gather(data = Wide type의 데이터프레임,
       key = Long type의 key로 사용될 새로운 컬럼명,
       value = Wide type의 value로 사용될 새로운 컬럼명,
       Long type의 key와 value로 제공 Wide type의 컬럼명 또는 인덱스,
       (물론 및 마이너스 사용 가능)
       na.rm = Wide type으로 변환할 때, NA 삭제 여부 (기본값은 FALSE)
```

226 2단계 R 데이터 분석 : 아파트 실거래 데이터로 실전처럼 익히기

---

❶ 인수를 지정하지 않고 호출했더니, 기본값인 '홍길동'과 173이 적용된 '홍길동 님의 키는 173 cm입니다.'가 출력되었습니다. ❷ 이번에는 '정우성', 186을 입력하고 함수를 호출했더니 '정우성 님의 키는 186 cm입니다.'가 출력되었습니다.

둘 다 잘 작동하네요.

학습 마무리

사용자 정의 함수는 R 함수로 제공되지 않은 함수를 사용자가 직접 정의한 겁니다.

새로 배운 문법 모아보기

자주 사용하는 코드를 사용자 정의 함수로 생성하면 코드를 읽기 쉽고 재사용성이 향상됩니다. 코드의 유지보수가 쉽게 해결되므로 유용합니다.

```
함수명 <- function(매개변수명1, 매개변수명2) {   # 함수명과 매개변수명을 정의합니다.
  # 실행할 코드                                   # 사용자 정의 함수가 실행할 코드입니다.
  return(반환할 객체명)                           # 마지막에 결과를 반환합니다.
}
```

```
함수명 <- function(매개변수명 = 인수의 기본값) {  # 인수의 기본값을 설정합니다.
  # 실행할 코드
  return(반환할 객체명)
}
```

자형 컬럼이 정규분포를 따를 때 사용합니다. 만약 x, y 매개변수에 지정된 벡터가 이산형 또는 순서형이라면 method 매개변수에 'spearman'(스피어만) 또는 'kendall'(켄달)을 지정합니다.

전용면적과 거래금액 컬럼의 상관계수를 출력해보겠습니다.

```
> cor(x = apt$전용면적, y = apt$거래금액)  # ❶
[1] 0.7862965
```

❶ 전용면적과 거래금액 컬럼의 상관계수를 출력합니다.

학습 마무리

이상으로 다양한 기술통계량을 확인하는 방법을 알아봤습니다. 기술통계 분석은 협목적 데이터 분석의 입문으로 연속형 및 범주형 컬럼에 대한 특징을 빠르게 파악할 때 사용하므로 데이터 분석 과정에서 반드시 실행해보기 바랍니다.

새로 배운 함수 모아보기

기술통계 분석으로 분석 데이터셋에서 숫자형 컬럼의 특징을 파악할 수 있습니다.

```
mean(x = 숫자형 컬럼, trim = 0, na.rm = FALSE)  # 평균 반환
median(x = 숫자형 컬럼, na.rm = FALSE)  # 중위수 반환

min(숫자형 컬럼, na.rm = FALSE)  # 최소값 반환
max(숫자형 컬럼, na.rm = FALSE)  # 최대값 반환
range(숫자형 컬럼, na.rm = FALSE)  # 최소값과 최대값 반환

quantile(x = 숫자형 컬럼, na.rm = FALSE, probs = seq(0, 1, 0.25))  # 사분위수 반환
IQR(x = 숫자형 컬럼, na.rm = FALSE)  # 사분범위 반환

var(x = 숫자형 컬럼, na.rm = FALSE)  # 분산 반환
sd(x = 숫자형 컬럼, na.rm = FALSE)  # 표준편차 반환

cov(x = 숫자형 컬럼, y = 숫자형 컬럼2, use = 'everything')  # 공분산 반환
cor(x = 숫자형 컬럼1, y = 숫자형 컬럼2, use = 'everything', method = 'pearson')  # 상관계수 반환
```

13장 기술통계 269

```
$ c:List of 2
 ..$ : num [1:5] 1 3 5 7 9
 ..$ : chr [1:6] "a" "a" "a" "b" ...
$ d: int [1:5] 1 2 3 4 5
```

❶ lst2에 원소명이 d인 새로운 원소를 추가합니다. ❷ lst2의 원소 개수가 4개로 늘었습니다. 그리고 마지막 원소명은 d이고 원소의 자료형은 정수형 벡터인 것을 확인할 수 있습니다.

3.5 리스트 원소 삭제

리스트의 원소를 삭제할 때도 리스트 인덱스를 이용합니다. $ 기호 뒤에 삭제할 원소명을 지정한 다음, NULL을 할당하면 해당 원소가 리스트에서 삭제됩니다.

```
> lst25a <- NULL  # ❶
> str(object = lst2)
List of 3  # ❷
 $ b: chr [1:6] "a" "a" "a" "b" ...
 $ c:List of 2
 ..$ : num [1:5] 1 3 5 7 9
 ..$ : chr [1:6] "a" "a" "a" "b" ...
 $ d: int [1:5] 1 2 3 4 5
```

❶ lst2에 원소명이 a인 원소를 삭제합니다. ❷ lst2의 원소 개수가 다시 3개로 줄어들었고, 첫 번째 원소명은 b가 되었습니다.

3.6 리스트 원소 변경

리스트의 원소를 변경할 때도 리스트 인덱스를 이용합니다.

```
> lst25b <- letters[1:5]  # ❶

> print(x = lst25b)
```

03장 R 자료구조 : 리스트 101

이 책의 구성

데이터 분석에 능숙하고 싶습니까? 그렇다면 자료구조를 먼저 탄탄히 익혀야 합니다. 데이터 분석 과정은 데이터를 다양한 형태로 바꾸며 진행되기 때문입니다. 그래서 이 책은 먼저 자료구조를 탄탄히 익히고 나서 R 프로그래밍, 데이터 수집, 전처리, 기술통계 분석, 시각화를 설명합니다.

17년간 데이터 분석가로서, 3년간 강사로서 활동하며 깨달은 '고급 분석가로 가기 전에 이 정도는 알아야 하는 내용'을 충실히 담았습니다. 데이터 분석가를 꿈꾸는 대학생과 취업 준비생은 물론 데이터 분석가로 직무 전환을 바라는 직장인이 한 권으로 R 입문과 데이터 분석 전반을 체험하고 익힐 수 있도록 구성했습니다.

00장 실습 환경 구축

윈도우, 맥OS, 리눅스에 R과 R스튜디오를 설치하고, R스튜디오에서 실습할 환경을 설정합니다.

1단계 R 자료구조 : 자료구조가 핵심이다. 잘 다뤄야 분석이 쉽다

자료형과 자료구조에 익숙해집시다. 구글링으로 발견한 코드를 자신의 데이터에 적용할 때 에러가 발생하고, 문제를 해결하지 못하는 이유는 자료형과 자료구조에 대한 이해가 부족하기 때문입니다. 데이터를 담는 그릇인 자료구조를 알아야 데이터를 제대로 다룰 수 있습니다.

1장 R 데이터 분석 입문

생애 첫 R 프로그램을 만들고, 코드를 실행하고 프로젝트를 생성하는 방법을 알아봅니다. R 기본 구문과 객체도 알아보며 기본을 다집니다. 무협지 무림 고수가 기초 체력부터 다진 후 화려한 기술을 익히듯이, 코딩 고수를 목표로 기초부터 제대로 익히는 시간이 될 겁니다.

2장 자료구조 : 벡터

R에서 가장 기본이 되는 자료구조인 벡터를 알아봅시다. 벡터는 같은 자료형을 원소로 갖는 자료구조이며, 나중에 학습할 리스트와 데이터프레임의 원소로 사용됩니다.

3장 자료구조 : 리스트

R에서 광범위하게 사용되는 자료구조인 리스트를 알아봅시다. 리스트의 구조를 확인하고, 필요한 원소만 선택하는 인덱싱 방법에 중점을 두어 학습하기 바랍니다.

4장 자료구조 : 데이터프레임

데이터프레임을 학습합니다. R은 엑셀 문서인 xls, xlsx 파일이나 텍스트 문서인 csv 파일을 데이터프레임으로 생성합니다. R을 이용한 데이터 분석에서 데이터프레임을 가장 많이 다루게 됩니다. 따라서 데이터프레임의 원소를 선택하는 인덱싱 방법, 원소를 추가, 삭제, 변경하는 전처리 방법에 중점을 두어 학습하겠습니다.

2단계 R 프로그래밍 : 프로그래밍을 알아야 효과적으로 분석한다

R 프로그래밍에 사용하는 조건문, 반복문, 사용자 정의 함수, 같은 함수 반복 실행 방법을 알아봅니다. 낯설고, 어렵고, 재미없고, 지루하지만 기초 체력이 충분해야 고급 스킬을 구사할 수 있다는 믿음으로 꾸준하게 학습하기 바랍니다.

5장 조건문

코드가 실행되는 흐름을 분기하는 if문 사용법을 알아봅시다.

6장 반복문

R 프로그래밍에 자주 사용하는 반복문을 알아보겠습니다. 반복문은 어떤 코드에서 일부의 값을 바꿔가면서 반복하여 실행할 때 사용됩니다.

7장 사용자 정의 함수

R 함수로 제공되지 않지만 분석가 자신이 자주 사용하는 함수(사용자 정의 함수)를 직접 만드는 방법을 알아보겠습니다.

8장 같은 함수 반복 실행

같은 함수를 반복 실행할 때 사용하는 apply() 함수 활용법을 알아보겠습니다.

이 책의 구성

3단계 R 데이터 분석 : 아파트 실거래 데이터로 실전처럼 익히자

데이터를 수집하고 전처리하고 시각화해 분석하는 방법을 알아봅시다. 엑셀 또는 CSV 파일을 읽고 R 데이터프레임으로 생성하고, 공공데이터포털에서 오픈 API로 공공데이터를 수집하는 방법에 익숙해지면 공공데이터포털에서 제공되는 모든 데이터가 다 내것이 됩니다. 데이터프레임을 자유자재로 다루면 업무 생산성이 높아집니다. 5가지 그래프까지 만들어보면 R로 데이터를 분석하는 전 과정을 마무리합시다.

9장   데이터 입출력

엑셀 및 텍스트 파일을 R에서 불러오고 저장하는 방법을 알아보겠습니다.

10장   오픈 API를 활용한 공공데이터 수집과 처리

공공데이터포털 오픈 API를 활용한 데이터 수집 방법을 알아보겠습니다.

11장   데이터프레임 전처리

데이터 분석 과정에서 가장 많이 사용하는 자료구조인 데이터프레임을 전처리하는 방법을 알아보겠습니다.

12장   데이터프레임 병합

두 개 이상의 데이터프레임을 하나로 합칠 때 병합하는 방법을 알아보겠습니다.

13장   기술통계 분석

기술통계descriptive statistics 분석을 통해 데이터의 주요 특징을 빠르게 파악합니다.

14장   데이터 시각화

ggplot2 패키지에서 제공하는 함수를 사용해 히스토그램, 상자 수염 그림, 막대 그래프, 선 그래프, 산점도 시각화 그래프를 그려서 데이터의 주요 특징을 시각화합니다.

데이터 분석 코스

아파트 실거래가 데이터셋 수집부터 시각화까지 6단계로 나눠 체계적으로 알려드립니다.

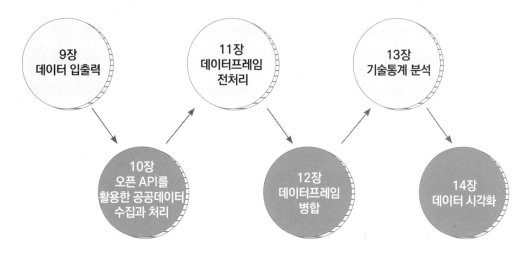

알려드려요 : 아파트 실거래가 데이터셋

3단계에서 다루는 실습용 데이터셋은 '국토교통부 아파트 매매가격 데이터'와 '한국감정원 K-APT 아파트단지 정보'를 직접 수집한 겁니다. 2020년에 서울특별시 강남구에서 거래된 아파트 매매 데이터 약 4천 여 건을 포함하고 있습니다.

알려드려요 : 10장을 먼저 진행해주세요

공공데이터포털 국토교통부 아파트매매 실거래자료 오퍼레이션은 활용 신청한 날로부터 API 인증키가 승인될 때까지 최대 2일 정도 소요됩니다. 따라서 활용 신청한 즉시 데이터 확인이 안 됩니다. 그러므로 10.2절까지는 미리 실습을 진행해두세요. 그래야 본격적으로 공부할 때 막힘 없이 실습할 수가 있습니다.

목차

1 단계   R 자료구조   040

자료구조가 핵심이다. 잘 다뤄야 분석이 쉽다

목차

2 단계　R 프로그래밍　118
프로그래밍을 알아야 효과적으로 분석한다

3단계

R 데이터 분석   168

아파트 실거래 데이터로 실전처럼 익히자

목차

Chapter

00

실습 환경 구축

☐ 학습 목표	윈도우, 맥OS, 리눅스에 R과 R스튜디오를 설치하고, R스튜디오에서 실습할 환경을 설정합니다.
☐ 학습 순서	**1** R 설치하기 **2** R스튜디오 설치하기 **3** 예제 코드 다운로드 **4** 작업 경로 및 한글 인코딩 설정하기 **5** 패키지 설치
☐ 코드 실행 환경 안내	이 책은 다음과 같은 실습 환경을 사용합니다. 소프트웨어는 지속적으로 업데이트되기 때문에 버전이 상이하면 UI가 달라지거나 다르게 동작할 수 있습니다. • R : 4.1.X 버전 • R스튜디오 : 1.4.X 버전

0.1 R 설치하기

R 설치 파일과 패키지는 CRAN에 등록되어 있습니다. CRAN은 The Comprehensive R Archive Network의 머리글자로 R 및 패키지 저장소입니다. 이제 CRAN으로 이동하여 R 설치 파일을 내려받아 설치하는 방법을 알아봅시다. 여러분의 운영체제에 맞는 설명을 참조해 설치해주세요.

0.1.1 윈도우

사용 중인 윈도우 계정 이름이 한글인지 영문인지 확인해주세요. 반드시 영문 계정 이름을 사용해야 합니다.

계정 이름이 한글이면 반드시 영어로 변경하고, 계정 유형을 '관리자'로 지정하기 바랍니다. 계정 이름이 한글인 상태에서 R을 설치할 때는 문제가 발생하지 않지만 외부 패키지를 설치할 때 에러가 발생합니다. 계정 이름을 변경하는 방법은 아래 링크를 참고하기 바랍니다.

- 단축 URL : https://url.kr/b4zkl2

 01 브라우저로 CRAN에 접속합니다.

- cran.r-project.org

02 'Download R for Windows' 링크를 클릭합니다.

The Comprehensive R Archive Network

Download and Install R

Precompiled binary distributions of the base system and contributed packages, **Windows and Mac** users most likely want one of these versions of R:

- Download R for Linux (Debian, Fedora/Redhat, Ubuntu)
- Download R for macOS
- Download R for Windows

R is part of many Linux distributions, you should check with your Linux package management system in addition to the link above.

03 ❶ [base]를 클릭합니다.

R for Windows

Subdirectories:

❶ base   Binaries for base distribution. This is what you want to **install R for the first time**.
Binaries of contributed CRAN packages (for R >= 2.13.x; managed by Uwe

❷ [Download R 4.1.0 for Windows]를 클릭해 설치 파일을 내려받습니다.

R-4.1.0 for Windows (32/64 bit)

❷ Download R 4.1.0 for Windows (86 megabytes, 32/64 bit)
Installation and other instructions
New features in this version

04 ❶ 설치 파일을 실행한 다음 ❷ 기본값으로 설치합니다.

0.1.2 맥OS

To Do **01** 브라우저로 CRAN에 접속합니다.

- cran.r-project.org

02 'Download R for macOS' 링크를 클릭합니다.

```
The Comprehensive R Archive Network
```

```
Download and Install R

Precompiled binary distributions of the base system and contributed packages,
Windows and Mac users most likely want one of these versions of R:

  • Download R for Linux (Debian, Fedora/Redhat, Ubuntu)
  • Download R for macOS
  • Download R for Windows

R is part of many Linux distributions, you should check with your Linux
package management system in addition to the link above.
```

03 [R-4.1.0.pkg]를 클릭해 설치 파일을 내려받습니다(사용 중인 맥이 M1 이상이면 R-4.1.0-arm64.pkg를 받습니다).

```
R for macOS

This directory contains binaries for a base distribution and packages to run on macOS. Releases for old Mac OS X systems
(through Mac OS X 10.5) and PowerPC Macs can be found in the old directory.

Note: Although we take precautions when assembling binaries, please use the normal precautions with downloaded executables.

Package binaries for R versions older than 3.2.0 are only available from the CRAN archive so users of such versions should
adjust the CRAN mirror setting (https://cran-archive.r-project.org) accordingly.

                    R 4.1.0 "Camp Pontanezen" released on 2021/05/19

Please check the SHA1 checksum of the downloaded image to ensure that it has not been tampered with or corrupted during
the mirroring process. For example type
openssl sha1 R-4.1.0.pkg
in the Terminal application to print the SHA1 checksum for the R-4.1.0.pkg image. On Mac OS X 10.7 and later you can also
validate the signature using
pkgutil --check-signature R-4.1.0.pkg

                    Latest release:

R-4.1.0.pkg (notarized and signed) R 4.1.0 binary for macOS 10.13 (High Sierra) and higher, Intel 64-bit build,
SHA1-                               signed and notarized package.
hash: df4d6fc17bbf6b7a27d4e015c0084d4bb6f7b428
(ca. 87MB)                          Contains R 4.1.0 framework, R.app GUI 1.76 in 64-bit for Intel Macs, Tcl/Tk 8.6.6
                                    X11 libraries and Texinfo 6.7. The latter two components are optional and can
                                    be ommitted when choosing "custom install", they are only needed if you want
                                    to use the tcltk R package or build package documentation from sources.
```

04 ❶ 설치 파일을 실행한 다음 ❷ 기본값으로 설치합니다.

026 나성호의 R 데이터 분석 입문

0.1.3 리눅스

리눅스는 배포판이 굉장히 다양합니다. 현실적으로 모두를 다룰 수는 없어 인기가 높은 우분투 (Ubuntu 20.04.2 LTS) 환경에 설치하는 방법을 다루겠습니다.

그외 버전에 R과 R스튜디오를 설치하는 방법은 다음 링크에서 확인할 수 있습니다.

- docs.rstudio.com/resources/install-r

To Do **01** 종속성을 확인하고 설치합니다.

```
$ sudo apt-get update
$ sudo apt-get install r-base r-base-dev
```

02 설치 중간에 추가 공간이 필요한데 더 진행할 거냐고 물으면 y를 입력해 진행합니다.

```
After this operation, 206 MB of additional disk space will be used.
Do you want to continue? [Y/n] y
```

0.2 R스튜디오 설치하기

R을 설치하고 실행하면 다음과 같은 R 콘솔(Console)이 열립니다.

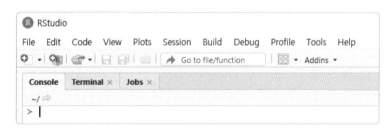

R은 스크립트 언어이므로 콘솔에서 명령어를 입력하고 실행하면 결과를 바로 출력하는 대화식으로 코딩할 수 있습니다. 그런데 R 콘솔에서 여러 줄 코드로 된 R 파일 실행이 상당히 불편할 수 있습니다(Rscript 프로그램을 이용할 수 있지만, R 초심자에게 불편한 방식입니다).

따라서 컴퓨터 프로그래밍과 관련된 모든 작업을 한 곳에서 통합 지원하는 프로그램인 통합 개발 환경을 사용하는 것이 좋습니다.

이 책에서 R의 통합 개발 환경 프로그램으로 활용하는 R스튜디오는 별도 프로그램 파일로 설치해야 합니다.

여러분의 운영체제에 맞는 설명을 참조해 설치해주세요.

0.2.1 윈도우

To Do 01 R스튜디오 다운로드 웹페이지로 이동합니다.
- rstudio.com/products/rstudio/download

02 [Download] 버튼을 클릭합니다.

03 [DOWNLOAD RSTUDIO FOR WINDOWS] 버튼을 클릭합니다.

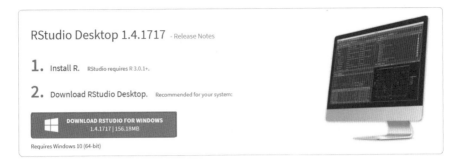

04 내려받은 파일을 실행해 기본값으로 설치합니다.

0.2.2 맥OS

To Do **01** R스튜디오 다운로드 웹페이지로 이동합니다.
   • rstudio.com/products/rstudio/download

02 [Download] 버튼을 클릭합니다.

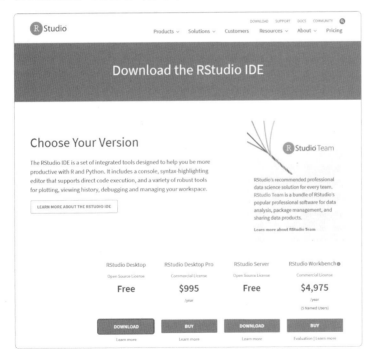

03 [DOWNLOAD RSTUDIO FOR MAC] 버튼을 클릭해 설치 파일을 내려받습니다.

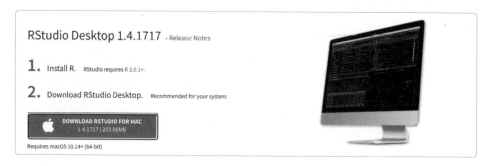

04 설치 파일을 실행합니다.

05 RStudio.app를 마우스로 선택한 상태로 왼쪽에 있는 [Applications] 폴더로 이동시키면 자동으로 설치됩니다.

06 R스튜디오를 실행할 때 아래 팝업 메뉴가 나타나면 [열기]를 클릭합니다. 그러면 R스튜디오 가 실행됩니다.

0.2.3 리눅스

우분투에 R스튜디오를 설치하겠습니다. 다른 배포판에 설치하는 방법은 다음 링크를 참조해주세요.

- www.rstudio.com/products/rstudio/download-server/debian-ubuntu

To Do **01** ❶ 터미널에서 다음 명령을 차례대로 수행합니다.

```
$ sudo apt-get install gdebi-core
$ wget https://download1.rstudio.org/desktop/bionic/amd64/rstudio-1.4.
1717-amd64.deb
$ sudo gdebi rstudio-1.4.1717-amd64.deb
```

❷ 세 번째 명령을 수행하면 패키지를 설치할 건지 묻습니다. y를 입력해 진행합니다.

02 R스튜디오 실행은 rstudio 명령을 입력하면 됩니다.

```
$ rstudio
```

0.3 예제 코드 다운로드

깃허브에서 예제 코드를 다운로드하고 실행하는 방법을 알아보겠습니다.

0.3.1 예제 내려받기

학습할 때 참고할 R 코드 파일과 데이터 파일을 깃허브로 제공해드립니다. R 프로그래밍에 익숙해지려면 스스로 코딩을 반복하는 것이 가장 좋습니다. 최대한 직접 타이핑하며 학습해주세요.

- 깃허브 URL : https://github.com/HelloDataScience/DAwR

To Do **01** 이 책의 깃허브 원격저장소로 이동합니다. 크롬 브라우저에서 접속해주시기 바랍니다. 인터넷 익스플로어(IE)에서는 [Code] 버튼이 활성화되지 않습니다.

02 ❶ [Code ▾] → ❷ [Download ZIP]을 클릭합니다.

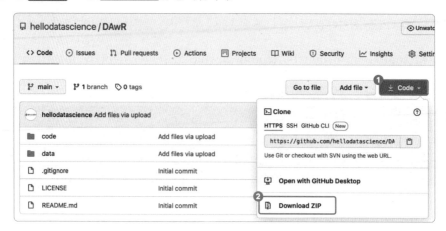

03 ❶ 내려받은 압축 파일을 풀고 ❷ [code]와 [data] 폴더를 [DAwR] 폴더로 이동시킵니다.

0.3.2 예제 소스 코드 열기

To Do **01** 메뉴에서 [File] → [Open File...]을 클릭합니다.

02 압축을 푼 폴더에서 [code] 폴더 선택 후 → [data] 폴더 안에서 'Ch 01 R Basic.R' 파일을 선택합니다. 그러면 다음과 같이 해당 코드를 읽어옵니다.

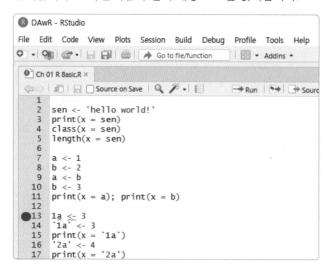

0.4 작업 경로 및 한글 인코딩 설정하기

코드를 직접 타이핑해야 실력이 상향됩니다. 따라서 이 책은 장마다 프로젝트를 생성해서 실습하는 걸 권장합니다. 불가피하게 프로젝트를 생성(1.4절 '프로젝트 생성하기')을 하지 않고 내려받은 소스 코드로 실습하는 분은 0.4.1절 '작업 경로 설정하기'를 참조해주세요.

참고로 제공되는 소스 코드에 있는 한글이 운영체제에 따라 깨져 보일 수 있습니다. UTF-8로 인코딩을 설정하면 제대로 보입니다. 0.4.2절 '한글 인코딩 설정하기'를 참조해주세요(윈도우 사용자라면 꼭 인코딩 설정을 해주세요).

0.4.1 작업 경로 설정하기

새롭게 타이핑하지 않고 내려받은 예제 코드로 실습할 때는 예제 코드가 있는 폴더(예를 들어 DAwR-main 폴더)로 작업경로를 설정해야 합니다. 그렇지 않으면 데이터 파일을 읽어오지 못해 일부 예제에서 에러가 출력됩니다. 지금부터 설정해봅시다.

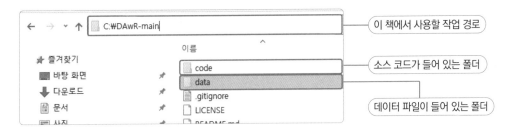

To Do **01** 메뉴에서 ❶ [Tools] → ❷ [Global Options...] 를 선택합니다.

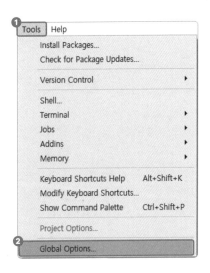

02 [General]에서 Default working directory 항목의 ❶ [Browse...] 버튼을 클릭합니다.

03 예제를 풀어놓은 ❶ DAwR-main를 선택하고 → ❷ [Open]을 클릭합니다.

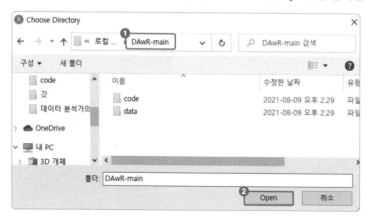

04 [OK] 버튼을 누릅니다.

즉각 반영이 안 되면 PC를 재부팅해보세요.

0.4.2 한글 인코딩 설정하기

소스코드 창에서 한글이 다음과 같이 깨지는 현상이 있을 수 있습니다. 한글 인코딩 문제 때문에 그렇습니다. 한글 인코딩을 UTF-8로 바꿔봅시다.

To Do [Global Options]에서 설정하기

01 메뉴에서 ❶ [Tools] → ❷ [Global Options...]를 선택합니다.

02 ❶ [Code] → ❷ [Saving] → Default text encoding 항목에서 ❸ [Change...]를 클릭합니다.

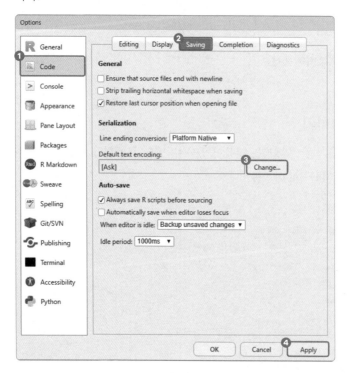

03 팝업 창에서 ❶ UTF-8 선택 → ❷ [OK] 버튼을 클릭합니다.

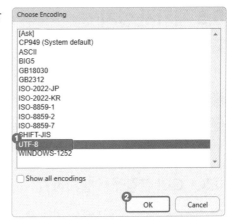

04 **02**에서 ❹를 클릭한 후 PC를 재부팅합니다.

그래도 한글이 깨지면?

1 ❶ [File] → ❷ [Reopen with Encoding]을 선택합니다.

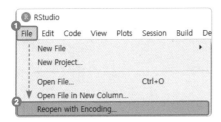

2 팝업 창에서 ❶ UTF-8 선택 → ❷ [OK] 버튼을 클릭합니다.

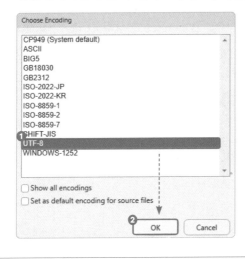

0.5 패키지 설치

처음 R을 설치하면 기본 패키지만 설치되어 있습니다. 그런데 R에서 데이터 분석을 손쉽게 하려면 다양한 외부 패키지를 사용하는 것이 좋습니다. 따라서 R 환경 설정의 마지막 여정으로 외부 패키지를 설치하는 방법을 소개합니다. R스튜디오에서 패키지를 설치하는 방법 두 가지입니다. GUI 환경과 명령행 환경 방식 중 편한 방법으로 설치하기 바랍니다.

0.5.1 GUI 환경에서 설치하기

To Do **01** R스튜디오 오른쪽 아래에 있는 ❶ [Packages] 탭을 클릭합니다. 여기서 현재 설치된 패키지 목록을 확인할 수 있습니다.

❷ [Install] 버튼을 클릭합니다.

02 패키지를 설치하는 팝업 메뉴가 보입니다. CRAN에 등록된 패키지라면 자동완성 기능이 제공됩니다. 이 책에서는 tidyverse^{타이디버스} 패키지를 가장 많이 사용합니다. ❶ 패키지명에 tidyverse를 입력하고 ❷ [Install]을 클릭해 설치합니다. 참고로 이 패키지를 처음 설치할 때 의존성 있는 90여 가지 패키지가 동시에 설치됩니다.

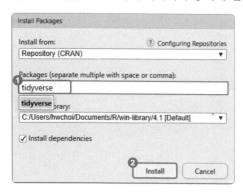

0.5.2 명령행 환경에서 설치하기

명령행에서도 패키지를 설치할 수 있습니다.

To Do **01** R스튜디오 우 하단에 있는 [Console] 탭을 클릭합니다.

02 다음과 같이 ❶과 ❷를 차례대로 입력합니다.

```
> install.packages('tidyverse')  # ❶
> library(tidyverse)  # ❷
- Attaching packages ─────────────── tidyverse 1.3.1 -
✓ ggplot2 3.3.3    ✓ purrr   0.3.4
✓ tibble  3.1.2    ✓ dplyr   1.0.6
✓ tidyr   1.1.3    ✓ stringr 1.4.0
✓ readr   1.4.0    ✓ forcats 0.3.1
- Conflicts ───────────────── tidyverse_conflicts() -
x dplyr::filter() masks stats::filter()
x dplyr::lag()    masks stats::lag()
```

❶ tidyverse 패키지를 설치합니다. ❷ tidyverse 패키지를 호출합니다. tidyverse 패키지
(9.1절 '사전 지식 : tidyverse 패키지' 참조)가 호출되면서 90여 가지 패키지가 함께 호출됩
니다. 패키지가 호출되면 패키지 안에 포함된 함수들을 사용할 수 있습니다.

만약 다음과 같은 에러 문구가 출력되면 해당 패키지가 제대로 설치되지 않았으므로 다시 설
치하기 바랍니다.

```
> library(tidyverse)
Error in library(tidyverse) : there is no package called 'tidyverse'
```

아울러 이 책에서는 tidyverse 외에 다양한 패키지를 소개하고 있습니다. 새로운 패키지를 호출
하기 전에 반드시 해당 패키지를 설치하셔야 한다는 점에 유의하기 바랍니다.

학습 마무리

이상으로 R 환경 설정을 모두 마무리했습니다. 이제부터 데이터 분석 도구로써 R을 제대로 학습
하는 시간을 갖겠습니다.

자료형과 자료구조에 익숙해집시다. 구글링으로 발견한 코드를 자신의 데이터에 적용할 때 에러가 발생하고, 문제를 해결하지 못하는 이유는 자료형과 자료구조에 대한 이해가 부족하기 때문입니다. 데이터를 담는 그릇인 자료구조를 알아야 데이터를 제대로 다룰 수 있습니다.

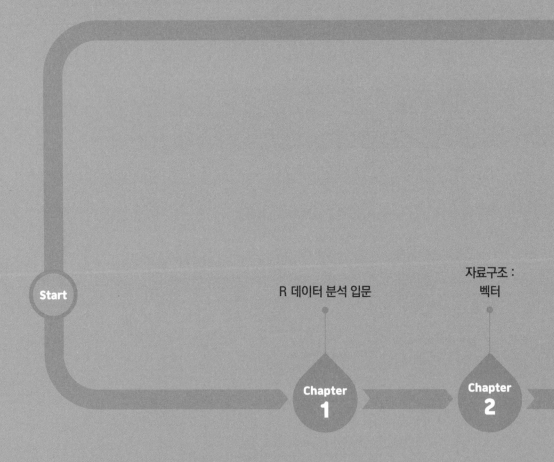

Start

R 데이터 분석 입문

자료구조 :
벡터

Chapter
1

Chapter
2

R 자료구조
자료구조가 핵심이다.
잘 다뤄야 분석이 쉽다

Chapter
3

Chapter
4

Finish

자료구조 :
리스트

자료구조 :
데이터프레임

R 데이터 분석 입문

☐ **학습 목표**	생애 첫 R 프로그램을 만들고, 코드를 실행하고 프로젝트를 생성하는 방법을 알아봅니다. R 기본 구문과 객체도 알아보며 기본을 다집니다. 무협지 무림 고수가 기초 체력부터 다진 후 화려한 기술을 익히듯이, 코딩 고수를 목표로 기초부터 제대로 익히는 시간이 될 겁니다.
☐ **학습 순서**	**1** R 기초 지식 **2** 생애 첫 R 프로그래밍 : Hello World **3** 스크립트창에서 코드 실행하기 **4** 프로젝트 생성하기 **5** R 객체의 특징 **6** R 자료구조 종류
☐ **R 소개**	R은 통계 계산과 그래픽용으로 개발된 프로그래밍 언어로 뉴질랜드 오클랜드 대학 로버트 젠틀맨과 로스 이하카가 1993년에 공개했습니다. 현재는 R 개발 코어팀R Devlopment Core Team에서 개발을 담당하고 있습니다. R은 통계 분석에 널리 사용되고 있으며, 패키지[1] 개발이 쉬워 통계 소프트웨어 개발에 많이 사용됩니다. 특히 그래픽(도표, 차트)에 강점을 가지고 있습니다. • R은 통계 분석 함수를 다수 포함하고 있습니다. • 데이터프레임 전처리를 쉽게 해결할 수 있습니다(dplyr 패키지, 11장). • 그래픽에 강점을 가지고 있습니다(ggplot2 패키지, 14장).
☐ **R스튜디오 소개**	컴퓨터 프로그래밍과 관련된 모든 작업을 한 곳에서 통합 지원하는 프로그램인 통합 개발 환경Integrated Development Environment, IDE을 사용하면 프로그래밍이 편리해집니다. R스튜디오RStudio는 대표적인 R 통합 개발 환경 프로그램입니다.

---

1 함수, 데이터셋, 각종 문서 등의 집합

1.1 R 기초 지식

R 입문자를 위한 기초 지식을 모아 알려드립니다. 기존에 다른 언어로 프로그래밍을 하신 분도 참고할 만한 내용이 있으니 꼭 읽어주세요.

1.1.1 콘솔창에서 코드 실행하기

R이나 R스튜디오를 실행하면 콘솔창^{console window}에 〉 기호가 있습니다. 이를 프롬프트라고 합니다. 〉 기호 오른쪽에서 | 기호가 깜빡입니다. 이를 커서라고 합니다. 프롬프트는 명령을 받아들일 준비가 되어 있음을 표시하는 대기 문자입니다. 커서는 명령을 받을 위치를 알려주는 용도로 씁니다. 때로는 명령이 실행 중임을 표시하기도 합니다.

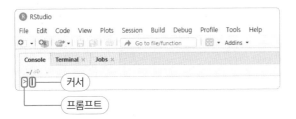

R은 스크립트 언어이므로 콘솔창에서 〉 기호 오른쪽에서 코드를 입력하고 enter 키를 눌러 실행하면 코드의 실행 결과가 코드 바로 아래에 출력됩니다. 콘솔창에서는 여러 줄의 코드를 입력하고 실행하기가 어려우므로 R스튜디오의 스크립트창^{script window}을 이용합니다.

1.1.2 스크립트창에서 코드 실행하기

콘솔창에서 코드를 실행할 때는 enter 키만 눌러도 되지만, 스크립트창에서 enter 키를 누르면 단순히 줄 바꿈되므로 코드가 실행되지 않습니다. 마우스로 원하는 코드를 ❶ 드래그해 선택하고 ❷ [Run] 버튼을 누르거나(또는 메뉴 [Code] → [Run Selected Line(s)] 클릭), 단축키를 사용하면 됩니다.

단축키를 사용하면 효과적입니다.

- 윈도우 : `ctrl` + `enter`
- 맥OS : `command` + `enter`

1.1.3 객체(변수)에 값 저장(할당)하기

어떤 값이나 코드를 실행한 결과를 재사용하려면 객체object(R에서는 모든 변수가 객체입니다. 그래서 변수라는 용어대신 객체라고 부릅니다)에 할당assign해야 합니다. 객체명으로 사용할 문자열string과 할당 연산자를 차례대로 입력한 다음, 할당 연산자 오른쪽에 코드를 입력합니다. 코드 대신 값을 입력해도 됩니다.

할당 연산자로 ⟨-, =, -⟩ 등이 있습니다. ⟨-이 가장 많이 사용되며 아래 단축키를 사용하면 할당 연산자를 편리하게 입력할 수 있습니다.

- 윈도우 : `alt` + `-`
- 맥OS : `option` + `-`

1.1.4 이 책의 코딩 규칙 : 인수 표기

R 함수에는 인수argument(아래 코드에서는 sen)와 매개변수parameter(아래 코드에서는 x)가 있습니다.

```
print(sen)      # 함수의 매개변수를 생략하는 방식
print(x = sen)  # 함수의 매개변수를 명시해주는 방식
```

매개변수에 인수를 할당하는 방식으로 함수를 사용합니다.

- 함수의 매개변수에 인수를 할당할 때 할당 연산자로 =을 사용합니다.

- 함수에 매개변수를 명시하지 않고 인수만 할당하는 방식이 더 많이 사용됩니다.
- 하지만 함수의 모든 매개변수를 생략할 수 있는 것은 아닙니다.

함수 안에 매개변수를 생략하고 인수만 할당하는 코딩 방식이 더 많이 사용되지만 함수의 모든 매개변수를 생략할 수 있는 것은 아니므로, 함수 안에 할당된 인수들이 각각 어떤 의미를 갖는지 분명하게 전달하고자 이 책에서는 가능한 모든 인수 앞에 매개변수를 표기합니다. 여러분은 본인이 원하는 방식으로 코딩하시면 됩니다.

코드에서 #는 주석 기호를 뜻합니다. #부터 이후로 있는 글씨는 컴퓨터가 실행하지 않습니다. 코드를 작성하면서 정보를 남길 때 사용합니다.

코딩 컨벤션

코딩 컨벤션^{coding convention}은 공동 작업을 하는 사람들이 각자가 작성한 코드를 쉽게 이해할 수 있도록 가독성 높은 코드를 작성하기 위해 설정한 일종의 규칙입니다. 코드 컨벤션 또는 코딩 스타일이라고도 합니다. 공동 작업을 하지 않고 혼자서 코딩하는 경우에도 가독성 높은 코딩을 하는 것은 매우 중요하므로 자신만의 코딩 컨벤션을 설정해놓는 것이 좋습니다. 코딩에서 자주 거론되는 4가지 컨벤션을 소개합니다.

1 들여쓰기 : 컴퓨터 프로그래밍 언어에 따라 정해진 규칙을 따르며, R은 들여쓰기 규칙이 없습니다. 그런데 여러 줄로 작성된 코드에서 들여쓰기가 없으면 가독성 측면에서는 좋지 않습니다. 다행히 R스튜디오에서 들여쓰기를 지원합니다. 예를 들어 한 줄로 길게 작성된 함수를 매개변수로 줄 바꿈하여 여러 줄로 작성할 때 R스튜디오는 매개변수의 시작 위치를 맞춥니다.

```
1  # 한 줄로 길게 작성한 코드
2  plot(x = iris$Sepal.Length, y = iris$Petal.Length,pch = 19, col = 'gray50')
3
4  # 매개변수를 줄바꿈하여 여러 줄로 작성한 코드
5  plot(x = iris$Sepal.Length,
6       y = iris$Petal.Length,
7       pch = 19,
8       col = 'gray50')
9
10 # 위 코드에서 들여쓰기를 일부러 삭제한 코드
11 plot(x = iris$Sepal.Length,
12 y = iris$Petal.Length,
13 pch = 19,
14 col = 'gray50')
```

2 괄호 위치 : GNU, K&R, BSD 등 3가지 방식이 있습니다. R에서는 K&R 방식이 주로 사용됩니다. 아래 그림처럼 if 조건문 뒤에 여는 괄호를 놓습니다. 여는 괄호 뒤와 닫는 괄호 앞에 코드를 추가하지 않습니다.

```
16 # K&R 방식이 사용된 if 조건문
17 if (TRUE) {
18     plot(x = 1:10, type = 'b', col = 'red')
19 }
```

3 객체명 : 카멜 표기법Camel case, 파스칼 표기법Pascal case, 스네이크 표기법Snake case 등이 있습니다. 예를 들어 'total count'를 객체명으로 작성한다고 가정했을 때 3가지 표기법에 따라 객체명이 달라집니다.

  a. 카멜 표기법은 여러 단어를 이어 붙일 때 첫 글자만 대문자로 변경합니다 (예 : totalCount).

  b. 파스칼 표기법은 카멜 표기법에서 맨 첫 번째 글자도 대문자로 변경합니다 (예 : TotalCount).

  c. 스네이크 표기법은 공백을 언더바로 변경합니다(예 : total_count).

4 주석 달기 : 주석은 가능한 상세하기 서술하는 것이 좋습니다. 주석이 있으면 빠르게 코드를 이해할 수 있기 때문입니다.

1.1.5 함수의 도움말 사용법

스크립트창 또는 콘솔창에서 물음표 뒤에 함수명을 입력하여 실행하면 해당 함수의 정의와 사용법 및 인수 관련 상세 내용 등의 도움말을 확인할 수 있습니다. 예를 들어 class 함수의 도움말을 확인해보겠습니다.

```
> ?class
```

위 코드를 실행하면 아래 그림과 같이 R스튜디오의 [Help] 탭에서 해당 함수에 대한 도움말이 열립니다.

▼ R스튜디오의 [Help] 탭

콘솔창에서 코드를 실행하는 대신에 [Help] 탭 검색창에서 함수명을 입력하면 자동완성 기능이
지원됩니다.

▼ [Help] 탭 검색창에서 자동완성 기능 사용하기

1.1.6 초보자를 위한 기호 설명

참고로 R에서 자주 사용되는 기호를 다음 표에서 확인할 수 있습니다.

▼ R에서 자주 사용되는 기호

기호	발음	설명
`	백틱	R 객체명이 숫자로 시작하거나 객체명 중간에 하이픈과 같은 기호가 포함되어 있으면 백틱으로 객체명을 감싸주어야 정상적으로 인식됩니다.
~	틸드	백틱과 같은 키(key)이지만, shift 를 동시에 눌러주어야 합니다. 많은 R 함수에서 formula 매개변수에 관계식을 설정할 때 틸드 기호를 사용합니다.

\	백슬래시	정규표현식에서 어떤 기능을 수행하는 메타 문자 앞에 백슬래시를 추가하면 메타 문자는 기능을 잃어버리고 문자로 인식됩니다.
| 또는 ₩	바	논리합 연산(하나 이상이 TRUE일 때 TRUE 반환) 또는 정규표현식에서 OR 조건으로 패턴을 설정할 때 사용합니다. 맥OS에서 ₩ 키를 입력하려면 한글자판일 때 백틱 키를 입력하면 됩니다.
&	앰퍼샌드	논리곱 연산(모두가 TRUE일 때 TRUE 반환)을 설정할 때 사용됩니다. 정규표현식에서 AND 조건으로 패턴을 설정할 때 사용합니다.
#	샵	주석으로 사용될 문자열 앞에 샵 기호를 추가하면 실행되지 않습니다.

1.2 생애 첫 R 프로그래밍 : Hello World

기초 지식을 배웠으니 생애 첫 R 프로그래밍에 도전해보겠습니다. R스튜디오를 실행하고 나서 Console창에 다음 내용을 차례대로 입력하세요(입력 후 줄마다 enter 를 치세요).

```
# 문자형 벡터 생성
> sen <- 'hello world!'  # ❶

> print(x = sen)  # ❷
[1] "hello world!"

> class(x = sen)  # ❸
[1] "character"

> length(x = sen)  # ❹
[1] 1
```

❶ 문자열 'hello world!'를 sen에 할당합니다. 이 코드를 실행하면 R스튜디오의 [Environment] 탭에 sen이 생성됩니다.

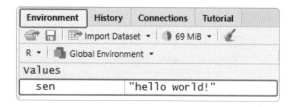

❷ print() 함수 안에 sen을 지정하고 실행하면 sen값을 콘솔창에 출력합니다. sen은 벡터이므로 "hello world!" 앞에 [1]이 출력됩니다. 벡터는 R의 기본 자료구조이며 2장에서 자세하게 다룹니다. ❸ class() 함수 안에 sen을 지정하고 실행하면 자료형과 자료구조를 출력합니다. sen은 문자형 벡터이므로 "character"가 출력됩니다. ❹ length() 함수 안에 sen을 지정하고 실행하면 원소 개수를 반환합니다. sen의 원소는 "hello world!" 1개입니다.

class() 함수는 R 객체의 자료형과 자료구조를 확인해줍니다.

함수   `class(x = 객체명)`

R 객체의 자료형 및 자료구조를 확인하는 작업이 중요한 이유는 R 객체의 자료형에 따라 함수의 실행 결과가 달라지기 때문입니다. 예를 들어 length() 함수에 벡터 sen을 할당하여 실행하면 원소 개수 1을 반환하지만, length() 함수에 데이터프레임을 할당하면 원소인 컬럼 개수를 반환합니다. 데이터프레임은 4장 '자료구조 : 데이터프레임'에서 자세하게 다룹니다.

함수   `length(x = 객체명)</>`

1.3 스크립트창에서 코드 실행하기

R스튜디오를 실행하면 3개 영역으로 분리된 상태로 열립니다. ❶ 왼쪽 전체에는 콘솔, ❷ 오른쪽 위에는 작업 공간과 작업 이력, ❸ 오른쪽 아래에는 파일과 플롯, 패키지, 도움말 메뉴가 있습니다.

▼ R스튜디오 초기 화면

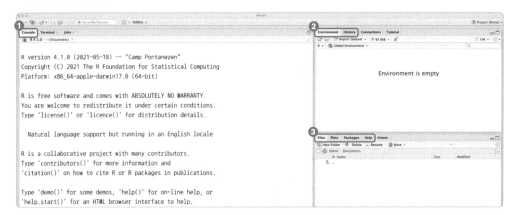

R스튜디오에서 새 스크립트창을 열어 코드를 실행하는 방법을 알아보겠습니다.

To Do 01 R스튜디오 ① 왼쪽 모서리에 있는 ⊕ 버튼 → ② [R Script]를 클릭합니다.

그러면 다음과 같이 새 스크립트창이 열립니다.

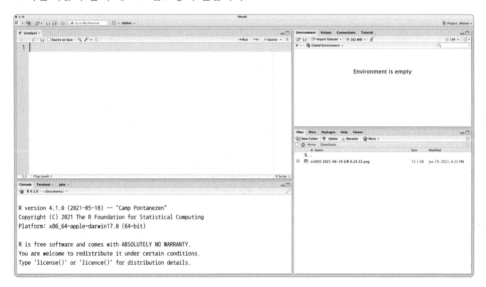

02 R스튜디오의 스크립트창에서 여러 줄의 코드를 작성하고 코드를 실행하면 콘솔창에 실행 결과가 출력됩니다.

① 코드를 씁니다. ② 실행할 영역을 마우스로 드래그하여 지정합니다. ③ [→ Run] 버튼을 클릭해 실행합니다. ④ 출력 결과를 확인합니다.

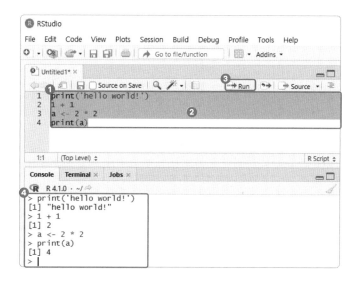

코드 내용은 1장에서부터 차근차근 소개해드리겠습니다.

1.4 프로젝트 생성하기

R스튜디오에서 다양한 내용으로 코딩을 하다 보면 폴더 정리가 필요합니다. R스튜디오가 제공하는 프로젝트 기능을 사용하면 폴더를 쉽게 정리할 수 있습니다. 아래 방법에 따라 새 프로젝트를 생성해보겠습니다.

To Do **01** R스튜디오 메뉴를 다음과 같이 선택합니다.

윈도우/리눅스에서	맥OS에서
❶ [File] → ❷ [New Project] 클릭	❶ [Project: (None)] → ❷ [New Project] 클릭

03 팝업 메뉴에서 **❶** [New Directory] 버튼을 클릭해 프로젝트 형태를 선택하는 메뉴로 이동합니다.

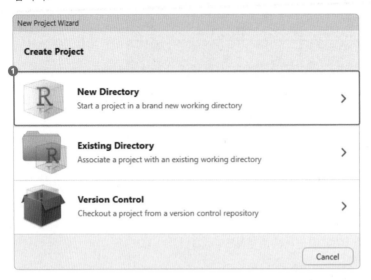

이미 로컬 컴퓨터에 있는 폴더를 프로젝트 폴더로 사용하려면 [Existing Directory]를 선택합니다. 마지막에 있는 [Version Control] 버튼은 깃허브와 연결할 때 사용합니다.

04 [New Project]를 선택합니다.

05 프로젝트 이름과 경로를 설정합니다. ❶ 새로운 프로젝트 이름으로 'DAwR'을 입력하고, ❷ [문서Documents] 폴더 안에 프로젝트 폴더가 생성되도록 경로를 설정합니다. 마지막으로 ❸ [Create Project] 버튼을 클릭해 프로젝트 생성을 완료합니다.

> **Tip** 이 책에서 프로젝트 이름으로 붙인 'DAwR'은 'Data Analysis with R'의 첫 글자를 따서 만든 겁니다. 프로젝트 이름은 본인이 원하는 것으로 변경할 수 있으니, 반드시 이 책에서 제시된 'DAwR'을 따라하지 않아도 된다는 점을 알려드립니다.

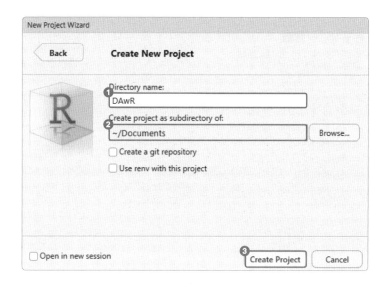

그러면 새로 생성한 프로젝트가 열립니다. 프로젝트 생성에 성공하면 R스튜디오 오른쪽 모서리에 새로 만든 프로젝트 이름이 표시됩니다.

❷에서 지정한 경로에 [DAwR] 폴더가 있을 겁니다. [DAwR] 폴더 안에는 DAwR.Rproj 파일이 있습니다.

1.5 R 객체의 특징

R에서 어떤 값을 재사용하려면 객체에 할당합니다. R 객체의 특징은 다음과 같습니다.

- R 객체는 값이 할당되는 시점에서 자료형과 자료구조가 결정됩니다.
- R 객체명은 영문, 한글, 숫자, 밑줄 _, 온점 . 등을 함께 사용할 수 있습니다. 하지만 **반드시 문자, 밑줄 또는 온점으로 시작**해야 하며, 이외의 기호나 숫자로 시작하면 에러가 발생합니다.
  - 만약 객체명을 숫자로 시작하고 싶다면 백틱 `으로 객체명을 감싸주어야 합니다.
  - 백틱은 키보드의 왼쪽 상단에 esc 키 바로 아래에 있습니다. 작은따옴표와 혼동하지 마세요.
  - 문자로 시작하지 않는 객체명을 함수에 할당할 때 백틱으로 감싸주어야 에러가 발생하지 않습니다.
- 이미 생성된 객체를 다른 객체에 할당하면, 기존 객체의 값만 전달됩니다.

R스튜디오에서 아래 코드를 실행하여 R 객체의 특징을 확인해봅시다.

```
> a <- 1  # ❶
> b <- 2  # ❷

> a <- b  # ❸
> b <- 3  # ❹

> print(x = a); print(x = b)  # ❺
[1] 2
[1] 3
```

❶ 1을 a에 할당합니다. ❷ 2를 b에 할당합니다. ❸ b를 a에 할당하면 b의 값인 2가 a에 할당되므로 a는 값이 2로 업데이트됩니다. ❹ b에 3을 할당하면, b의 값만 3으로 업데이트되며 a의 값은 변하지 않습니다. ❺ 객체 a와 b를 각각 출력합니다.

마지막 코드와 같이 세미콜론 ;을 사용하면 2개 이상의 코드를 한 줄에서 실행할 수 있습니다. 하지만 코드 가독성에 좋지 않으므로 가능한 한 줄씩 코딩하는 것이 좋습니다.

R 객체명을 문자, 온점 . 및 언더바 _ 이외의 기호 또는 숫자로 시작하는 경우 에러가 발생합니다. 하지만 객체명을 백틱으로 감싸주면 에러가 발생하지 않습니다.

```
> 1a <- 3   # ❶
Error: unexpected symbol in "1a"

> `1a` <- 3   # ❷

> print(x = `1a`)   # ❸
[1] 3

> '2a' <- 4   # ❹

> print(x = '2a')   # ❺
[1] "2a"
```

❶ R 객체명을 숫자로 시작하면 에러가 발생합니다. ❷ 하지만 R 객체명을 백틱으로 감싸주면 에러가 발생하지 않습니다. ❸ 숫자로 시작하는 객체명을 함수에 지정할 때도 백틱으로 감싸주어야 합니다. ❹ 백틱 대신 따옴표('' 또는 "")를 사용해도 객체를 생성할 수 있습니다. ❺ 하지만 함수 안에서는 문자열로 인식된다는 점의 유의하기 바랍니다.

숫자로 시작하는 객체명은 항상 백틱으로 감싸주어야 하므로 숫자로 시작하는 객체명을 사용하는 코딩 방법은 상당히 비효율적이라는 점에 동의할 겁니다. 그런데 백틱의 사용법을 알고 있어야 합니다. 왜냐하면 어쩔 수 없이 숫자로 시작하는 객체명을 다루어야 할 때가 발생하기 때문입니다. 예를 들어 엑셀 파일을 R로 읽어오면 데이터프레임으로 생성됩니다. 이때 엑셀에서 사용된 컬럼명이 숫자로 시작한다면 데이터프레임의 원소인 컬럼명도 숫자로 시작합니다. 따라서 데이터프레임의 컬럼을 다루려면 반드시 백틱으로 감싸주어야 합니다. 엑셀 파일을 R로 읽어오는 방법은 9장에서 다룹니다.

1.6 R 자료구조 종류

자료구조는 다수의 원소를 담는 객체의 종류를 의미합니다. R 자료구조로는 벡터vector, 행렬matrix, 배열array, 데이터프레임data frame, 리스트list가 있습니다. 벡터, 리스트, 데이터프레임은 각각 2장, 3장, 4장에서 자세하게 소개하겠습니다. 아울러 벡터의 원소에 해당하는 자료형은 2장에서 벡터와 함께 다룹니다. 여기에서는 자료구조의 특징만 간단하게 언급하겠습니다.

다섯 가지 R 자료구조를 시각적으로 표현한 그림을 살펴봅시다.

▼ R 자료구조의 시각적 예시

81	92	78	54	71	80	67	91	79	60	81	65	73	54	45	59	63	72	49	60

벡터

81	92	78	54
92	67	65	63
78	91	73	72
54	79	54	49
71	60	45	60

행렬

81	92	78	54
92	67	65	63
78	91	73	72
54	79	54	49
71	60	45	60

배열

문자형	문자형	범주형	정수형	실수형
고객ID	고객명	성별	나이	키
0001	정우성	M	48	186.9
0002	장동건	M	49	182.2
0003	김태희	F	41	163.4
⋮	⋮	⋮	⋮	⋮

데이터프레임

벡터
행렬/배열
데이터프레임
리스트

리스트

벡터

벡터는 같은 자료형의 원소를 일렬로 늘어 놓은 1차원 자료구조입니다. 예를 들어 검정색을 0, 흰색을 255라는 정수로 표현하면, 0~255는 밝기를 숫자로 표현한 것이 됩니다. 고객의 키, 몸무게, 나이 등 다양한 정보로 바꾸어 생각해보면 더 이해하기 쉽습니다(2장 '자료구조 : 벡터' 참조).

행렬

행렬은 1차원 벡터를 행과 열이 있는 2차원 형태로 변환한 자료구조입니다(8.1.2절 'head() 함수로 데이터의 일부 출력하기' 참조). 벡터를 행row과 열column이 있는 2차원 자료구조인 행렬로 변환할 수 있습니다. 위에 보이는 행렬은 5행 4열짜리 행렬입니다. 행렬은 흑백사진에 적합한 자료구조입니다. 행과 열 개수(길이)는 해상도resolution, 행렬의 성분component은 각 픽셀pixel의 밝기를 정수로 표현한 겁니다. 그렇다면 컬러사진은 어떻게 표현할 수 있을까요? 행렬 하나로는 어렵습니다. 빛의 삼원색이 R(빨강), G(녹색), B(파랑)이므로 컬러사진을 데이터로 표현하려면 행렬이 3개 필요합니다. 행렬 3개를 따로 선언할 수도 있지만, 배열을 쓰면 객체 하나로 표현할 수 있습니다.

데이터프레임

데이터프레임은 행렬과 같은 2차원 자료구조입니다. 그런데 행렬은 모든 원소의 자료형이 같아야 한다는 특징이 있지만, 데이터프레임은 자료형이 서로 다른 열벡터를 원소로 가질 수 있습니다. 열벡터는 세로 방향으로 일렬로 늘어선 벡터를 의미하며, 데이터프레임에서 원소가 됩니다. 열벡터를 열이나 컬럼 또는 변수라고 표현하기도 합니다. 예를 들어 고객 정보를 수집하여 데이터로 저장한다고 가정해봅시다. 고객 정보에는 고객ID, 고객명, 성별, 나이, 키 등의 컬럼이 있습니다. 각 컬럼마다 정수형, 문자형, 실수형 벡터가 사용됩니다. 이렇게 다양한 자료형이 섞인 데이터를 행렬로 저장할 수 없습니다. 왜냐하면 행렬은 모든 성분의 자료형이 같아야 하기 때문입니다.

데이터 분석을 하면서 가장 많이 다루는 자료구조는 데이터프레임입니다. 앞에서 언급한 바와 같이 엑셀 파일을 R로 불러오면 데이터프레임으로 생성됩니다. 그리고 데이터프레임의 원소는 열벡터입니다. 따라서 우리가 R 자료구조에 대해서 집중적으로 공부해야 할 것은 바로 벡터와 데이터프레임이 됩니다. 특히 벡터의 특징을 제대로 이해하고 있어야 데이터프레임을 잘 다룰 수 있게 됩니다(4장 '자료구조 : 데이터프레임' 참조).

리스트

마지막으로 리스트는 위에서 언급한 모든 자료구조를 원소로 갖는 자료구조입니다. 리스트는 함수function와 표현식expression도 원소로 가질 수 있습니다. R을 이용하여 데이터 분석 작업을 실행할 때 다른 사용자가 배포한 패키지package 함수를 이용하게 됩니다. 일반적으로 함수가 반환하는 결과가 리스트인 경우가 매우 많습니다. 따라서 데이터 분석을 잘 하려면 R 자료구조 중에서 벡터와 데이터프레임 못지 않게 리스트도 잘 다루어야 합니다(3장 '자료구조 : 리스트' 참조).

학습 마무리

R에서 값을 재사용하려면 객체에 할당해야 합니다. R은 할당 연산자로 〈- 또는 =를 사용할 수 있지만, 대다수의 사용자가 〈-를 사용합니다. 객체는 값이 할당되는 시점에서 자료형과 자료구조가 결정됩니다. 자료형과 자료구조를 잘 이해하고 있으면 다른 사람이 작성한 코드를 응용할 수 있습니다.

핵심 요약

- R에서는 값을 객체에 할당해 재사용합니다.
- R에서 제공하는 기본 자료구조로 벡터, 행렬, 배열, 데이터프레임, 리스트가 있습니다.

▼ R 자료구조

자료형	설명
벡터	같은 자료형의 스칼라(scalar)를 원소로 갖는 1차원 자료구조입니다. ○ 벡터는 가장 기본이 되는 자료구조입니다. ○ 스칼라는 원소가 1개인 벡터를 의미합니다. ○ 정수, 실수, 문자열 등을 원소로 가질 수 있습니다. ○ 한 가지 유형의 원소가 일렬로 늘어선 모습을 떠올리시기 바랍니다.
행렬	1차원 벡터를 행과 열이 있는 2차원 형태로 변환한 자료구조입니다. ○ 벡터의 특성을 유지하므로 모든 원소의 자료형이 같습니다.
배열	행렬을 몇 겹으로 쌓은 다차원 자료구조입니다.
데이터프레임	길이가 같은 열벡터를 원소로 갖는 2차원 자료구조입니다. ○ 열벡터끼리는 자료형이 다를 수 있습니다.
리스트	위에서 언급된 모든 자료형을 혼재해서 원소로 갖는 1차원 자료구조입니다. ○ 다양한 자료를 혼재해서 원소로 갖는 가장 광범위한 자료구조입니다. ○ 리스트도 원소로 가질 수 있습니다.

Chapter

02

자료구조
벡터

| ☐ 학습 목표 | R에서 가장 기본이 되는 자료구조인 벡터를 알아봅시다. 벡터는 같은 자료형을 원소로 갖는 자료구조이며, 나중에 학습할 리스트와 데이터프레임의 원소로 사용됩니다. |

☐ 학습 순서	1 R 자료형과 벡터의 특징
	2 벡터 생성
	3 벡터 원소 선택
	4 벡터 원소 추가
	5 벡터 원소 삭제
	6 벡터 원소 변경
	7 벡터 형변환
	8 벡터 강제변환
	9 산술 연산자
	10 비교 연산자
	11 논리 연산자
	12 멤버 연산자 : %in%

| ☐ 벡터 소개 | 벡터는 자료형이 같은 스칼라를 원소로 갖는 1차원 자료구조입니다. R은 5가지 주요 자료구조(벡터, 행 렬, 배열, 리스트, 데이터프레임)를 제공합니다. 그중에서 벡터가 기본 자료구조입니다. 다른 컴퓨터 프로그래밍 언어에서 말하는 변수를 R에서 객체라고 하는데, R 객체를 표현하는 기본 자료구조가 벡터이기 때문입니다. 다른 네 가지 자료구조는 벡터를 원소로 삼아 조합한 자료구조가 됩니다. |

벡터

| 81 | 92 | 78 | 54 | 71 | 80 | 67 | 91 | 79 | 60 | 81 | 65 | 73 | 54 | 45 | 59 | 63 | 72 | 49 | 60 |

- R에서 어떤 값을 객체에 할당하면, 그 객체는 원소가 1개인 벡터로 생성됩니다.
- 벡터는 데이터 분석 과정에서 가장 많이 사용되는 데이터프레임과 리스트의 원소로 사용됩니다.
- 벡터를 잘 다룰 수 있으면, 다른 자료구조를 쉽게 이해할 수 있습니다.

2.1 R 자료형과 벡터의 특징

R에서 하나의 값은 자료가 지닌 형태에 따라 실수, 정수, 문자, 논리, 범주(요인) 자료형^{data type}으로 표현됩니다.

- 실수형^{numeric} : 허수를 포함하는 복소수^{complex}가 아닌 숫자입니다. 어떤 숫자의 소수점 이하가 0일 때도 실수형으로 표현됩니다.
- 정수형^{integer} : 소수점이 없는 숫자입니다. R에서는 숫자 뒤에 L을 붙여야 정수형으로 표현됩니다(예 : 123L). L을 붙이지 않으면 실수형이 됩니다.
- 문자형^{character} : 따옴표로 감싼 문자열^{string}입니다.
- 논리형^{logical} : 따옴표가 없는 TRUE(또는 T) 및 FALSE(또는 F)만 있는 자료형입니다.
- 범주형^{factor} : 4가지 자료형을 명목형으로 변환하면 범주(요인)가 됩니다.

Tip R 자료형에는 위에서 언급한 5가지 외에 결측값^{missing data}을 의미하는 NA^{Not Available}, 아직 정해진 값이 없으므로 길이가 0인 객체를 표현할 때 사용하는 NULL, 숫자가 아니라는 의미의 NaN^{Not a Number}, 그리고 무한^{Infinite}을 의미하는 Inf가 있습니다.

R에서 원소 개수가 1인 벡터를 스칼라라고 하는데, 벡터는 같은 자료형의 스칼라가 일렬로 늘어서 있는 1차원 자료구조입니다. 벡터는 원소의 자료형에 따라 실수형 벡터, 정수형 벡터, 문자형 벡터, 논리형 벡터, 범주형 벡터로 불립니다.

벡터의 가장 중요한 특징은 원소의 자료형이 모두 같다는 점입니다. 기존 벡터에 원소를 추가할 수 있는데, 만약 자료형이 다른 스칼라 또는 벡터를 추가하면 **자동으로 자료형이 변환되는 강제변환**^{coercion}이 일어납니다. 강제변환은 논리형, 범주형 → 정수형 → 실수형 → 문자형 방향으로 일어납니다. 예를 들어 논리형 벡터와 범주형 벡터가 하나의 벡터로 합쳐지면, '모든 벡터 원소의 자료형이 같다'는 벡터의 특징 때문에 두 벡터의 공통 자료형인 정수형 벡터로 자동 변경됩니다.

▼ 강제변환 방향

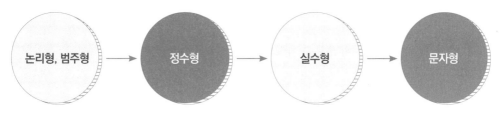

벡터를 생성할 때 c(), seq(), rep(), factor(), as.xxxx() 등 다양한 함수를 사용할 수 있습니다. 벡터는 원소의 중복을 허용하고, 원소가 입력된 순서를 유지합니다. 따라서 인덱싱과 슬라이싱을 이용하면 벡터의 특정 위치에 있는 원소를 선택할 수 있고, 벡터 원소의 추가/변경/삭제가 가능합니다(2.3.1절 '인덱싱', 2.3.2절 '슬라이싱' 참조).

지금까지 설명한 벡터의 특징을 요약하면 다음과 같습니다.

- R에서 스칼라는 자료형 하나를 원소로 갖는 벡터입니다.
- 벡터는 자료형이 같은 스칼라를 원소로 갖는 자료구조입니다.
- 기존 벡터에 자료형이 다른 스칼라 또는 벡터를 추가하면 자동으로 자료형이 변환되는 **강제 변환**이 발생합니다.
- 강제변환되는 방향은 논리형, 범주형 → 정수형 → 실수형 → 문자형입니다.
- 벡터는 원소의 중복을 허용하고, 입력된 순서도 유지합니다.
- 인덱싱과 슬라이싱을 통해 벡터의 원소를 선택하며, 원소의 추가/변경/삭제도 가능합니다.

2.2 벡터 생성

c() 함수를 이용하면 범주형을 제외한 벡터를 생성할 수 있습니다. c() 함수의 'c'는 결합을 의미하는 'combine'에서 왔습니다. c() 함수에 벡터의 원소가 될 여러 스칼라를 콤마 ,로 나열하면 입력된 원소를 결합하여 벡터를 반환합니다. c() 함수 사용법은 다음과 같습니다.

함수   c(원소1, 원소2, ...)

c() 함수는 원소의 중복을 허용하며 입력된 순서도 유지합니다. 원소가 없는 빈 벡터를 생성할 때도 c() 함수를 사용합니다. 벡터는 한 가지 자료형만 가지므로 당연히 c() 함수의 괄호 안에 추가될 원소는 모두 같은 자료형이어야 합니다. 만약 원소 자료형이 서로 다르면 강제변환이 발생합니다. 아울러 범주형 벡터는 factor() 함수를 사용해 생성합니다(2.2.4절 '범주형 벡터 생성' 참조).

실수형, 정수형, 문자형, 논리형 벡터를 차례로 생성한 다음, 벡터를 출력하고 자료형을 확인해보겠습니다.

2.2.1 실수형과 정수형 벡터 생성 : c()

먼저 실수형과 정수형 벡터를 생성해보겠습니다.

warning R은 명령어의 대소 문자를 구분합니다. 대소문자에 유의해주세요.

```
> a <- c(1, 2, 3)        # ❶

> print(x = a)           # ❷
[1] 1 2 3

> class(x = a)           # ❸
[1] "numeric"
```

❶ 실수형 벡터 a를 생성합니다. ❷ 벡터 a를 출력합니다. print() 함수는 입력된 벡터 원소를 출력합니다. ❸ 벡터 a의 자료형을 확인합니다. class() 함수는 입력된 벡터 원소의 자료형을 반환합니다. 소수점이 없는 숫자는 'numeric'^{실수형} 벡터가 됩니다.

```
> b <- c(1L, 2L, 3L)     # ❶

> print(x = b)           # ❷
[1] 1 2 3

> class(x = b)           # ❸
[1] "integer"
```

❶ 정수형 벡터 b를 생성합니다. 소수점 없는 숫자 뒤에 대문자 L을 추가했습니다. ❷ 벡터 b를 출력합니다. 벡터 a와 출력되는 결과가 같습니다. ❸ 벡터 b의 자료형을 확인합니다. 소수점 없는 숫자 뒤에 대문자 L을 붙이면 'integer'^{정수형} 벡터가 됩니다.

Tip 정수형 벡터만 입력받는 R 함수에 실수형 벡터를 지정하면 에러가 발생합니다. 따라서 R 함수를 실행하기 전에 class() 함수를 실행하여 객체의 자료형과 자료구조를 미리 확인하는 습관을 기르는 것이 좋습니다.

Tip print() 함수에 객체를 넣고 실행했을 때 (대괄호 안에 숫자가) [1]처럼 출력되면 해당 객체가 벡터라는 것을 의미합니다. 대괄호 [ ] 안의 숫자는 해당 줄 첫 원소의 위치값(인덱스)입니다. 지금 예제에서는 원소 개수가 적어서 단 한 줄만 출력되어 [1]만 보입니다. 하지만 원소 개수가 매우 많은 벡터를 출력해보면 더 확실히 의미를 파악할 수 있습니다.

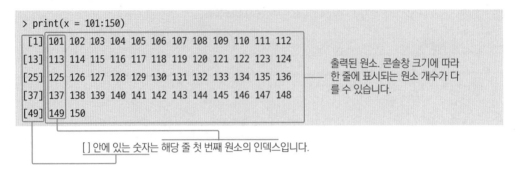

```
> print(x = 101:150)
 [1] 101 102 103 104 105 106 107 108 109 110 111 112
[13] 113 114 115 116 117 118 119 120 121 122 123 124
[25] 125 126 127 128 129 130 131 132 133 134 135 136
[37] 137 138 139 140 141 142 143 144 145 146 147 148
[49] 149 150
```

출력된 원소. 콘솔창 크기에 따라 한 줄에 표시되는 원소 개수가 다를 수 있습니다.

[ ] 안에 있는 숫자는 해당 줄 첫 번째 원소의 인덱스입니다.

2.2.2 문자형과 논리형 벡터 생성 : c()

이번에는 문자형과 논리형 벡터를 생성해보겠습니다. 먼저 문자형 벡터를 생성해봅시다.

```
> c <- c('hello', 'world')  # ❶

> print(x = c)  # ❷
[1] "hello" "world"

> class(x = c)  # ❸
[1] "character"
```

❶ 문자형 벡터 c를 생성합니다. ❷ 벡터 c를 출력하면 모든 원소가 따옴표로 감싸져 있습니다. ❸ 벡터 c의 자료형은 'character'문자형입니다.

이번에는 논리형 벡터를 생성해봅시다.

```
> d <- c(FALSE, TRUE)  # ❶

> print(x = d)  # ❷
[1] FALSE  TRUE

> class(x = d)
[1] "logical"    # ❹
```

❶ 논리형 벡터 d를 생성합니다. 따옴표 없는 FALSE와 TRUE가 사용되었습니다. ❷ 벡터 d를 출력하면 모든 원소에 따옴표가 없습니다. ❸ 벡터 d의 자료형은 'logical'논리형입니다.

FALSE 대신 F, TRUE 대신 T를 사용해도 됩니다. 하지만 'FALSE', 'TRUE'와 같이 따옴표로 감싸면 문자형 벡터가 생성되니 유의하세요.

> **warning** TRUE, FALSE와 축약형인 T, F는 논리값logical values입니다. 따라서 객체명으로 사용하지 않는 것을 권장합니다.

```
> print(x = T)  # ❶
[1] TRUE

> T <- F  # ❷

> print(x = T)
[1] FALSE  # ❸
```

❶ T를 출력하면 TRUE가 출력되는데 ❷ T에 F를 할당하고 ❸ T를 출력하면 FALSE가 출력됩니다. R에서 T는 TRUE를 의미하는데, 이처럼 FLASE로 처리되면 혼란스럽습니다.

2.2.3 원소가 없는 빈 벡터 생성

c() 함수에 아무런 값을 입력하지 않으면 원소가 없는 빈 벡터가 생성됩니다.

```
> c()
```

아마 원소가 없는 빈 벡터를 생성하는 코드를 왜 배우는지 궁금할 겁니다. for문을 실행하기 전에 빈 벡터를 생성하는 코드가 자주 사용됩니다. 예를 들어 여러 줄의 코드를 실행하면 원소가 1개인 벡터가 생성된다고 가정해보겠습니다. 이 코드 뭉치를 for문으로 실행하면, 매번 원소가 1개인 벡터가 생성됩니다. 이렇게 생성되는 벡터를 하나의 벡터 원소로 저장하고 싶다면, 반복문을 실행하기 전에 원소가 없는 빈 벡터를 미리 생성해두어야 합니다. 자세한 내용은 6.1절 'for문'에서 코드와 함께 설명하겠습니다.

2.2.4 범주형 벡터 생성 : factor(), as.factor()

범주형 벡터는 factor()와 as.factor() 함수를 이용해서 생성합니다. 범주형은 성^{gender}, 지역, 혈액형, 국적과 같이 의미가 같은 문자열 원소가 반복되는 데이터에 적합합니다. ggplot2 패키지로 데이터 시각화할 때 문자열 벡터보다 범주형 벡터가 더 작업하기 수월합니다. 그래서 반복 데이터를 저장할 때는 문자형 벡터를 범주형 벡터로 변환해 사용하면 효율적입니다.

factor() 함수의 주요 매개변수로는 x와 levels가 있습니다. x에는 범주형 벡터로 변환할 벡터를 지정하고, levels에는 범주형 벡터의 순서를 지정합니다. 매개변수 levels를 생략하면 x에 지정된 벡터 원소에서 중복을 제거하고 오름차순으로 정렬한 결과를 범주형 벡터의 레벨로 사용합니다.

함수
```
factor(x = 범주형으로 변환할 벡터,
       levels = 범주형 벡터의 레벨 순서인 문자형 벡터)
```

기존 벡터를 범주형 벡터를 변환할 때는 as.factor() 함수를 사용합니다. 이 함수에는 x만 있으므로 레벨 순서를 변경할 수 없습니다.

함수
```
as.factor(x = 벡터)
```

문자형 벡터를 생성한 다음, as.factor() 함수를 사용해 범주형 벡터로 변환해봅시다.

```
> nat <- c('한국', '일본', '중국', '미국', '중국', '한국', '미국', '일본')  # ❶

> print(x = nat)
[1] "한국" "일본" "중국" "미국" "중국" "한국" "미국" "일본"

> fct <- as.factor(x = nat)  # ❷

> print(x = fct)   # ❸
[1] 한국 일본 중국 미국 중국 한국 미국 일본
Levels: 미국 일본 중국 한국

> as.integer(x = fct)  # ❹
[1] 4 2 3 1 3 4 1 2
```

❶ 문자형 벡터 nat에 '한국', '일본', '중국', '미국'이라는 원소가 중복되었습니다. 문자형 벡터를 출력하면 각 원소가 따옴표로 감싸져 있습니다. ❷ 문자형 벡터 nat를 범주형 벡터로 변환합니다. 범주형 벡터로 변환되는 과정에서 중복된 원소를 제거하고 오름차순으로 정렬하여 '미국', '일본', '중국', '한국'이 레벨로 생성됩니다. ❸ 범주형 벡터 fct를 출력하면 아래에 레벨(Levels)이 추가로 출력됩니다. 아울러 각 원소에 따옴표가 사라졌습니다. ❹ 범주형 벡터 fct를 정수형 벡터로 변환할 수 있습니다. 실행 결과로 4, 2, 3, 1, 3, 4, 1, 2가 출력되었습니다. 이렇게 되는 이유는 뭘까요? 범주형 벡터가 정수형 또는 실수형 벡터로 변환되면서 원솟값이 레벨의 위치번호인 인덱스로 바뀌기 때문입니다. 범주형 벡터 fct의 첫 번째 원소는 네 번째 레벨이므로 4가 되고, 두 번째 원소는 두 번째 레벨이므로 2가 됩니다.

범주형 벡터로 변환할 때 레벨의 순서를 지정할 수도 있습니다. factor() 함수를 사용해봅시다.

```
> fct <- factor(x = nat, levels = c('한국', '미국', '중국', '일본'))  # ❶

> print(x = fct)  # ❷
[1] 한국 일본 중국 미국 중국 한국 미국 일본
Levels: 한국 미국 중국 일본

> as.integer(x = fct)  # ❸
[1] 1 4 3 2 3 1 2 4
```

❶ factor() 함수는 x에 지정된 벡터를 범주형 벡터로 변환하는데, levels에 문자형 벡터를 지정하면 해당 벡터의 원소로 레벨 순서가 적용됩니다. ❷ 범주형 벡터 fct를 출력하면 레벨 순서가 '한국', '미국', '중국', '일본' 순으로 변경되었습니다. ❸ 범주형 벡터 fct를 정수형 벡터로 변환하면 1, 4, 3, 2, 3, 1, 2, 4가 출력되는데, 그 이유는 레벨 순서가 변경되었기 때문입니다.

2.2.5 원소가 연속되는 벡터 생성 : seq()

일정한 간격의 연속된 숫자를 원소로 갖는 벡터를 생성할 때는 seq() 함수를 사용합니다.

함수
```
seq(from = 처음 숫자,
    to = 마지막 숫자,
    by = 간격,
    length.out = 반환되는 벡터의 길이)
```

seq() 함수를 사용하여 일정한 간격을 갖는 숫자형 벡터를 생성해보겠습니다.

```
> seq(from = 1, to = 3, by = 1)  # ①
[1] 1 2 3

> 1:3  # ②
[1] 1 2 3

> seq(from = 3, to = 1, by = -1)  # ③
[1] 3 2 1

> seq(from = 1, to = 10, by = 2.5)  # ④
[1] 1.0 3.5 6.0 8.5

> seq(from = 1, to = 10, length = 19)  # ⑤
 [1]  1.0  1.5  2.0  2.5  3.0  3.5  4.0  4.5  5.0  5.5
[11]  6.0  6.5  7.0  7.5  8.0  8.5  9.0  9.5 10.0
```

① 1부터 3까지 1 간격의 숫자를 원소로 갖는 실수형 벡터를 생성합니다. ② 간격이 1 또는 -1일 때 콜론을 사용할 수 있습니다. 참고로 콜론을 사용하면 정수형 벡터가 생성됩니다. ③ by에 음수를 지정할 수 있는데 간격이 -1이므로 3:1로 대신할 수 있습니다. ④ by에 2.5를 지정하면 1부터 10까지 2.5 간격의 숫자를 생성합니다. 당연하게도 10을 초과할 수는 없습니다. ⑤ length에 19를 지정하면 원소가 19개인 실수형 벡터가 생성됩니다. 원소의 간격은 자동 계산됩니다.

코드를 제시하고 원문의 순서도 변경했으면 해서 원문을 아래와 같이 변경했으면 합니다.

```
> seq(1, 3, 1)  # ①
[1] 1 2 3

> seq(3)  # ②
[1] 1 2 3

> seq(1, 3, 1, length.out = 5)  # ③
Error in seq.default(1, 3, 1, length.out = 5) : too many arguments

> seq(1, 3, length.out = 5)  # ④
[1] 1.0 1.5 2.0 2.5 3.0
```

```
> seq(1, 3, length = 19)    # ❺
[1] 1.0 1.5 2.0 2.5 3.0
```

❶ 매개변수명 from, to, by를 생략할 수 있습니다. 특히 세 번째 인수의 매개변수를 생략하면 자동으로 by가 적용됩니다. ❷ 인수를 1개만 지정하면 매개변수 to에 적용되며, from에는 기본 인수 1이 대신 적용됩니다. 따라서 1부터 3까지 1 간격의 정수가 반환됩니다. ❸ 매개변수 by와 length.out을 동시에 지정하면 에러가 발생합니다. ❹ by 대신 length.out을 사용할 수 있는데, 매개변수명을 생략하면 안 됩니다. ❺ 매개변수명을 length.out 대신 length로 바꿔서 사용할 수 있습니다.

2.2.6 원소가 반복되는 벡터 생성 : rep()

어떤 스칼라 또는 벡터의 원소를 반복할 때는 rep() 함수를 사용합니다.

함수
```
rep(x = 반복할 스칼라 또는 벡터,
    times = x에 지정된 벡터 전체를 반복할 횟수,
    each = x에 지정된 벡터의 각 원소를 반복할 횟수,
    length.out = 반환되는 벡터의 길이)
```

rep() 함수를 사용하여 지정된 벡터의 원소를 반복한 벡터를 생성해보겠습니다.

```
> rep(x = 1, times = 3)        # ❶
[1] 1 1 1

> rep(x = 1:3, times = 3)      # ❷
[1] 1 2 3 1 2 3 1 2 3

> rep(x = 1:3, each = 3)       # ❸
[1] 1 1 1 2 2 2 3 3 3

> rep(x = 1:3, length = 10)    # ❹
 [1] 1 2 3 1 2 3 1 2 3 1
```

❶ x에 지정된 벡터를 3번 반복합니다. ❷ x에 지정된 벡터 1:3을 3번 반복합니다. ❸ x에 지정된 벡터의 각 원소를 3번씩 반복합니다. ❹ x에 지정된 벡터를 length에 지정된 길이까지 반복합니다.

rep() 함수는 매개변수명 x와 times를 생략할 수 있지만, each와 length.out은 생략할 수 없습니다. 아울러 매개변수명 length.out을 length로 바꿔서 사용할 수 있습니다.

```
> rep(1:3, 3)  # ❶
[1] 1 2 3 1 2 3 1 2 3

> rep(1:3, each = 2)  # ❷
[1] 1 1 2 2 3 3

> rep(x = 1:3, 3, each = 2)  # ❸
 [1] 1 1 2 2 3 3 1 1 2 2 3 3 1 1 2 2 3 3

> rep(x = 1:3, 3, each = 2, length = 10)  # ❹
 [1] 1 1 2 2 3 3 1 1 2 2
```

❶ 매개변수명 x와 times를 생략할 수 있습니다. 두 번째 인수의 매개변수를 생략하면 자동으로 times가 적용됩니다. ❷ 매개변수명 each는 생략할 수 없습니다. ❸ 매개변수 times와 each를 동시에 사용하면 each가 먼저 적용된 결과를 times에 지정된 횟수만큼 반복합니다. ❹ 마지막으로 length에 지정된 길이까지 반복합니다.

2.3 벡터 원소 선택

벡터의 인덱싱indexing은 벡터 원소의 위치 번호(인덱스)를 지정하여 벡터 원소의 일부를 선택하는 기능입니다. 벡터의 슬라이싱slicing은 콜론 :을 이용하여 연속된 벡터의 원소를 선택하는 기능입니다.

2.3.1 인덱싱

인덱싱부터 알아보겠습니다. 객체명 뒤에 대괄호 [ ]를 추가하고, 대괄호 안에 원소의 인덱스를 지정하면 특정 원소를 선택할 수 있습니다.

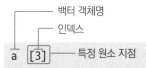

예를 들어 R 내장 문자형 벡터인 letters가 있습니다.

```
> print(x = letters)
 [1] "a" "b" "c" "d" "e" "f" "g" "h" "i" "j" "k" "l"
[13] "m" "n" "o" "p" "q" "r" "s" "t" "u" "v" "w" "x"
[25] "y" "z"
```

letters의 인덱스는 아래 표와 같습니다. R의 인덱스는 1부터 시작합니다(참고로 파이썬에서는 인덱스가 0부터 시작됩니다).

'a'	'b'	'c'	'd'	'e'	'f'	'g'	'j'	'i'	'j'	중략	'x'	'y'	'z'	← 원소
1	2	3	4	5	6	7	8	9	10	…	24	25	26	← 인덱스

객체명 뒤에 대괄호를 추가하고, 대괄호 안에 원하는 인덱스를 지정하면 해당 원소를 반환합니다.

letters의 첫 번째 원소를 출력해보겠습니다.

```
> letters[1]
[1] "a"
```

2.3.2 슬라이싱

벡터의 슬라이싱은 콜론 :을 이용하여 연속된 벡터의 원소를 선택하는 기능입니다. 시작과 끝 위치는 출력에 모두 포함됩니다.

벡터의 연속된 원소를 선택하는 슬라이싱을 실습해보겠습니다.

```
> s <- letters[1:5]  # ❶

> print(x = s)  # ❷
[1] "a" "b" "c" "d" "e"
```

❶ R 내장 문자형 벡터인 letters의 1~5번째 원소를 선택하여 벡터 s를 생성합니다. ❷ 벡터 s를 출력하면 알파벳 소문자 다섯 글자가 출력됩니다.

2.3.3 벡터의 원소를 2개 이상 선택하기

벡터의 원소를 2개 이상 동시에 선택하는 인덱싱 방법으로는 팬시 인덱싱fancy indexing과 불리언 인덱싱boolean indexing이 있습니다.

- 팬시 인덱싱은 대괄호 [ ] 안에 정수형 벡터를 지정하는 방식인데, 정수형 벡터의 원소는 인덱스를 가리킵니다(즉 정수형 벡터 원솟값이 1이면 인덱스 1을 의미합니다).
- 한편 불리언 인덱싱은 대괄호 [ ] 안에 논리형 벡터를 지정하는 방식인데, 논리형 벡터의 TRUE에 해당하는 원소를 선택합니다.

두 가지 인덱싱 방식 중 불리언 인덱싱이 더 많이 사용됩니다. 왜냐하면 대괄호 [ ] 안에 비교 연산 등을 통해 TRUE 또는 FALSE로 반환되는 논리형 벡터를 할당하면, 조건에 부합하는(즉, TRUE 인) 원소만 출력할 수 있기 때문입니다. 아직 비교 연산자와 논리 연산자를 배우지 않았으므로, 대 괄호 안에 TRUE 또는 FALSE를 직접 입력하는 방식으로 불리언 인덱싱 결과를 제시하겠습니다. 팬시 인덱싱과 불리언 인덱싱 사용법을 알아봅시다.

```
> s[c(1, 3, 5)]  # ❶
[1] "a" "c" "e"

> s[c(TRUE, FALSE, TRUE, FALSE, TRUE)]  # ❷
[1] "a" "c" "e"
```

❶ 팬시 인덱싱 방법입니다. 벡터 s의 1, 3, 5번째 원소를 선택합니다. ❷ 불리언 인덱싱 방법입니다. 대괄호 안의 값이 TRUE에 해당하는 벡터 s의 원소를 선택합니다.

2.4 벡터 원소 추가

벡터의 인덱싱과 슬라이싱을 이용하면 특정 원소를 선택할 수 있을 뿐만 아니라, 원소를 추가/삭제/변경도 할 수 있습니다. 이 기능은 데이터프레임을 전처리할 때 이용되므로 꼭 익혀두시 바랍니다.

c() 함수를 사용하는 대신 인덱싱으로 벡터 원소를 추가할 수 있습니다. 이때 기존 벡터의 원소가 사용하지 않는 인덱스를 지정해야 합니다. 맨 마지막 원소와 새로 추가한 원소 사이는 모두 NA가 추가됩니다.

기존 벡터에 새로운 원소를 추가합니다.

```
> s[6] <- 'f'   # ❶

> print(x = s)  # ❷
[1] "a" "b" "c" "d" "e" "f"

> s[10] <- 'j'  # ❸

> print(x = s)  # ❹
 [1] "a" "b" "c" "d" "e" "f" NA  NA  NA  "j"
```

❶ 원소가 5개인 벡터 s의 6번째 원소로 'f'를 추가합니다. ❷ 벡터 s를 출력하면 6번째 원소가 추가된 것을 확인할 수 있습니다. ❸ 원소가 6개인 벡터 s에 열 번째 원소로 'j'를 추가합니다. ❹ 벡터 s를 출력하면 10번째 원소로 'j'가 추가되었고, 7~9번째 원소에는 NA로 추가되었습니다. NA는 결측값을 의미합니다.

2.5 벡터 원소 삭제

벡터의 원소를 삭제해보겠습니다. 인덱스 앞에 마이너스 부호를 추가하면 됩니다.

```
> s[-10]   # ❶
[1] "a" "b" "c" "d" "e" "f" NA  NA  NA

> print(x = s)  # ❷
 [1] "a" "b" "c" "d" "e" "f" NA  NA  NA  "j"

> s <- s[-10]   # ❸

> print(x = s)  # ❹
[1] "a" "b" "c" "d" "e" "f" NA  NA  NA
```

❶ 벡터 s의 10번째 원소를 삭제한 결과를 출력합니다. 벡터 s에 재할당하지 않았으므로 ❷ 벡터 s를 출력하면 모든 원소가 그대로 유지되고 있습니다. ❸ 벡터 s에서 10번째 원소를 완전하게 삭제하려면 s의 10번째 원소를 삭제한 코드를 벡터 s에 재할당해야 합니다. ❹ 벡터 s를 출력하면 10번째 원소가 삭제된 것을 확인할 수 있습니다.

2.6 벡터 원소 변경

벡터의 원소를 변경해보겠습니다.

2.6.1 인덱싱과 슬라이싱을 이용해 변경하기

인덱싱과 슬라이싱을 이용하여 변경하려는 원소를 선택하고, 선택된 벡터와 같은 자료형, 같은 길이의 새로운 벡터를 할당하면 됩니다.

```
> s[1] <- 'A'   # ❶

> print(x = s)
 [1] "A" "b" "c" "d" "e" "f" NA  NA  NA

> s[2] <- 'B'   # ❷
```

```
> print(x = s)
 [1] "A" "B" "c" "d" "e" "f" NA  NA  NA

> s[1:2] <- c('가', '나')    # ❸

> print(x = s)
 [1] "가" "나" "c" "d" "e" "f" NA    NA    NA
```

❶ 벡터 s의 첫 번째 원소를 'A'로 변경합니다. ❷ 벡터 s의 두 번째 원소를 'B'로 변경합니다.
❸ 콜론을 이용하여 벡터 s의 1~2번째 원소를 선택하고, 같은 길이의 문자형 벡터를 할당하면 값
을 동시에 변경할 수 있습니다.

2.6.2 범주형 벡터 원소 변경하기

지금까지 문자형 벡터의 원소를 추가, 삭제, 변경하는 방법을 알아봤습니다. 정수형이나 실수형
벡터도 같은 방식으로 처리할 수 있습니다. 그런데 범주형 벡터의 경우, 원소를 추가하고 변경하
는 것이 다른 자료형에 비해 까다롭습니다. 왜냐하면 범주형 벡터는 레벨에 없는 원소를 추가할
수 없고, 변경할 수도 없기 때문입니다. 따라서 범주형 벡터에 원소를 추가하거나 변경하려면 원
하는 값이 레벨에 있는지 확인하고 없으면 미리 추가해주어야 합니다. 문자형 벡터처럼 범주형 벡
터의 원소를 변경하는 시도를 해보겠습니다.

```
> nat[8] <- '대만'    # ❶

> print(x = nat)
[1] "한국" "일본" "중국" "미국" "중국" "한국" "미국" "대만"

> fct[8] <- '대만'    # ❷
경고메시지(들):
In `[<-.factor`(`*tmp*`, 8, value = "대만") :
  invalid factor level, NA generated

> print(x = fct)    # ❸
[1] 한국 일본 중국 미국 중국 한국 미국 <NA>
Levels: 한국 미국 중국 일본
```

❶ 문자형 벡터 nat의 8번째 원소를 '대만'으로 변경합니다. 벡터 nat를 출력해보니 의도한 대로 원소가 변경되었습니다. ❷ 범주형 벡터 fct의 8번째 원소를 '대만'으로 변경하려고 하면 콘솔창에 경고메시지가 잔뜩 출력되는데, 내용을 확인하면 '유효하지 않은 레벨이므로 NA가 대신 생성되었다'라고 적혀 있습니다. ❸ 범주형 벡터 fct를 출력하면 8번째 원소가 NA로 변경되었습니다. 왜냐하면 범주형 벡터 fct의 레벨에는 '대만'이 없기 때문입니다.

범주형 벡터의 레벨을 확인하거나 변경하려면 levels() 함수를 사용합니다. 범주형 벡터 fct의 레벨에 '대만'을 추가하고 원소를 변경하는 작업을 다시 시도해보겠습니다.

```
> levels(x = fct)   # ❶
[1] "한국" "미국" "중국" "일본"

> levels(x = fct)[5] <- '대만'   # ❷

> fct[8] <- '대만'   # ❸

> print(x = fct)
[1] 한국 일본 중국 미국 중국 한국 미국 대만
Levels: 한국 미국 중국 일본 대만
```

❶ levels() 함수에 범주형 벡터를 지정하고 실행하면 범주형 벡터의 레벨을 문자형 벡터로 출력합니다. ❷ 현재 범주형 벡터 fct의 레벨은 4개이므로 레벨의 5번째 원소로 '대만'을 추가합니다. ❸ 범주형 벡터 fct의 8번째 원소를 '대만'으로 변경한 다음, 벡터 fct를 출력하면 8번째 원소가 정상적으로 변경됩니다.

범주형 벡터는 문자형 벡터에 비해 다루기 까다롭지만, 이 정도만 확실하게 알고 있으면 범주형 벡터를 다루는 데 큰 문제가 없을 겁니다. R에서는 범주형 벡터가 여러 방면에서 자주 사용되므로 활용 방법을 꼭 익혀두기 바랍니다.

2.7 벡터 형변환

as.xxxx() 함수를 이용하면 벡터의 자료형을 변환할 수 있습니다. 벡터의 형변환 관련 함수를 표로 정리했습니다. 자주 사용하는 함수로는 숫자를 따옴표로 감싼 문자형 벡터를 숫자형 벡터로 변환하는 as.numeric( ) 또는 as.integer( ) 함수, 문자형 또는 정수형 벡터를 범주형 벡터로 변환하는 as.factor( ) 함수, 숫자형 벡터를 문자형 벡터로 변환하는 as.character( ) 함수가 있습니다.

외부에 저장된 엑셀 파일을 R로 읽으면 데이터프레임으로 생성되는데, 데이터프레임의 원소는 벡터를 세로 방향으로 나열한 열벡터가 됩니다. 그리고 데이터 분석 과정에서 열벡터의 자료형을 변환하는 작업이 빈번하게 발생합니다. 예를 들어 고객 데이터에서 고객 나이가 '23', '35'와 같이 문자형 벡터로 저장되어 있다면 실수형 또는 정수형 벡터로 변환해야 하고, 성별이 '남', '여'와 같이 문자형 벡터로 저장되어 있다면 범주형 벡터로 변환해야 합니다. 아울러 고객 ID가 정수형 벡터로 저장되어 있다면 문자형 벡터로 변환해야 합니다. 벡터의 형변환은 매우 중요하므로 각 함수의 동작 원리를 이해하기 바랍니다.

함수	기능
as.integer()	실수형/문자형/논리형/범주형 벡터를 정수형 벡터로 변환합니다.
as.numeric()	정수형/문자형/논리형/범주형 벡터를 실수형 벡터로 변환합니다.
as.character()	정수형/실수형/논리형/범주형 벡터를 문자형 벡터로 변환합니다.
as.logical()	0은 FALSE, 0이 아닌 숫자는 TRUE, 나머지는 NA로 변환합니다.
as.factor()	정수형/실수형/문자형 벡터를 범주형 벡터로 변환합니다.

2.7.1 정수로 형변환 : as.integer()

as.integer() 함수는 지정된 실수와 문자열을 소수점을 절사한 정수로 변환하고, FALSE를 0으로 변환합니다. TRUE를 할당하면 1로 변환합니다.

```
> as.integer(x = 1.2)      # ❶
[1] 1

> as.integer(x = '1.2')    # ❷
[1] 1

> as.integer(x = FALSE)    # ❸
[1] 0
```

① 실수형이, ② 문자형이, ③ 논리형이 정수형으로 바뀌었습니다.

2.7.2 실수로 형변환 : as.numeric()

as.numeric() 함수는 지정된 정수와 문자열을 실수로 변환합니다. 아울러 위에서 언급한 것처럼 TRUE는 1로 변환됩니다.

```
> as.numeric(x = 1L)      # ①
[1] 1

> as.numeric(x = '1.2')   # ②
[1] 1.2

> as.numeric(x = TRUE)    # ③
[1] 1
```

① 정수형이, ② 문자형이, ③ 논리형이 실수형으로 바뀌었습니다.

2.7.3 문자열로 형변환 : as.character()

as.character() 함수는 지정된 정수와 실수, TRUE를 모두 문자열로 변환합니다. 정수를 의미하는 1L이 문자열로 변환되는 과정에서 L이 생략되므로 주의하기 바랍니다. 하지만 TRUE는 그대로 문자형으로 변환됩니다.

```
> as.character(x = 1L)     # ①
[1] "1"

> as.character(x = 1.2)    # ②
[1] "1.2"

> as.character(x = TRUE)   # ③
[1] "TRUE"
```

① 정수형이, ② 실수형이, ③ 논리형이 문자형으로 바뀌었습니다.

2.7.4 논리형으로 형변환 : as.logical()

as.logical() 함수는 숫자 0을 FALSE, 0이 아닌 숫자를 TRUE로, 문자열을 NA로 변환합니다.

```
> as.logical(x = 0)  # ❶
[1] FALSE

> as.logical(x = 1.2)  # ❷
[1] TRUE

> as.logical(x = '1.2')  # ❸
[1] NA
```

❶ 0은 FALSE로, ❷ 0이 아닌 숫자는 TRUE로, ❸ 문자열은 NA로 바뀌었습니다.

2.7.5 범주형으로 형변환 : as.factor()

마지막으로 as.factor() 함수를 이용하여 문자형 벡터를 범주형 벡터로 변환해보겠습니다.

```
> e <- as.factor(x = c)  # ❶

> print(x = e)  # ❷
[1] hello world
Levels: hello world

> class(x = e)  # ❸
[1] "factor"

> as.integer(x = e)  # ❹
[1] 1 2
```

❶ 문자형 벡터 c를 범주형 벡터로 변환하여 e에 할당합니다. ❷ 벡터 e를 출력하면 따옴표 없는 hello, world가 출력되고, 아래에는 레벨(Levels)이 추가됩니다. ❸ 벡터 e의 자료형은 'factor'^{범주형}입니다. ❹ 범주형 벡터 e를 정수형 벡터로 변환하면 hello, world 대신 정수 1, 2가 출력됩니다. 왜냐하면 범주형 벡터 원소는 레벨의 인덱스를 가지고 있기 때문입니다.

2.8 벡터 강제변환

벡터는 같은 자료형의 원소를 갖는 성질이 있으므로 만약 자료형이 다른 두 벡터를 합치면 두 벡터의 공통 자료형으로 강제변환됩니다. 자신도 모르는 사이에 다루던 데이터의 자료형이 엉뚱한 자료형로 변환되는 경험을 해봤을 겁니다. 초심자라면 특히 유의해서 읽어주세요.

현재 R스튜디오 [Environment] 탭에 벡터 c, d, e가 없다면 아래 코드를 먼저 실행하기 바랍니다.

```
> c <- c('hello', 'world')
> d <- c(FALSE, TRUE)
> e <- as.factor(x = c)
```

이제 논리형과 범주형 벡터를 결합해보겠습니다.

```
> f <- c(d, e)    # ❶

> print(x = f)    # ❷
[1] 0 1 1 2

> class(x = f)    # ❸
[1] "integer"
```

❶ c() 함수에 논리형 벡터와 범주형 벡터를 넣고 벡터 f를 생성합니다. 이 과정에서 논리형 벡터와 범주형 벡터의 공통 자료형인 정수형 벡터로 강제변환됩니다. 논리형 벡터 d의 원소인 FALSE와 TRUE는 각각 정수 0과 1로 변환되었고, 범주형 벡터 e의 원소인 hello와 world는 각각 정수 1과 2로 바뀝니다. 범주형 벡터의 원소가 정수로 바뀌는 이유는, 2.7.5절에서 설명한 바와 같이 범주형 벡터의 원소가 레벨의 인덱스를 가지고 있기 때문입니다. 따라서 ❷ 새로 생성된 벡터 f를 출력하면 0, 1, 1, 2가 출력됩니다. ❸ 벡터 f의 자료형을 확인하면 'integer'가 출력됩니다. 참고로 벡터 d와 e를 결합한 결과를 d 또는 e에 재할당하면 코드 실행 이전으로 되돌릴 수 있는 방법이 없으므로 주의하셔야 합니다.

정수형 벡터 f에 실수형 스칼라를 추가해보겠습니다.

```
> f <- c(f, 3)  # ❶

> print(x = f)  # ❷
[1] 0 1 1 2 3

> class(x = f)  # ❸
[1] "numeric"
```

❶ 정수형 벡터 f에 실수형 스칼라 3을 추가하고 f에 재할당합니다. ❷ 벡터 f를 출력하면 마지막 원소로 3이 추가되었습니다. ❸ 벡터 f의 자료형을 확인하면 'numeric'이 출력됩니다. 이렇듯 정수형 벡터에 실수형 스칼라(또는 벡터)를 추가하면 기존 벡터의 자료형이 실수형으로 강제변환됩니다.

실수형 벡터 f에 문자형 스칼라를 추가해보겠습니다.

```
> f <- c(f, '4')  # ❶

> print(x = f)  # ❷
[1] "0" "1" "1" "2" "3" "4"

> class(x = f)  # ❸
[1] "character"
```

❶ 실수형 벡터 f에 문자형 스칼라 '4'를 추가하고 f에 재할당합니다. ❷ 벡터 f를 출력하면 모든 원소가 따옴표로 감싼 문자형으로 출력됩니다. ❸ 벡터 f의 자료형을 확인하면 'character'가 출력됩니다. 실수형 벡터에 문자형 스칼라(또는 벡터)를 추가하면 기존 벡터의 자료형이 문자형으로 강제변환됩니다.

지금까지 벡터의 강제변환을 알아봤습니다. 벡터는 모든 원소의 자료형을 일치시키려는 특징이 있습니다. 따라서 벡터를 다룰 때 이런 특징을 염두에 두고 전처리하기 바랍니다.

2.9 산술 연산자

두 숫자형 벡터 사이에 산술 연산자를 추가해 덧셈, 뺄셈, 곱셈, 나눗셈 등 산술 연산을 실행할 수 있습니다. 실제로는 두 숫자형 벡터에서 서로 대응하는 원소끼리 산술 연산을 실행합니다. 일반적으로 원소 개수가 같은 벡터끼리 산술 연산을 실행합니다.

구분	설명
a + b	a의 원소와 b의 원소를 더합니다.
a - b	a의 원소를 b의 원소로 뺍니다.
a * b	a의 원소와 b의 원소를 곱합니다.
a ^ b	a의 원소를 b의 원소로 **거듭제곱**합니다.
a / b	a의 원소를 b의 원소로 나눕니다.
a %% b	a의 원소를 b의 원소로 나눈 **나머지**를 반환합니다.
a %/% b	a의 원소를 b의 원소로 나눈 **몫**을 반환합니다.

2.9.1 덧셈, 뺄셈 연산

원소 개수가 3인 두 벡터 a, b를 각각 생성하고 덧셈, 뺄셈 연산을 실행하는 간단한 코드를 통해 산술 연산자가 실행되는 원리를 살펴보겠습니다.

```
> a <- c(0, 2, 4)
> b <- c(1, 2, 3)

> a + b    # ❶
[1] 1 4 7

> a - b    # ❷
[1] -1  0  1
```

❶ 벡터 a와 b에 대한 덧셈 연산을 실행하면 벡터 a의 원소 0, 2, 4에 대응하는 벡터 b의 원소 1, 2, 3이 각각 더해져서, 그 결과로 1, 4, 7을 반환합니다. 마찬가지로 ❷ 두 벡터의 뺄셈 연산을 실행하면 -1, 0, 1이 반환됩니다.

두 벡터의 길이가 다르면 어떻게 될까요? 그런 경우에는 원소 개수가 적은 벡터가 원소를 반복하여 길이를 늘립니다. 즉, 벡터의 원소가 확장^{extension}됩니다. 벡터 a와 원소 개수가 다른 벡터를 생성한 다음, 원소 개수가 서로 다른 두 벡터 간 덧셈 연산을 실행해보겠습니다.

```
> c <- seq(from = 1, to = 11, by = 2)
> d <- seq(from = 3, to = 12, by = 3)

> a + c  # ❶
[1]  1  5  9  7 11 15

> a + d  # ❷
[1]  3  8 13 12
Warning message:
In a + d : longer object length is not a multiple of shorter object length

> a + 1  # ❸
[1] 1 3,5
```

❶ 원소 개수가 다른 두 벡터 a와 c로 덧셈 연산을 실행하면, 원소 개수가 적은 벡터 a가 원소를 반복하는 방식으로 원소가 확장된다고 설명한 바 있습니다. 벡터 a는 원소 개수가 3이고, 벡터 c는 원소 개수가 6이므로 서로 배수 관계입니다. 따라서 벡터 a의 모든 원소가 한 번씩 반복되면 벡터 c의 원소 개수와 같아지고, 서로 대응하는 원소끼리 산술 연산이 실행됩니다. 아래 그림을 보면 이해하기 좋습니다.

▼ 벡터 원소의 확장

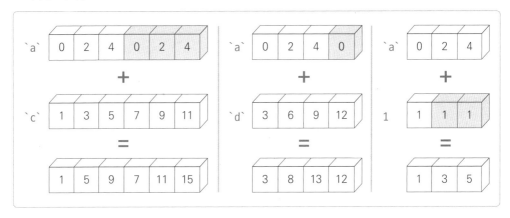

그런데 ❷ 벡터 a와 d로 덧셈 연산을 실행하면 콘솔창에 경고 메시지가 출력됩니다. 그 이유는 벡터 a와 d는 원소 개수가 서로 배수 관계가 아니기 때문입니다. 원소 개수가 적은 벡터 a가 원소를 확장하지만 일부 원소만 반복할 수 있으므로, 그 내용이 경고 메시지로 출력되는 겁니다.

그리고 ❸ 벡터 a에 상수 1을 더하면 벡터 a의 길이만큼 상수 1이 확장하여 서로 대응하는 원소끼리 덧셈 연산이 실행됩니다(즉 1이 a의 모든 원소에 더해짐). 이와 같은 벡터의 원소가 확장되는 원리는 벡터 간 산술 연산, 비교 연산뿐만 아니라 불리언 인덱싱에도 똑같이 적용됩니다.

2.9.2 곱셈, 나눗셈, 나머지, 몫, 거듭제곱 연산

이번에는 벡터 a로 곱셈, 거듭제곱, 나눗셈, 나머지 및 몫을 반환하는 산술 연산자 예제를 살펴보겠습니다.

```
> a * 2
[1]  0 4 8

> a ^ 2
[1]  0  4 16

> a / 2
[1] 0 1 2

> a %% 2
[1] 0 0 0

> a %/% 2
[1] 0 1 2
```

산술 연산자는 데이터 분석 과정에서 데이터프레임의 숫자형 열벡터로부터 새로운 파생 변수를 생성할 때 자주 사용됩니다. 프로그래밍을 처음 배우는 독자라면 거듭제곱, 나머지 및 몫을 반환하는 산술 연산자가 생소할 겁니다. 익숙해질 때까지 연습하길 바랍니다.

2.10 비교 연산자

비교 연산자는 두 벡터에서 서로 대응하는 원소 간 크기를 비교하여 TRUE/FALSE로 결과를 반환합니다.

구분	상세 내용
a > b	a의 원소가 b의 원소보다 크면 TRUE, 작거나 같으면 FALSE입니다.
a >= b	a의 원소가 b의 원소보다 크거나 같으면 TRUE, 작으면 FALSE입니다.
a < b	a의 원소가 b의 원소보다 작으면 TRUE, 크거나 같으면 FALSE입니다.
a <= b	a의 원소가 b의 원소보다 작거나 같으면 TRUE, 크면 FALSE입니다.
a == b	a의 원소가 b의 원소가 같으면 TRUE, 다르면 FALSE입니다.
a != b	a의 원소가 b의 원소가 다르면 TRUE, 같으면 FALSE입니다.

비교 연산자는 데이터 분석 과정에서 산술 연산자 못지 않게 중요한 역할을 수행합니다. 예를 들어 고객 데이터를 분석하는 과정에서 전체 고객 중 성별이 '남성'인 고객을 선택한다거나, 또는 나이가 '20대'인 고객을 선택할 때 비교 연산자를 사용하면 간단하게 해결할 수 있습니다. 다음과 같이 숫자형 벡터에 대해 상수와 비교 연산을 코드로 실행해보겠습니다.

```
> a > 2  # 현재 a 원소는 0, 2, 4입니다.
[1] FALSE FALSE  TRUE

> a >= 2
[1] FALSE  TRUE  TRUE

> a < 2
[1]  TRUE FALSE FALSE

> a <= 2
[1]  TRUE  TRUE FALSE

> a == 2  # ❶
[1] FALSE  TRUE FALSE

> a != 2  # ❷
[1]  TRUE FALSE  TRUE
```

프로그래밍이 처음인 분들도 비교 연산자를 이해하는 데 큰 어려움이 없을 겁니다. 다만 ❶ 두 벡터 원소가 같은지 비교하는 연산자는 등호 =가 두 번 사용된다는 점에 주목하기 바랍니다. 등호가 한 번 사용된 것은 할당 연산자입니다. 그리고 ❷ 두 벡터의 원소가 서로 다른지 비교하는 연산자는 느낌표와 등호가 사용됩니다.

2.11 논리 연산자

논리 연산자는 TRUE 또는 FALSE로 반환되는 두 코드 사이에 위치하며 논리곱(그리고, 교집합), 논리합(또는 합집합), 논리부정(여집합) 연산을 실행합니다. 예를 들어 고객 데이터를 분석하는 과정에서 나이가 '20대'이고 성별이 '남성'인 고객을 선택하려면, 두 비교 연산 결과를 모두 만족해야 하므로 논리곱 연산자를 사용해야 합니다. 반대로 나이가 '20대'이거나 성별이 '남성'인 고객을 선택하려면 두 비교 연산 결과 중 하나만 만족해도 되므로, 이번에는 논리합 연산자를 사용해야 합니다. 논리부정은 집합으로 따지면 여집합에 해당하며, 논리곱 또는 논리합 실행 결과를 뒤집을 때 사용하기 좋습니다.

기호	이름	상세 내용
&	논리곱	왼쪽과 오른쪽 모두 TRUE일 때 TRUE를 반환하며, 둘 중 하나라도 FALSE일 때 FALSE를 반환합니다.
|	논리합	왼쪽과 오른쪽 둘 중 하나라도 TRUE일 때 TRUE를 반환하며, 모두 FALSE일 때 FALSE를 반환합니다.
!	논리부정	TRUE는 FALSE로, FALSE는 TRUE로 결과를 뒤집습니다.

```
> a >= 1  # ❶
[1] FALSE  TRUE   TRUE

> b <= 2  # ❷
[1]  TRUE   TRUE  FALSE

> a >= 1 & b <= 2  # ❸
[1] FALSE  TRUE  FALSE

> a >= 1 | b <= 2  # ❹
```

```
[1] TRUE TRUE TRUE

> !(a >= 1 & b <= 2)   # ❺
[1]  TRUE FALSE  TRUE
```

벡터 a의 원소는 0, 2, 4이므로 ❶ 벡터 a의 각 원소가 1보다 크거나 같은지 비교 연산을 실행하면 FALSE, TRUE, TRUE가 반환됩니다. 벡터 b의 원소는 1, 2, 3이므로 ❷ 벡터 b의 각 원소가 2보다 작거나 같은지 비교 연산을 실행하면 TRUE, TRUE, FALSE가 반환됩니다. ❸ 논리곱 연산을 실행하면 둘 다 TRUE인 두 번째 원소만 TRUE, 나머지는 FALSE로 반환됩니다. ❹ 논리합 연산을 실행하면 둘 중 하나 이상 TRUE인 모든 원소가 TRUE로 반환됩니다. ❺ 논리부정 연산자는 괄호 안 결과를 뒤집어서 반환하므로 ❸의 결과와 반대가 됩니다.

2.12 멤버 연산자 : %in%

마지막으로 학습할 벡터 연산자는 멤버 연산자입니다. 멤버 연산자 왼쪽에 위치한 값이 오른쪽에 위치한 벡터의 원소에 포함되는지 여부를 확인할 때 유용하게 사용됩니다. 멤버 연산자의 기능을 설명하기 위해 논리합 연산자가 여러 번 사용된 코드를 먼저 알아봅시다.

```
> x <- 0       # ❶

> x == a[1]    # ❷
[1] TRUE

> x == a[2]
[1] FALSE

> x == a[3]
[1] FALSE

> x == a[1] ¦ x == a[2] ¦ x == a[3]   # ❸
[1] TRUE
```

❶ 벡터 x는 매번 값이 바뀌는 변수라고 가정하고, 벡터 x에 0을 할당합니다. ❷ 벡터 x의 값이 벡

터 a의 각 원소가 같은지 확인합니다. ❸ 논리합 연산자를 사용하여 세 가지 비교 연산 결과를 결합하면 하나라도 TRUE가 있을 때 전체 결과를 TRUE로 반환합니다. 따라서 벡터 x의 값은 벡터 a의 원소에 포함되어 있다는 것을 확인할 수 있습니다.

그런데 이렇게 코딩하는 것은 불편하기도 하고 보기에도 좋지 않습니다. 이럴 때 멤버 연산자를 대신 사용합니다. 멤버 연산자 왼쪽에 있는 벡터의 원소가 멤버 연산자 오른쪽에 있는 벡터의 원소에 포함되면 TRUE, 포함되지 않으면 FALSE를 반환합니다.

```
> x %in% a   # ❶
[1] TRUE
```

❶ 멤버 연산자를 사용하여 x의 값이 벡터 a의 원소에 포함되어 있는지 확인합니다. 이번 예제에서는 x의 원소가 1개이지만, 만약 x의 원소가 여러 개라면 원소 개수만큼 TRUE 또는 FALSE를 반환합니다. 멤버 연산자는 조건문이나 반복문에서 많이 사용됩니다. 벡터 x의 값이 매번 바뀐다고 가정했을 때 벡터 x의 값이 어떤 조건을 만족하는지 여부에 따라 뒤따르는 코드의 실행을 제어할 수 있습니다. 조건문과 반복문은 각각 5장과 6장에서 소개하겠습니다.

학습 마무리

이상으로 R 자료구조에서 가장 기본이 되는 벡터를 알아봤습니다. 지금까지 학습한 내용을 기반으로 벡터를 원소로 갖는 리스트와 데이터프레임 학습을 이어가시기 바랍니다.

핵심 요약

- 벡터는 R에서 가장 기초가 되는 자료구조입니다.
- 벡터의 자료형은 원소의 자료형에 따라 결정됩니다.
- 벡터는 모든 원소가 동일한 자료형을 갖도록 하는 특징이 있습니다.
- 기존 벡터에 자료형이 다른 스칼라(또는 벡터)가 추가되면 벡터의 자료형이 강제변환됩니다.
- 벡터의 인덱싱과 슬라이싱을 사용하면, 원하는 위치의 원소를 선택할 수 있습니다.
- 벡터의 원소를 추가, 변경, 삭제할 때도 인덱싱과 슬라이싱을 이용합니다.
- 다양한 벡터 연산자로 새로운 벡터를 생성하거나 조건문/반복문 등에 사용할 수 있습니다.

자료구조
리스트

☐ **학습 목표**	R에서 광범위하게 사용되는 자료구조인 리스트를 알아봅시다. 데이터 분석 과정에 사용되는 많은 함수가 실행 결과로 리스트를 반환합니다. 그리고 함수 실행 결과로 생성된 리스트의 일부 원소를 확인하고 다음 단계로 넘어갑니다. 따라서 R 초심자분들은 리스트의 구조를 확인하고, 필요한 원소만 선택하는 인덱싱 방법에 중점을 두어 학습하기 바랍니다.
☐ **학습 순서**	**1** 리스트 특징 **2** 리스트 생성 **3** 리스트 원소 선택 **4** 리스트 원소 추가 **5** 리스트 원소 삭제 **6** 리스트 원소 변경
☐ **리스트 소개**	리스트는 R에서 가장 다양한 객체를 원소로 가질 수 있는 자료구조입니다. 스칼라, 벡터, 행렬은 물론 데이터프레임, 리스트 및 함수도 원소로 가질 수 있습니다. 이러한 리스트의 특성은 다양한 객체를 하나로 담는 역할을 수행합니다. 따라서 함수가 반환해야 할 객체가 서로 다른 자료구조를 가질 때 리스트로 반환합니다.

벡터
행렬/배열
데이터프레임
리스트
⋮

▲ 벡터, 행렬/배열, 데이터프레임,
리스트를 원소로 갖는 리스트

- 벡터는 원소의 자료형이 모두 같아야 하지만 리스트는 다양한 자료형을 함께 담을 수 있습니다.
- 자료구조가 다른 여러 객체도 하나의 리스트에 담을 수 있으므로 함수에서 많이 사용됩니다.
- list() 함수로 리스트를 생성할 때, 원소가 되는 객체의 클래스에 영향을 받지 않습니다.

3.1 리스트 특징

리스트는 스칼라, 벡터, 행렬, 데이터프레임, 리스트 등 다양한 형태의 객체를 모두 원소로 가질 수 있습니다. 리스트를 생성하는 것은 어렵지 않지만, 생성된 리스트의 원소를 선택하는 일은 다소 복잡할 수 있습니다. 왜냐하면 리스트의 원소로 다양한 객체가 사용될 수 있으므로, 리스트의 원소마다 인덱싱하는 방법을 다르게 작성해야 하기 때문입니다.

리스트의 원소를 인덱싱할 때 대괄호 [] 대신 겹대괄호 [[]]를 사용합니다. 벡터처럼 대괄호 안에 인덱스 벡터를 지정하면 해당 원소를 본래의 클래스 대신 항상 리스트로 반환합니다. 하지만 겹대괄호를 사용하면 해당 원소를 본래의 클래스로 반환합니다. 즉, 벡터는 벡터로, 리스트는 리스트로 반환한다는 겁니다. 이때 주의해야 할 사항은 겹대괄호 안에는 인덱스를 하나만 지정해야 한다는 점입니다(3.3절 '리스트 원소 선택' 참조).

리스트의 원소에 이름(원소명)이 붙어 있으면, 겹대괄호 대신 $ 기호를 사용하여 원소를 하나씩 선택할 수 있습니다. $ 기호 오른쪽에 원소명을 지정하면, 해당 원소를 본래의 클래스로 반환합니다. 만약 리스트에 없는 원소명을 지정하면 항상 NULL을 반환합니다(3.3절 '리스트 원소 선택' 참조).

마지막으로 다수의 R 함수는 실행 결과를 리스트로 반환합니다. 왜냐하면 R 함수가 실행되는 과정에서 생성되는 다양한 객체를 하나의 자료구조로 반환하려면 리스트가 가장 좋은 대안이 되기 때문입니다. 한편 반환되는 리스트에 원소명을 붙이는 경우가 일반적이므로 생성된 리스트에 $ 기호를 사용하면 필요한 원소만 빠르게 선택할 수 있습니다.

리스트의 특징을 정리하겠습니다.

- R에서 광범위하게 사용되는 자료구조입니다.
- 리스트 원소를 인덱싱할 때 겹대괄호 [[ ]]를 사용합니다.
- 리스트 원소에 이름이 있으면 $ 기호를 사용하여 해당 원소를 선택할 수 있습니다.

이제 코드를 실습함으로써 지금까지 설명한 리스트의 특징을 하나씩 살펴보겠습니다.

3.2 리스트 생성

리스트를 생성할 때 list() 함수를 사용합니다. list() 함수 안에 리스트의 원소로 사용될 객체를 콤마 ,로 나열합니다. 원소마다 원소명을 붙일 수 있으며, 원소명과 원소를 등호 =로 연결합니다.

함수
```
list(원소명1 = 원소1, 원소명2 = 원소2, ... )
```

리스트의 원소로 사용될 벡터 2개를 먼저 생성합니다. 벡터의 자료형과 길이를 서로 다르게 설정하는 것이 좋겠습니다.

```
> num <- seq(from = 1, to = 10, by = 2)
> cha <- rep(x = c('a', 'b'), each = 3)
```

이제 list() 함수 안에 벡터 2개를 지정하여 원소명이 없는 리스트를 생성하고 클래스를 확인합니다.

```
> lst1 <- list(num, cha)

> print(x = lst1)
[[1]]
[1] 1 3 5 7 9
                          # ❶
[[2]]
[1] "a" "a" "a" "b" "b" "b"

> class(x = lst1)
[1] "list"  # ❷
```

❶ print() 함수에 lst1을 넣고 실행하면 [[1]], [[2]]와 같이 겹대괄호 안에 숫자가 추가된 문자열이 리스트의 원소 위에 출력됩니다. 이는 lst1이 리스트라는 것을 의미합니다. ❷ class() 함수를 실행하면 "list"가 출력됩니다.

class() 함수는 객체의 자료형 및 자료구조를 출력하고, length() 함수는 객체의 원소 개수를 출력합니다. str() 함수는 이 두 가지를 동시에 수행합니다. str() 함수는 객체의 클래스, 원소 개수 및 각 원소의 자료형 등 객체의 구조structure를 함께 출력합니다.

함수
```
str(object = 객체명)
```

lst1의 구조를 확인합시다.

```
> str(object = lst1)
List of 2  # ❶
 $ : num [1:5] 1 3 5 7 9  # ❷
 $ : chr [1:6] "a" "a" "a" "b" ...
```

❶ lst1은 원소가 2개인 리스트입니다. lst1을 생성할 때 원소명을 지정하지 않았으므로 ❷ $ 기호와 콜론 : 사이에 아무것도 출력되지 않습니다.

이번에는 원소명을 붙인 리스트를 생성하고, 이를 출력했을 때 어떻게 달라지는지 알아보겠습니다.

```
> lst2 <- list(a = num, b = cha, c = lst1)

> print(x = lst2)
$a  # ❶
[1] 1 3 5 7 9

$b
[1] "a" "a" "a" "b" "b" "b"

$c
$c[[1]]  # ❷
[1] 1 3 5 7 9

$c[[2]]
[1] "a" "a" "a" "b" "b" "b"

> class(x = lst2)
[1] "list"

> str(object = lst2)
List of 3
 $ a: num [1:5] 1 3 5 7 9  # ❸
 $ b: chr [1:6] "a" "a" "a" "b" ...
 $ c:List of 2
  ..$ : num [1:5] 1 3 5 7 9
  ..$ : chr [1:6] "a" "a" "a" "b" ...
```

lst2를 생성할 때, 벡터 num과 cha에 a와 b라는 원소명을 각각 지정하고 lst1에는 c라는 원소명을 붙였습니다. ❶ print() 함수에 lst2를 넣고 실행하면 [[1]], [[2]] 대신 $a, $b가 출력됩니다. ❷ lst2의 세 번째 원소는 c라는 원소명이 있지만, 해당 리스트는 원소명이 없으므로 $c[[1]], $c[[2]]와 같이 출력된다는 점을 확인하기 바랍니다. 그리고 str() 함수를 실행하면 ❸ $와 : 기호 사이에 원소명(여기에서는 a)이 출력됩니다.

3.3 리스트 원소 선택

리스트의 원소를 선택할 때 겹대괄호와 $ 기호를 사용할 수 있습니다. R 스튜디오에서 원소명이 있는 리스트 뒤에 $ 기호를 붙이는 순간 오른쪽 그림과 같이 리스트의 모든 원소명이 자동으로 출력됩니다. R스튜디오의 이런 기능을 활용하면 리스트의 원소를 빠르게 선택할 수 있습니다.

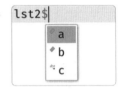

```
> lst1$a # ❶
NULL

> lst2$a # ❷
[1] 1 3 5 7 9
```

❶ lst1에는 원소명이 a인 원소가 없으므로 NULL을 반환하지만, ❷ lst2에는 원소명이 a인 원소가 있으므로 본래 자료형인 벡터를 반환합니다.

```
> lst1[[1]]   # ❶
[1] 1 3 5 7 9

> lst2[[1, 3]]  # ❷
Error in lst2[[1, 3]] : incorrect number of subscripts
```

❶ 원소명의 유무와 관계없이 리스트의 원소를 선택할 때 겹대괄호를 사용할 수 있습니다. 다만 겹대괄호 안에는 원소의 인덱스를 가리키는 정수를 하나만 지정하는 것이 좋습니다. ❷ 만약 겹대괄호 안에 정수를 2개 지정하면 에러가 발생합니다.

str( ) 함수로 리스트 구조 파악하기

어떤 함수를 실행했을 때 리스트가 생성되었다면 str() 함수를 실행하여 리스트의 구조를
빠르게 파악하는 것이 좋습니다. 왜냐하면 리스트의 일부만 선택하여 다음 작업을 진행해
나가는 것이 일반적이기 때문입니다. 예를 들어 이 책에서는 다루지 않지만 lm()[1] 함수로
선형 회귀모형을 생성하면 리스트가 반환됩니다.

```
> fit <- lm(formula = weight ~ height, data = women)  # ❶

> str(object = fit) # ❷
List of 12
 $ coefficients : Named num [1:2] -87.52 3.45
  ..- attr(*, "names")= chr [1:2] "(Intercept)" "height"
 $ residuals    : Named num [1:15] 2.4167 0.9667 0.5167 0.0667 -0.3833 ...
  ..- attr(*, "names")= chr [1:15] "1" "2" "3" "4" ...
 $ effects      : Named num [1:15] -529.566 57.73 -0.058 -0.486 -0.914 ...
  ..- attr(*, "names")= chr [1:15] "(Intercept)" "height" "" "" ...
 $ rank         : int 2
 $ fitted.values: Named num [1:15] 113 116 119 123 126 ...
  ..- attr(*, "names")= chr [1:15] "1" "2" "3" "4" ...

후략

> fit$coefficients  # ❸
(Intercept)        height
  -87.51667       3.45000
```

❶ lm() 함수로 선형 회귀모형을 적합하고, 그 결과를 fit에 할당합니다. ❷ str() 함수에
fit를 넣고 실행하면 fit의 구조를 출력합니다. fit는 리스트이고, 원소 개수는 12입니다.
각 원소에는 원소명이 붙어 있으므로 $ 기호와 콜론 사이에 원소명이 출력됩니다. 예시로
보여드린 fit의 1~5번째 원소는 모두 벡터입니다. ❸ $ 기호를 이용하여 fit에서 원소명이
coefficients인 원소를 선택하면 회귀모형의 회귀계수 벡터를 반환합니다.

---

1 www.rdocumentation.org/packages/stats/versions/3.6.2/topics/lm 참조

리스트의 원소를 선택할 때 벡터처럼 대괄호에 원소 개수가 2 이상인 벡터를 지정하는 방식으로 인덱싱할 수 있습니다. 겹대괄호와 다르게 대괄호를 사용한 인덱싱 결과는 항상 리스트를 반환합니다.

```
> lst2[1]
$a  # ❶
[1] 1 3 5 7 9

> lst2[c(1, 3)]  # ❷
$a
[1] 1 3 5 7 9


$c
$c[[1]]
[1] 1 3 5 7 9

$c[[2]]
[1] "a" "a" "a" "b" "b" "b"
```

❶ lst2의 첫 번째 원소를 대괄호로 선택하면 리스트로 반환됩니다. ❷ 대괄호 안에 원소 개수가 2 이상인 벡터를 지정하면 해당 위치의 원소를 리스트로 반환합니다. 그런데 리스트는 개별 원소를 하나씩 선택하는 경우가 더 일반적이므로 $ 기호 및 겹대괄호를 사용한 인덱싱이 더 많이 사용됩니다.

3.4 리스트 원소 추가

리스트 인덱싱을 이용하여 새로운 원소를 추가할 수 있습니다. $ 기호 뒤에 새로운 원소명을 지정한 다음, 원소로 추가할 객체를 할당합니다.

```
> lst2$d <- 1:5  # ❶

> str(object = lst2)
List of 4  # ❷
 $ a: num [1:5] 1 3 5 7 9
 $ b: chr [1:6] "a" "a" "a" "b" ...
```

```
$ c:List of 2
 ..$ : num [1:5] 1 3 5 7 9
 ..$ : chr [1:6] "a" "a" "a" "b" ...
$ d: int [1:5] 1 2 3 4 5
```

❶ lst2에 원소명이 d인 새로운 원소를 추가합니다. ❷ lst2의 원소 개수가 4개로 늘었습니다. 그리고 마지막 원소명은 d이고 원소의 자료형은 정수형 벡터입니다.

3.5 리스트 원소 삭제

리스트의 원소를 삭제할 때도 리스트 인덱싱을 이용합니다. $ 기호 뒤에 삭제할 원소명을 지정한 다음, NULL을 할당하면 해당 원소가 리스트에서 삭제됩니다.

```
> lst2$a <- NULL  # ❶

> str(object = lst2)
List of 3  # ❷
 $ b: chr [1:6] "a" "a" "a" "b" ...
 $ c:List of 2
 ..$ : num [1:5] 1 3 5 7 9
 ..$ : chr [1:6] "a" "a" "a" "b" ...
 $ d: int [1:5] 1 2 3 4 5
```

❶ lst2에서 원소명이 a인 원소를 삭제합니다. ❷ lst2의 원소 개수가 다시 3개로 줄어들었고, 첫 번째 원소명은 b가 되었습니다.

3.6 리스트 원소 변경

리스트의 원소를 변경할 때도 리스트 인덱싱을 이용합니다.

```
> lst2$b <- letters[1:5]  # ❶

> print(x = lst2$b)
```

```
[1] "a" "b" "c" "d" "e"    # ❷

> lst2$b[1] <- 'A'    # ❸

> print(x = lst2$b)
[1] "A" "b" "c" "d" "e"    # ❹
```

❶ lst2의 원소명이 b인 원소를 통째로 변경합니다. ❷ print() 함수를 실행하여 lst2$b를 출력하면 모든 원소가 일괄 변경된 것을 알 수 있습니다. 아울러 리스트 원소의 일부만 변경할 수도 있습니다. ❸ lst2$b의 첫 번째 원소를 대문자 'A'로 변경합니다. 이는 앞 장에서 학습한 벡터의 원소를 변경하는 것과 같은 결과를 실행합니다. ❹ print() 함수를 실행하여 lst2$b를 출력하면 첫 번째 원소가 대문자 'A'로 변경된 것을 확인할 수 있습니다.

학습 마무리

지금까지 $와 겹대괄호 [[]] 기호를 이용하여 리스트의 원소를 선택하고, 새로운 원소를 추가, 삭제, 변경하는 방법을 살펴봤습니다.

리스트를 다루는 것이 벡터에 비해 다소 까다로운 면이 있습니다. 초심자들은 데이터 분석 작업을 하는 과정에서 list() 함수로 새로운 리스트를 생성하거나 리스트 원소를 추가, 변경, 삭제하는 작업을 많이 하지 않을 것이라고 오해합니다. 하지만 R 함수를 실행하여 생성되는 리스트의 구조를 파악하고, $ 기호나 겹대괄호를 이용하여 필요한 원소만 빠르게 선택하는 인덱싱 방법은 자주 사용됩니다. 충분히 숙달하기 바랍니다.

핵심 요약

- 리스트는 R에서 가장 광범위하게 사용되는 자료구조입니다.
- 다양한 객체를 하나의 자료구조로 담으려면 리스트가 가장 좋은 대안이 됩니다.
- 리스트 원소를 선택할 때 $ 기호 및 겹대괄호를 사용합니다.
- 데이터 분석 과정에서 함수를 실행했을 때 리스트가 반환되었다면, 리스트의 구조를 파악하고 필요한 원소만 빠르게 선택하는 것이 중요합니다.

자료구조
데이터프레임

☐ **학습 목표**

데이터프레임을 학습합니다. R은 엑셀 문서인 xls, xlsx 파일이나 텍스트 문서인 csv 파일을 데이터프레임으로 생성합니다. R을 이용한 데이터 분석에서 데이터 프레임을 가장 많이 다루게 됩니다. 따라서 데이터프레임의 원소를 선택하는 인덱싱 방법, 원소를 추가, 삭제, 변경하는 전처리 방법에 중점을 두어 학습하겠습니다.

☐ **학습 순서**

1 데이터프레임 특징

2 데이터프레임 생성

3 데이터프레임 원소 선택

4 데이터프레임 원소 추가

5 데이터프레임 원소 삭제

6 데이터프레임 원소 변경

☐ **데이터프레임**
  소개

데이터프레임은 R을 이용한 데이터 분석 과정에서 많이 다루는 자료구조입니다. 데이터프레임은 벡터를 세로 방향으로 세워서 표시한 열벡터를 원소로 가지며, 열벡터를 가로 방향으로 붙이면 행^{row}과 열^{column}을 갖는 직사각형 모양의 2차원 자료구조가 됩니다. 행은 관측값^{observation}이고, 열은 변수^{variable}이며, 행과 열이 교차하는 셀^{cell}마다 값^{value}이 포함되어 있습니다. 열벡터의 자료형은 서로 다를 수 있지만, 모든 열벡터의 길이(원소 개수)는 서로 같아야 합니다.

▼ 데이터프레임

문자형	문자형	범주형	정수형	실수형	
고객ID	고객명	성별	나이	키	
0001	정우성	M	48	186.9	—— 열벡터
0002	장동건	M	49	182.2	
0003	김태희	F	41	163.4	
⋮	⋮	⋮	⋮	⋮	

• 데이터프레임은 행과 열을 갖는 직사각형 모양의 2차원 자료구조입니다(엑셀 시트 또는 데이터베이스 테이블과 유사한 형태입니다).

- 데이터프레임은 열벡터 형태이므로 데이터프레임에서 벡터를 분리하거나 추가하는 작업을 쉽게 처리할 수 있습니다.
- 열벡터의 자료형이 서로 다를 수 있으므로 다양한 자료형의 벡터를 포함할 수 있습니다.
- 데이터프레임의 열은 백터이며, 자료형이 서로 다를 수 있지만 길이는 서로 같아야 합니다.
- 데이터프레임을 생성할 때 항상 열이름이 붙으며, 리스트처럼 $ 기호로 열을 선택할 수 있습니다.

4.1 데이터프레임 특징

앞 장에서 학습한 리스트는 다양한 객체를 원소로 갖는 자료구조이며, 원소가 세로 방향으로 출력됩니다. 반면 데이터프레임은 자료형이 다양한 열벡터를 원소로 갖는 자료구조이며, 원소인 열벡터를 가로 방향으로 붙여서 행과 열을 갖는 직사각형 모양으로 출력됩니다. 데이터프레임의 모든 열벡터는 길이가 같아야 합니다. 만약 길이가 다른 열벡터로 데이터프레임을 생성하려고 하면 에러가 발생합니다.

데이터프레임의 값을 선택할 때, 대괄호 []를 이용합니다. 데이터프레임은 2차원 자료구조이므로 대괄호 안에 콤마 ,를 추가하여 [행^{row}, 열^{column}] 형태로 표현합니다. 콤마 왼쪽에는 행 인덱스를 가리키는 벡터, 콤마 오른쪽에는 열 인덱스를 가리키는 벡터를 각각 지정합니다. 만약 데이터프레임의 모든 행을 선택하려면 콤마 왼쪽에 벡터를 생략합니다. 마찬가지로 모든 열을 선택할 때도 콤마 오른쪽에 벡터를 생략하면 됩니다(4.3절 '데이터프레임 원소 선택' 참조).

대괄호 안 콤마 왼쪽에 지정된 행 인덱스 벡터는 길이에 상관없이 항상 데이터프레임으로 반환합니다. 하지만 콤마 오른쪽에 지정된 열 인덱스 벡터는 길이에 따라 반환되는 객체의 자료구조가 달라집니다. 길이가 1이면 벡터로 반환하고, 2 이상이면 항상 데이터프레임으로 반환합니다. 이런 특징에 유의하셔야 합니다(4.3절 '데이터프레임 원소 선택' 참조).

데이터프레임은 리스트처럼 $ 기호를 사용하여 열벡터를 선택할 수 있습니다. $ 기호로는 하나의 열벡터만 선택할 수 있으므로, 선택된 열을 항상 벡터로 반환합니다. 리스트처럼 겹대괄호를 이용한 인덱싱도 가능하지만 일반적으로 사용하는 코딩 방식은 아닙니다.

이제 코드를 실습함으로써 지금까지 설명한 데이터프레임의 특징을 하나씩 살펴보도록 하겠습니다.

4.2 데이터프레임 생성

데이터프레임을 생성할 때 data.frame( ) 함수를 사용합니다. data.frame( ) 함수 안에 열벡터를 콤마 ,로 나열합니다. 열벡터마다 열이름을 붙일 수 있으며, 열이름과 열벡터를 등호 =로 연결합니다.

함수   `data.frame(열이름1 = 열벡터1, 열이름2 = 열벡터2, ...)`

4.2.1 두 벡터로 데이터프레임 생성하기 : data.frame()

데이터프레임의 원소로 사용될 벡터 2개를 먼저 생성합니다.

```
> num <- seq(from = 1, to = 10, by = 2)
> chr <- rep(x = c('a', 'b'), each = 3)
```

이제 data.frame() 함수 안에 벡터 2개를 지정하여 데이터프레임을 생성하고 클래스를 확인합니다.

```
> df1 <- data.frame(num, chr)
Error in data.frame(num, chr) :
  arguments imply differing number of rows: 5, 6  # ❶
```

벡터 num과 chr을 원소로 하는 데이터프레임을 생성하려고 하면 에러가 발생합니다. ❶ 왜냐하면 두 벡터의 원소 개수가 서로 다르기 때문입니다. num은 원소가 5개이고, chr은 6개입니다. 만약 현재 상태로 두 벡터를 하나의 객체에 담으려면 리스트로 생성해야 합니다.

chr 대신 원소가 5개인 벡터 cha를 생성합니다. 그러고 나서 벡터 num, cha로 데이터프레임을 만듭시다.

```
> cha <- letters[1:5]  # ❶
> df1 <- data.frame(num, cha)  # ❷
```

❶ 벡터 num과 길이가 같은 벡터 cha를 새로 생성합니다. ❷ 두 벡터의 길이가 같아졌으므로 두 벡터를 원소로 하는 데이터프레임을 생성하는 코드는 에러 없이 정상적으로 실행됩니다.

생성한 데이터프레임 원소와 클래스를 출력해보겠습니다.

```
> print(x = df1)
  num cha  # ❶
1   1   a
2   3   b
3   5   c
4   7   d
5   9   e

> class(x = df1)
[1] "data.frame"  # ❷
```

data.frame() 함수는 열벡터 앞에 열이름을 추가하지 않아도 열이름이 자동으로 생성됩니다. 이러한 점이 list() 함수와 다릅니다. ❶ print() 함수에 df1을 넣고 실행하면 맨 윗줄에 열이름이 출력됩니다. 가장 왼쪽에는 1~5까지 숫자가 세로 방향으로 출력됩니다. 이것은 행이름입니다. 데이터프레임은 행이름과 열이름이 붙은 직사각형의 틀^{frame} 안에 값이 저장되어 있는 2차원 자료구조인 것을 알 수 있습니다. 엑셀 시트, 데이터베이스 테이블과 비슷한 형태입니다. ❷ df1의 클래스를 확인하면 'data.frame'이 출력됩니다.

4.2.2 데이터프레임의 구조와 값 확인하기 : str()

데이터프레임을 생성했다면 str() 함수를 실행하여 데이터프레임의 구조를 확인하는 것이 좋습니다.

```
> str(object = df1)
'data.frame':5 obs. of  2 variables:  # ❶
 $ num: num  1 3 5 7 9  # ❷
 $ cha: chr  "a" "b" "c" "d" ...
```

❶ df1은 관측값observations(obs) 5개와 변수(variables) 2개를 갖는 5행 2열의 데이터프레임입니다. data.frame() 함수는 열벡터 앞에 열이름을 추가하지 않아도 항상 열이름을 자동으로 추가하므로 ❷ $ 와 : 사이에 열이름(여기서는 num)이 출력됩니다.

데이터 분석 과정에서 분석할 데이터를 데이터프레임으로 생성했다면 str() 함수를 실행하여 열벡터의 자료형이 원래 데이터의 척도와 일치하는지 확인하고, 만약 일치하지 않다면 열벡터의 자료형을 변경해야 합니다. 예를 들어 나이를 의미하는 열벡터의 자료형이 숫자형이 아니라 문자형이라면 열벡터의 자료형을 숫자형으로 변경하고, 혈액형을 의미하는 열벡터의 자료형이 문자형이라면 범주형 벡터로 변경합니다. 열벡터의 자료형 변경에는 2장에서 학습한 as.xxxx() 함수를 사용하면 됩니다.

R에는 다양한 옵션options이 설정되어 있습니다. 콘솔창에 출력되는 데이터의 한도와 관련된 옵션으로 'max.print'가 있으며, 기본값은 1000입니다. 이는 벡터 원소를 최대 1천 개까지 출력할 수 있다는 것을 의미합니다. 데이터프레임은 값을 1천 개까지 출력할 수 있습니다. 데이터프레임 값의 개수는 행과 열의 길이를 곱한 결과입니다.

```
> options('max.print')
$max.print
[1] 1000

> View(x = df1)
```

df1은 5행 2열의 데이터프레임이므로 print() 함수에 넣고 실행하면 전체 데이터값이 출력됩니다. 하지만 행과 열의 길이가 매우 큰 데이터프레임을 print() 함수에 넣고 실행하면 최대 1천 개의 값만 출력되고 나머지는 생략됩니다.

	num	cha
1	1	a
2	3	b
3	5	c
4	7	d
5	9	e

▲ View() 함수를 실행한 결과

print() 함수 대신 View() 함수에 데이터프레임을 넣고 실행하면 R스튜디오의 스크립트창에 새로운 탭이 열리면서 데이터프레임을 엑셀 시트 모양으로 출력하므로 데이터프레임에 있는 값을 모두 확인할 수 있습니다. View() 함수의 첫 글자가 대문자인 것에 주의하기 바랍니다.

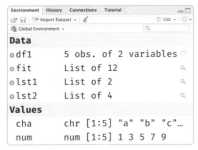

R스튜디오의 [Environment] 탭에서 지금까지 생성된 객체 목록을 확인할 수 있습니다. 데이터프레임을 마우스로 클릭하면 View() 함수가 실행된 것과 같은 결과를 보입니다.

▲ R스튜디오 [Environment] 탭에 생성된 객체 목록

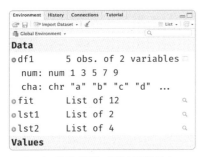

위 그림에서 df1을 마우스로 클릭하면 콘솔창에서 View() 함수가 실행되면서 스크립트창에는 새 탭이 열립니다. 한편 df1은 데이터프레임이고 fit, lst1, lst2는 리스트인데, 데이터프레임과 리스트 앞에는 동그란 모양의 파란색 버튼이 추가되어 있습니다. 이 버튼을 클릭하면 왼쪽 그림과 같이 해당 객체의 원소를 보여줍니다. 마치 str() 함수를 실행한 것과 같은 효과입니다.

▲ 동그란 모양의 파란색 버튼을 클릭한 결과

데이터프레임을 생성할 때 문자형 벡터 자동변환 옵션

R 옵션 중에서 stringsAsFactors 옵션의 기본값이 TRUE일 때는 데이터프레임을 생성할 때 모든 문자형 벡터가 범주형 벡터로 자동 변환되었습니다. 범주형 벡터의 원소를 전처리하는 일은 문자형 벡터에 비해 다소 까다롭기 때문에 R에 익숙하지 않은 초심자분들에게는 다소 불편한 옵션이었습니다. 2020년 4월 말에 R이 4.x.x 버전으로 업데이트되면서 'stringsAsFactors' 옵션의 기본값이 FALSE로 변경됨에 따라 데이터프레임을 생성할 때 문자형 벡터가 더는 범주형 벡터로 변환되지 않습니다.

```
> options('stringsAsFactors')   # ❶
$stringsAsFactors
[1] FALSE

> df2 <- data.frame(num, cha, stringsAsFactors = TRUE)   # ❷
```

```
> str(object = df2)
'data.frame': 5 obs. of  2 variables:
 $ num: num  1 3 5 7 9
 $ cha: Factor w/ 5 levels "a","b","c","d",..: 1 2 3 4 5   # ❸
```

❶ options() 함수를 실행하여 stringsAsFactors의 기본값을 확인하면 FALSE가 출력됩니다. 위에서 df1을 생성할 때 문자형 벡터 cha가 범주형 벡터로 변경되지 않은 이유입니다. stringsAsFactors 옵션의 기능을 확인하기 위해 ❷ data.frame() 함수 안에 stringsAsFactors 옵션을 TRUE로 추가하여 df2를 생성합니다. ❸ str( ) 함수를 실행하면 df2의 두 번째 열인 cha가 범주형 벡터로 변환됩니다.

4.3 데이터프레임 원소 선택

데이터프레임에서 특정 위치에 저장된 원소를 선택하는 데 대괄호를 사용하고, 대괄호 안에 콤마를 추가합니다. 콤마 왼쪽에는 행 인덱스를 벡터로 지정하고, 콤마 오른쪽에는 열 인덱스를 벡터를 지정합니다. 이렇게 데이터프레임의 행과 열의 인덱스로 원하는 값을 선택하는 것을 팬시 인덱싱fancy indexing이라고 합니다.

4.3.1 인덱싱으로 선택하기

데이터프레임의 인덱싱을 이용하여 특정 위치에 있는 값을 선택합니다.

```
> df1[1, 1]   # ❶
[1] 1

> df1[1:2, 1:2]   # ❷
  num cha
1  1   a
2  3   b
```

❶ df1의 1행, 1열을 선택하면 벡터로 반환됩니다. 데이터프레임은 1개의 열을 선택하면 기본적으로 벡터로 반환됩니다. ❷ df1의 1~2행, 1~2열을 선택하면 데이터프레임으로 반환됩니다.

대괄호 안 콤마 오른쪽에 열 인덱스 벡터를 생략하면 데이터프레임의 모든 열을 선택하고, 콤마 왼쪽에 행 인덱스 벡터를 생략하면 데이터프레임의 모든 행을 선택합니다.

```
> df1[1, ]  # ❶
  num cha
1   1   a

> df1[1:2, ]  # ❷
  num cha
1   1   a
2   3   b

> df1[, 1]  # ❸
[1] 1 3 5 7 9

> df1[, 1:2]  # ❹
  num cha
1   1   a
2   3   b
3   5   c
4   7   d
5   9   e
```

❶ df1에서 1행의 모든 열을 선택하여, 데이터프레임으로 반환합니다. ❷ df1에서 1~2행의 모든 열을 선택하여, 데이터프레임으로 반환합니다. ❸ df1에서 1열의 모든 행을 선택하여, 데이터프레임으로 반환합니다. 참고로 대괄호 안에 drop = FALSE를 추가하면 데이터프레임으로 반환됩니다. ❹ df1에서 1~2열의 모든 행을 선택하여, 데이터프레임으로 반환합니다. 데이터프레임은 선택된 열 개수에 따라 벡터 또는 데이터프레임으로 반환된다는 사실을 기억하기 바랍니다.

4.3.2 문자형 벡터로 열 선택하기

데이터프레임은 열을 선택할 때 대괄호 안에 인덱스 벡터 대신 열이름을 포함하는 문자형 벡터를 지정할 수 있습니다.

```
> df1[, 'num']  # ❶
[1] 1 3 5 7 9

> df1[, c('num', 'cha')]  # ❷
  num cha
1   1   a
2   3   b
3   5   c
4   7   d
5   9   e
```

❶ df1에서 열이름이 'num'인 열을 하나만 선택하면 벡터로 반환됩니다. ❷ df1에서 열이름이 'num'과 'cha'인 열 2개를 선택하면 데이터프레임으로 반환됩니다.

4.3.3 열이름으로 열 선택하기

데이터프레임의 모든 열에는 열이름이 붙어 있으므로 $ 기호를 사용하여 열벡터를 선택할 수 있습니다.

```
> df1$num  # ❶
[1] 1 3 5 7 9

> df1$cha  # ❷
[1] "a" "b" "c" "d" "e"
```

❶ df1에서 열이름이 'num'인 열을 벡터로 반환합니다. ❷ df1에서 열이름이 'cha'인 열을 벡터로 반환합니다.

4.3.4 TRUE/FALSE로 반환받기

데이터프레임에서 값을 선택할 때 불리언 인덱싱boolean indexing을 사용할 수 있습니다. 불리언 인덱싱은 특정 조건을 만족하는 데이터프레임 행을 선택할 때 사용됩니다.

데이터프레임을 인덱싱할 때 대괄호 안에 조건을 만족하는 행만 선택하는 방법을 소개합니다.

```
> df1$num >= 5  # ❶
[1] FALSE FALSE  TRUE  TRUE  TRUE

> df1[df1$num >= 5, ]  # ❷
  num cha # ❸
3   5   c
4   7   d
5   9   e
```

❶ df1$num의 원소가 5 이상이면 TRUE, 아니면 FALSE를 반환합니다. ❷ df1에서 df1$num
의 원소가 5 이상인 행을 데이터프레임으로 반환합니다. df1은 데이터프레임이므로, 대괄호 안에
콤마를 생략하면 에러가 발생합니다. ❸ 콤마 오른쪽에 열 인덱스 벡터를 생략했으므로 모든 열을
반환합니다.

데이터프레임에서 괄호 안 조건을 만족하는 행과 하나의 열을 선택하는 두 가지 방법을 소개합니다.

```
> df1[df1$num >= 5, 'cha']  # ❶
[1] "c" "d" "e"

> df1$cha[df1$num >= 5]  # ❷
[1] "c" "d" "e"
```

대괄호 안 조건을 만족하는 행에서 일부 열만 선택하려면, 콤마 오른쪽에 열 인덱스 벡터를 추가
하면 됩니다. ❶ df1에서 df1$num의 원소가 5 이상인 행에서 열이름이 'cha'인 열을 선택하여
벡터로 반환합니다. 열을 한 개만 선택하는 경우에는 ❷번 코드가 더 많이 사용됩니다. df1$cha
는 벡터이므로 대괄호 안에 콤마를 추가하면 에러가 발생합니다.

4.4 데이터프레임 원소 추가

데이터 분석 작업에 소요되는 전체 시간을 100%으로 했을 때, 데이터 전처리에 소요되는 시간이
약 80%에 해당한다고 많은 데이터 분석가가 말합니다. 데이터 전처리에 많은 시간을 투자한다는
의미입니다. 데이터 분석 과정에서 데이터프레임을 많이 다룹니다. 기존 데이터프레임에 새로운

행과 열을 추가하거나 삭제하고, 값을 변경하는 방법에 능숙해야 데이터를 분석하는 데 걸리는 시간을 줄일 수 있습니다.

4.4.1 데이터프레임에 원소 추가하기 : $

데이터프레임에 새로운 원소(열벡터)를 추가할 때 리스트처럼 $ 기호로 새로 추가할 열이름을 지정하고 원하는 벡터를 할당하는 방식을 사용합니다. 리스트와 다른 점은 데이터프레임의 행 길이와 새로 추가하려는 열벡터 길이가 서로 같아야 한다는 점입니다. 만약 길이가 다르면 에러가 발생합니다. 데이터프레임(df1)에 새로운 열을 추가하고 구조를 확인합시다.

```
> df1$int <- 11:15    # ❶
> str(object = df1)   # ❷
'data.frame':5 obs. of  3 variables:
 $ num: num  1 3 5 7 9
 $ cha: chr  "a" "b" "c" "d" ...
 $ int: int  11 12 13 14 15
```

❶ df1에 새로 추가할 열벡터의 이름을 'int'로 지정하고, 11~15를 원소로 갖는 정수형 벡터를 할당합니다. ❷ df1의 구조를 확인해보니 5행, 3열의 데이터프레임이고, 세 번째 열에 'int'가 추가되었습니다.

4.4.2 데이터프레임에 열 추가하기 : cbind()

cbind() 함수는 R 객체를 열(가로) 방향으로 묶을 때 사용하는 함수입니다.

함수   **cbind(데이터프레임, 새로 추가할 벡터1, 새로 추가할 벡터2, ...)**

cbind() 함수의 괄호 안에 데이터프레임과 새로 추가할 객체를 지정된 순서대로 묶습니다. 데이터프레임의 행 길이와 새로 추가하려는 벡터의 길이가 서로 같아야 하며, 만약 길이가 다르면 에러가 발생합니다.

데이터프레임에 새로운 열을 추가할 때 cbind() 함수를 이용해보겠습니다.

```
> cbind(df1, rep(x = TRUE, times = 5))   # ❶
  num cha int rep(x = TRUE, times = 5)
1   1   a  11                        TRUE
2   3   b  12                        TRUE
3   5   c  13                        TRUE
4   7   d  14                        TRUE
5   9   e  15                        TRUE

> cbind(df1, log = rep(x = TRUE, times = 5))   # ❷
  num cha int  log
1   1   a  11 TRUE
2   3   b  12 TRUE
3   5   c  13 TRUE
4   7   d  14 TRUE
5   9   e  15 TRUE

> str(object = df1)
'data.frame':  5 obs. of  3 variables:   # ❸
 $ num: num  1 3 5 7 9
 $ cha: chr  "a" "b" "c" "d" ...
 $ int: int  11 12 13 14 15

> df1 <- cbind(df1, log = rep(x = TRUE, times = 5))   # ❹
> str(object = df1)
'data.frame':  5 obs. of  4 variables:   # ❺
 $ num: num  1 3 5 7 9
 $ cha: chr  "a" "b" "c" "d" ...
 $ int: int  11 12 13 14 15
 $ log: logi  TRUE TRUE TRUE TRUE TRUE
```

❶ cbind() 함수를 이용하여 df1에 TRUE를 원소로 갖는 논리형 벡터를 열(가로) 방향으로 묶고, 그 결과를 출력합니다. cbind() 함수 안에 지정된 벡터는 이름이 없으므로 콘솔창에 열이름 대신 코드가 그대로 출력되어 보기에 좋지 않습니다. ❷ cbind() 함수 안에 지정된 벡터 앞에 열이름을 붙이면 출력되는 결과에 반영됩니다. cbind() 함수는 두 데이터프레임을 열(가로) 방향으로 묶은 결과를 출력할 뿐, ❸ df1은 원래 구조를 그대로 유지하고 있습니다. 따라서 df1에 새로운 열 벡터를 추가한 결과를 반영하려면 ❹ cbind() 함수를 실행한 결과를 df1에 재할당해야 합니다. ❺ df1은 5행, 4열로 변경되었습니다.

4.4.3 데이터프레임에 행 추가하기 : rbind()

데이터프레임에 새로운 행을 추가할 때 rbind() 함수를 이용합니다.

함수 `rbind(데이터프레임1, 데이터프레임2, ...)`

rbind() 함수는 R 객체를 행(세로) 방향으로 묶을 때 사용하며, cbind() 함수와 사용법이 같습니다. 다만 cbind() 함수와 달린 괄호 안에 모두 데이터프레임을 지정해야 합니다. 즉, 데이터프레임에 새로운 행을 추가한다는 것은 기존 데이터프레임과 열이름이 같은 데이터프레임을 아래에 붙인다는 의미입니다. 따라서 rbind() 함수 안에 열이름이 같은 두 데이터프레임을 차례대로 지정해야 합니다.

```
> df3 <- data.frame(num = 6, cha = 'f', int = 16, log = TRUE)  # ❶
> rbind(df1, df3)  # ❷
  num cha int  log
1   1   a  11 TRUE
2   3   b  12 TRUE
3   5   c  13 TRUE
4   7   d  14 TRUE
5   9   e  15 TRUE
6   6   f  16 TRUE

> str(object = df1)
'data.frame':5 obs. of  4 variables:  # ❸
 $ num: num  1 3 5 7 9
 $ cha: chr  "a" "b" "c" "d" ...
 $ int: int  11 12 13 14 15
 $ log: logi  TRUE TRUE TRUE TRUE TRUE
```

❶ df1에 새로운 행을 추가하려면 df1과 열이름이 같은 데이터프레임이 필요합니다. ❷ rbind() 함수를 이용하여 df1에 df3을 행(세로) 방향으로 묶은 결과를 출력합니다. rbind() 함수를 실행한 결과를 df1에 재할당하지 않았으므로 ❸ df1은 5행 4열의 데이터프레임을 유지하고 있습니다.

4.5 데이터프레임 원소 삭제

열벡터를 삭제하는 방법과 행 또는 열을 삭제하는 방법을 알아보겠습니다.

4.5.1 열벡터 삭제하기 : $

데이터프레임에서 열벡터를 삭제할 때 리스트처럼 $ 기호로 삭제할 열이름을 지정하고 NULL을 할당하면 해당 열이 삭제됩니다.

```
> df1$num <- NULL   # ❶
> str(object = df1)
'data.frame':5 obs. of  3 variables:  # ❷
 $ cha: chr  "a" "b" "c" "d" ...
 $ int: int  11 12 13 14 15
 $ log: logi  TRUE TRUE TRUE TRUE TRUE
```

❶ df1의 열이름이 'num'인 열을 삭제합니다. ❷ df1은 5행 3열로 변경되었습니다.

4.5.2 행 또는 열 삭제하기 : 인덱싱

데이터프레임에서 행 또는 열을 삭제하는 데 인덱싱을 이용합니다. 대괄호 안에 콤마를 추가하고 콤마 왼쪽에는 삭제할 행 인덱스 벡터를, 콤마 오른쪽에는 삭제할 열 인덱스 벡터를 지정합니다.

```
> df1[-1, -1]  # ❶
  int  log
2  12 TRUE
3  13 TRUE
4  14 TRUE
5  15 TRUE


> df1[-1, ]  # ❷
  cha int  log
2   b  12 TRUE
3   c  13 TRUE
4   d  14 TRUE
5   e  15 TRUE
```

```
> df1[, -1]   # ❸
  int  log
1  11 TRUE
2  12 TRUE
3  13 TRUE
4  14 TRUE
5  15 TRUE
```

❶ 인덱스 앞에 마이너스 기호를 추가하면 해당 인덱스를 제거하므로, df1에서 1행과 1열을 삭제한 결과를 출력합니다. df1에 재할당하지 않았으므로 df1은 기존 구조를 그대로 유지합니다. ❷ df1에서 1행을 삭제한 결과를 출력합니다. ❸ df1에서 1열을 삭제한 결과를 출력합니다.

4.6 데이터프레임 원소 변경

데이터프레임의 원소를 변경할 때 리스트처럼 $ 기호로 변경할 열이름을 지정하고, 원하는 벡터를 할당하면 선택된 열벡터의 모든 원소를 일괄 변경합니다. 또는 선택된 열벡터의 일부 원소만 변경하는 것도 가능합니다.

```
> df1$cha <- LETTERS[1:5]   # ❶
> print(x = df1)   # ❷
  cha int  log
1   A  11 TRUE
2   B  12 TRUE
3   C  13 TRUE
4   D  14 TRUE
5   E  15 TRUE

> df1$int[1] <- '11'   # ❸
> str(object = df1)
'data.frame':5 obs. of  3 variables:
 $ cha: chr  "A" "B" "C" "D" ...
 $ int: chr  "11" "12" "13" "14" ...   # ❹
 $ log: logi  TRUE TRUE TRUE TRUE TRUE
```

❶ df1$cha의 모든 원소를 일괄 변경합니다. ❷ print() 함수를 실행하여 df1을 출력하면 열이름이 cha인 열의 모든 원소가 일괄 변경됩니다. 데이터프레임에서 선택된 열벡터의 모든 원소를 변경할 때 기존 열벡터와 같은 길이의 벡터를 할당해야 한다는 점에 주의해주세요. 열벡터의 일부 원소만 변경할 수도 있습니다. ❸ df1$int의 첫 번째 원소를 '11'로 변경합니다. df1$int는 정수형 벡터였지만 ❹ df1$int의 자료형이 문자형 벡터로 변경되었습니다. 선택된 열벡터의 일부 원소만 변경할 때는 기존 열벡터의 자료형과 같은 벡터를 할당해야 합니다. 만약 자료형이 다른 벡터를 할당하면 강제변환이 일어납니다.

학습 마무리

이상으로 데이터 분석 과정에서 자주 다루는 R 자료구조를 모두 알아봤습니다. 자료구조는 프로그래밍 기초라서 비록 재미없고 지루하지만 반복 학습하여 단단한 실력을 다질 것을 강력하게 추천드립니다. 특히, 벡터와 데이터프레임의 원소를 선택하고 전처리하는 방법을 집중적으로 학습해주세요. 현장에서는 자료구조를 제대로 다룰지 몰라서 데이터 분석 도중에 엑셀 파일을 열어 전처리 작업을 하는 경우가 비일비재하게 발생합니다. 꼭 잘못된 방식이라고 할수는 없지만, 업무 생산성이 현저하게 낮아지므로 가능하면 모든 전처리 작업을 R스튜디오에서 완수하는 것을 목표로 학습하기 바랍니다.

핵심 요약

- 데이터프레임은 벡터를 세로 방향으로 세워서 표시한 열벡터를 원소로 가지며, 열벡터를 가로 방향으로 붙이면 행과 열을 갖는 직사각형 모양의 2차원 형태가 됩니다.
- 데이터프레임을 생성할 때, 열벡터는 서로 다른 자료형을 가질 수 있지만 길이는 같아야 합니다.
- 데이터프레임의 원소인 열벡터를 선택할 때 $ 기호를 사용합니다.
- 데이터프레임의 행과 열을 선택할 때는 대괄호 안에 콤마를 추가하고 콤마 왼쪽에는 행 인덱스 벡터를, 콤마 오른쪽에는 열 인덱스 벡터를 지정합니다.
- 데이터프레임은 데이터 분석 과정에서 많이 다루는 자료구조이므로 원소를 추가, 삭제, 변경하는 방법을 충분히 익혀야 데이터 전처리에 소요되는 시간을 줄일 수 있습니다.

R 프로그래밍에 사용하는 조건문, 반복문, 사용자 정의 함수, 같은 함수 반복 실행 방법을 알아봅니다.
낯설고, 어렵고, 재미없고, 지루하지만 기초 체력이 충분해야 고급 스킬을 구사할 수 있다는 믿음으로 꾸
준하게 학습하기 바랍니다.

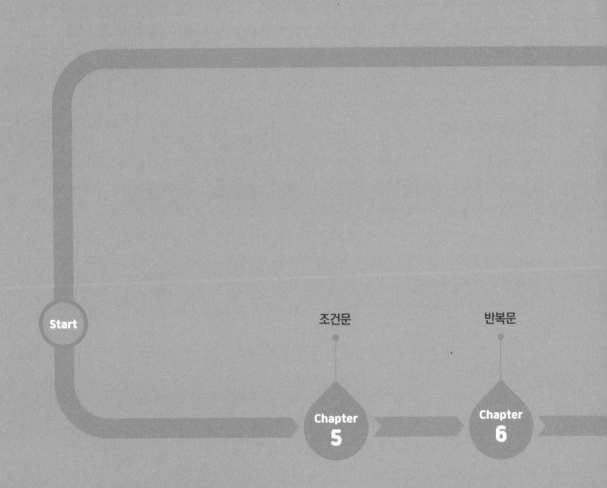

Start

조건문

반복문

Chapter
5

Chapter
6

R 프로그래밍
프로그래밍을 알아야 효과적으로
분석한다

Chapter
7

Chapter
8

Finish

사용자 정의 함수

같은 함수 반복 실행

조건문

☐ 학습 목표	코드가 실행되는 흐름을 분기하는 if문 사용법을 알아봅시다.
☐ 학습 순서	**1** if문 기본 구조 　○ if문 　○ else if문 　○ else문 **2** ifelse() 함수
☐ 조건문 소개	if문은 프로그램을 실행하는 도중에 만족하는 조건에 따라 코드를 분기할 때 사용하는 구문입니다.
	• 어떤 조건을 만족하는지에 따라 실행하는 코드를 다르게 설정할 수 있습니다.
	• 반복문 안에서 if문을 사용하면 반복문 실행을 제어할 수 있습니다.

5.1 if문 기본 구조

어떤 조건을 만족하는지 여부에 따라 실행할 코드를 분기할 때 if문을 사용합니다. if문은 괄호 안의 값이 TRUE일 때 뒤따르는 코드를 실행하며, FALSE일 때는 실행하지 않고 종료합니다.

구문
```
if (조건) {
    #  실행할 코드
} else if (조건) {
    #  실행할 코드
} else {
    #  실행할 코드
}
```

조건문을 만족하는 구문의 { } 안 코드를 실행합니다. 실행할 코드가 한 줄일 때는 중괄호 { }를 생략할 수 있지만 가독성을 고려해 항상 중괄호 { }를 사용하는 방식을 추천해드립니다.

5.1.1 if문 기본 사용법

if문의 괄호 안 조건을 설정하는 예시 코드를 살펴보겠습니다. 비교 연산자를 사용한 코드를 조건
으로 사용할 때, 실행 결과로 TRUE 또는 FALSE를 반환합니다.

```
> obj <- 1L        # ❶

> class(x = obj)  # ❷
[1] "integer"

> class(x = obj) == 'integer'  # ❸
[1] TRUE
```

❶ 벡터 obj에 정수 1을 할당합니다. ❷ obj의 원소 1은 정수이므로 obj의 클래스를 확인하면
'integer'를 출력합니다. ❸ 벡터 obj의 클래스가 'integer'와 같은지 비교 연산을 실행합니다.
비교 연산 실행 결과로 TRUE를 출력했습니다.

if문은 괄호 안 조건 결과가 TRUE일 때 print() 함수를 실행하는 코드를 만들어봅시다.

```
> if (class(x = obj) == 'integer') print(x = '정수입니다!')
[1] "정수입니다!"
```

if문은 괄호 안 조건 결과가 TRUE이므로 print() 함수를 실행하여 '정수입니다!'라는 문자열을
출력합니다.

조건을 만족할 때 실행할 코드가 한 줄이라 중괄호 { }를 사용하지 않았습니다. 실제로 데이터 분
석에서 if문 결괏값인 TRUE 또는 FALSE에 따라 실행하는 코드가 여러 줄이 될 수도 있습니다.
실행할 코드가 한 줄일 때도 다음과 같이 중괄호 { }로 묶어주면 코드 가독성이 높아집니다.

```
> if (class(x = obj) == 'integer') {
+   print(x = '정수입니다!')
+ }
[1] "정수입니다!"
```

Tip 중괄호는 여러 줄의 코드를 묶어주는 기능을 합니다. 조건문, 반복문, 사용자 정의 함수 등에서 다양하게 사용됩니다. 일반적으로 여는 중괄호 { 뒤와 닫는 중괄호 } 앞에 코드를 추가하지 않는 방식으로 코딩합니다. 이렇게 코딩하는 이유는 코드의 가독성을 높이기 위함입니다. R스튜디오는 중괄호 안의 코드 앞에 두 칸 들여쓰기를 자동으로 지원한다는 점도 참고하기 바랍니다.

if문은 괄호 안의 값이 FALSE일 때, 뒤따르는 코드를 실행하지 않습니다. 정말 그런지 앞에서 사용한 예제에서 obj의 클래스를 문자형 벡터로 변경해 실행해봅시다.

```
> obj <- as.character(x = obj)            # ❶

> if (class(x = obj) == 'integer') {   # ❷
+   print(x = '정수입니다!')
+ }
```

❶ 벡터 obj의 자료형을 문자형으로 변경합니다. ❷ 벡터 obj의 자료형은 문자형이라 조건을 만족하지 않습니다. 따라서 if문의 괄호 안 값이 FALSE가 되어 뒤따르는 코드가 실행되지 않으므로 아무것도 출력되지 않습니다.

warning 중괄호를 사용할 때 유의사항

if문 전체를 실행하고자 할 때 커서를 중괄호 바깥에 놓은 상태에서 실행해야 합니다. 만약 커서가 중괄호 안의 코드 위에 놓인 상태로 실행하면 조건문 전체가 아닌 현재 커서가 놓인 코드만 실행됩니다.

위 코드에서 if문의 괄호 안 결과가 FALSE이므로 실행했을 때 무엇도 출력되지 않았습니다. 만약 중괄호 안의 print() 함수가 사용된 코드를 마우스로 선택하여 커서가 가리키는 상태에서 실행하면 '정수입니다!'라는 문자열을 출력합니다. 그 이유는 중괄호 안의 코드가 단독으로도 실행되는 완성된 코드이기 때문입니다. 따라서 중괄호의 이러한 특성을 파악하고 있어야 하겠습니다.

5.1.2 if - else문

if문의 괄호 안 결과가 FALSE일 때 실행할 코드를 추가하려면 else문을 사용합니다. else문은 if문의 닫는 중괄호 뒤에 이어서 작성합니다. else문 뒤에도 중괄호를 사용하여 가독성 높은 코드로 작성하는 것이 좋습니다.

정수일 때는 "정수입니다!", 아닐 때는 "정수가 아닙니다!"를 출력하는 조건문을 만들어봅시다. 현재 벡터 obj의 자료형은 문자형입니다.

```
> if (class(x = obj) == 'integer') {
+   print(x = '정수입니다!')           # ❶
+ } else {
+   print(x = '정수가 아닙니다!')   # ❷
+ }
[1] "정수가 아닙니다!"
```

❶ 벡터 obj의 자료형은 정수형이 아니므로 괄호 안 비교 연산 결과는 FALSE가 되며 print() 함
수를 실행하지 않습니다. ❷ 마지막으로 else문이 실행되어 '정수가 아닙니다'가 출력됩니다.

5.1.3 if - else if - else문

if문에서 고려해야 할 조건을 추가하려면 else if문을 사용합니다. 조건은 하나 이상 추가할 수 있
습니다.

주어진 벡터의 자료형이 정수형, 실수형 또는 숫자가 아닌지를 판별하는 조건문 예제를 만들어봅
시다.

```
> if (class(x = obj) == 'integer') {            # ❶
+   print(x = '정수입니다!')
+ } else if (class(x = obj) == 'numeric') { # ❷
+   print(x = '실수입니다!')
+ } else {                          # ❸
+   print(x = '숫자가 아닙니다!')
+ }
[1] "숫자가 아닙니다!"      # ❹
```

❶ 벡터 obj의 자료형이 정수형인지 판별합니다. 정수형이 아니므로 다음 조건문으로 이동합니
다. ❷ 이번에는 실수형인지 판별합니다. 역시나 실수형이 아니므로 다음 조건문으로 이동합니다.
❸ 모든 설정된 조건을 만족하지 못하므로 마지막으로 else문이 실행되어 ❹ '숫자가 아닙니다!'를
출력합니다.

점수로 합격 여부를 판정하는 if문을 작성해봅시다. 점수가 70점 이상이면 합격, 69점 이하이면
불합격으로 판정하고 그 결과를 출력합니다.

```
> score <- 100          # ❶

> if (score >= 70) {    # ❷
+   grade <- '합격'
+ } else {              # ❸
+   grade <- '불합격'
+ }

> print(x = grade)      # ❹
[1] "합격"
```

❶ score에 100을 입력했습니다. ❷ score가 70 이상인지 비교해보았습니다. score가 100이므로 괄호 안 값은 TRUE입니다. grade에 문자열 '합격'을 입력하고 if문을 종료합니다. ❸ 앞의 조건문이 TRUE로 종료되었으므로 실행되지 않습니다. ❹ print() 함수에 grade를 넣고 실행하면 "합격"을 출력합니다.

한 가지 염두에 두어야 할 사항은 if문은 벡터 연산을 하지 못하고 한 가지 값, 즉 스칼라 값만 처리가 가능하다는 겁니다. 현재 score의 원소가 1개이고, if문을 실행하여 생성한 grade 또한 원소가 1개라는 점입니다. 만약 score의 원소가 여러 개일 때 조건문을 실행하면 경고 문구가 출력됩니다.

```
> score <- c(100, 69) # ❶

> if (score >= 70) {   # ❷
+   grade <- '합격'
+ } else {
+   grade <- '불합격'
+ }
Warning message:       # ❸
In if (score >= 70) { :
  the condition has length > 1 and only the first element will be used

> print(x = grade)     # ❹
[1] "합격"
```

❶ score에 100과 69를 입력했습니다. 이제 score의 원소는 2개입니다. ❷ 조건문은 정상적으로 실행됩니다. ❸ 하지만 경고 문구가 출력되었습니다. 조건condition이 1개를 초과하므로 첫 번째 원소만 사용될 것이다'라는 내용입니다. 그러니까 score의 첫 번째 원소인 100에 대한 비교 연산 결과인 TRUE만 if문에서 사용된 겁니다. ❹ print() 함수에 grade를 넣고 실행하면 "합격"이 출력됩니다.

이와 같은 상황일 때 score의 모든 원소에 대해 if문을 실행하고, 그 결과를 grade 벡터에 저장하고 싶다면 반복문이나 ifelse() 함수를 사용해야 합니다. 반복문은 6장에서 다루겠습니다.

5.2 ifelse() 함수

ifelse() 함수는 데이터를 전처리하여 분기할 때 사용합니다. ifelse() 함수에는 test, yes, no라는 매개변수가 있습니다. test에 TRUE 또는 FALSE로 반환되는 조건을 지정합니다. test에 지정된 값이 TRUE일 때 yes 매개변수, FALSE일 때 no 매개변수에 지정된 값을 반환합니다.

함수
```
ifelse(test = TRUE 또는 FALSE로 반환되는 코드,
       yes = test가 참(TRUE)일 때 반환할 값
       no = test가 거짓(FALSE)일 때 반환할 값)
```

ifelse() 함수를 사용하여 원소가 여러 개인 벡터에 대해 원소 개수만큼 '합격'과 '불합격'을 출력하는 예제를 실습해보겠습니다.

```
> score <- seq(from = 40, to = 100, by = 10)  # ❶

> print(score)
[1]  40  50  60  70  80  90 100

> score >= 70   # ❷
[1] FALSE FALSE FALSE  TRUE  TRUE  TRUE  TRUE

> ifelse(test = score >= 70, yes = '합격', no = '불합격')  # ❸
[1] "불합격" "불합격" "불합격" "합격"   "합격"   "합격"   "합격"
```

❶ score는 40부터 100까지 10 간격으로 모두 7개 원소를 갖는 벡터로 생성됩니다. ❷ score의 각 원소가 70 이상인지 여부를 확인하기 위해 비교 연산을 실행한 결과가 TRUE와 FALSE로 반환됩니다. ❸ ifelse() 함수의 test 매개변수에 지정된 코드가 TRUE이면 yes에 지정된 '합격'이 반환되고, 반대로 FALSE이면 no 매개변수에 지정된 '불합격'이 반환됩니다.

ifelse() 함수는 데이터 분석 과정에서 데이터프레임의 컬럼이 어떤 조건을 만족하는지에 따라 새로운 컬럼인 파생 변수를 생성할 수 있으므로 아주 유용하게 사용됩니다. 아래는 데이터프레임의 열벡터로부터 새로운 파생 변수를 생성하는 예제입니다. 직전 예제에서 다루었던 score와 grade가 데이터프레임의 열벡터로 사용되었습니다.

```
> df <- data.frame(score) # ❶

> str(object = df)          # ❷
'data.frame':7 obs. of  1 variable:
 $ score: num  40 50 60 70 80 90 100

> df$grade <- ifelse(test = df$score >= 70, yes = '합격', no = '불합격') # ❸

> print(x = df)  # ❹
  score  grade
1    40 불합격
2    50 불합격
3    60 불합격
4    70   합격
5    80   합격
6    90   합격
7   100   합격
```

❶ score를 원소로 갖는 데이터프레임 df를 생성합니다. ❷ df의 구조를 확인하면 행길이는 7, 열길이는 1인 데이터프레임입니다. ❸ ifelse() 함수를 실행한 결과를 저장합니다. ifelse() 함수는 df$score의 각 원소가 70 이상이면 '합격', 70 미만이면 '불합격'을 반환하고, df$grade라는 새로운 열벡터를 생성합니다. ❹ df를 출력하면 score와 grade라는 원소가 2개 있습니다.

학습 마무리

if문은 조건에 따라 코드를 분기할 때 사용하는 구문입니다. else if문으로 고려할 조건을 여러 개 설정할 수 있으며, 모든 조건을 만족하지 않을 때 else문으로 실행할 코드를 설정할 수 있습니다.

새로 배운 문법 모아보기

if문은 조건에 따라 프로그램 실행을 분기하는 구문입니다. 다음과 같은 형태가 있습니다.

```
if문 (조건) {
    # 실행할 코드        # 조건문이 TRUE일 때 실행됩니다.
}
```

```
if문 (조건) {
    # 실행할 코드        # 조건문이 TRUE일 때 실행됩니다.
} else {
    # 실행할 코드        # 조건문이 FALSE일 때 실행됩니다.
}
```

```
if문 (조건1) {
    # 실행할 코드        # 조건1이 TRUE일 때 실행됩니다.
} else if문 (조건2) {
    # 실행할 코드        # 조건2가 TRUE일 때 실행됩니다.
} else if문 (조건3) {
    # 실행할 코드        # 조건3이 TRUE일 때 실행됩니다.
} else {
    # 실행할 코드        # 모든 조건이 FALSE일 때 실행됩니다.
                        # else는 항상 맨 마지막에 와야 하고 생략 가능합니다.
}
```

반복문

☐ **학습 목표**	R 프로그래밍에 자주 사용하는 반복문을 알아보겠습니다. 반복문은 어떤 코드에서 일부의 값을 바꿔가면서 반복하여 실행할 때 사용됩니다.
☐ **학습 순서**	**1** for문 **2** while문 **3** 이후 코드 건너뛰기 : next **4** 반복문 탈출하기 : break
☐ **반복문 소개**	만약 여러 줄의 코드에서 일부 값만 변경해가면서 반복해서 실행해야 할 때, 같은 코드를 여러 번 복사하여 붙여넣기 방식으로 코딩하면 보기에도 좋지 않고 유지보수도 쉽지 않습니다. 이럴 때 반복문을 사용하는 것이 좋습니다. R에서는 for, while, repeat문으로 반복문을 실행할 수 있습니다. 반복 실행할 범위 또는 횟수가 정해져 있는 경우라면 for문을 사용하고, 조건을 만족하는 동안 반복 실행하려면 while문을 사용합니다. repeat문은 조건을 고려하지 않고 무한 반복 실행합니다. 이제 세 가지 구문의 동작 원리를 하나씩 살펴보겠습니다.

6.1 for문

for문의 괄호 안에 '변수 in 벡터' 형태를 지정하면, 변수는 벡터의 원소를 차례대로 입력받아 중괄호 안 코드를 실행합니다.

구문
```
for (변수 in 벡터) {
    # 실행할 코드
}
```

반복문을 사용해 중식당 메뉴를 차례대로 출력해봅시다. 메뉴를 미리 문자형 벡터로 설정하고, for문으로 반복 실행하겠습니다.

```
> menu <- c('짜장면', '탕수육', '깐풍기', '짬뽕', '전가복', '샥스핀')   # ❶
> for (item in menu) {   # ❷
+    print(x = item)      # ❸
+ }
[1] "짜장면"
[1] "탕수육"
[1] "깐풍기"
[1] "짬뽕"
[1] "전가복"
[1] "샥스핀"
```

❶ 메뉴 이름을 갖는 문자형 벡터를 생성했습니다. ❷ 벡터 내용을 출력할 반복문입니다. for문의 괄호 안 item은 변수, menu는 벡터입니다. item은 menu의 첫 번째 원소부터 차례대로 입력받아 괄호 안 코드를 반복 실행합니다. ❸ menu의 각 원소를 차례대로 받은 item을 출력합니다.

warning 중괄호 안에 print( ) 함수 대신 item처럼 변수의 객체명만 작성하면 반복문이 실행되는 동안 콘솔창에는 아무것도 출력되지 않습니다. 아래 코드를 직접 실행하여 차이를 직접 확인하기 바랍니다.

```
> for (item in menu) {
+    item
+ }
```

6.1.1 두 문자열을 연결해 출력하기 : cat()

'짜장면 시킬까요?'와 같이 객체에 저장된 값과 문자열을 하나로 결합하여 출력하고자 할 때 print( ) 함수를 사용하면 에러가 발생합니다. R에서 제공하는 print( ) 함수는 다른 언어와는 달리 두 개 이상의 문자열을 결합하는 기능이 없기 때문입니다. 정말 에러가 나는지 확인해보죠.

```
> menu <- c('짜장면', '탕수육', '깐풍기', '짬뽕', '전가복', '샥스핀')
> for (item in menu) {
+    print(item, '시킬까요?\n')   # ❶
+ }
Error in print.default(item, "시킬까요?\n") :
  invalid printing digits -2147483648
In addition: Warning message:
In print.default(item, "시킬까요?\n") : NAs introduced by coercion
```

❶ print() 함수로 item의 값과 문자열 '시킬까요?\n'를 하나로 결합하여 출력하는 것을 시도했습니다. ❷ 예상대로 에러가 출력되었습니다. 참고로 '\n'은 줄바꿈을 의미합니다.

2개 이상의 문자열을 하나로 결합한 결과를 출력하는 데 cat() 함수를 사용합니다.

구문   `cat(객체명, 문자열, ... , sep = " ")`

cat() 함수는 객체에 저장된 값과 문자열 사이에 구분자separator를 추가하여 하나의 문자열로 결합한 결과를 출력합니다. sep 매개변수에 지정된 값은 구분자로 사용하며, 기본값은 공백 한 칸입니다.

sep을 생략하면 cat() 함수 안에 입력된 객체에 저장된 값과 문자열을 결합할 때 사이에 공백을 한 칸씩 추가합니다. 아래 예제를 통해 cat() 함수의 기능을 확인해봅시다(menu는 이전에 생성해놓은 문자형 벡터를 그대로 사용합니다).

```
> for (item in menu) {
+    cat(item, '시킬까요?\n') # ❶
+ }
짜장면 시킬까요?   # ❷
탕수육 시킬까요?
깐풍기 시킬까요?
짬뽕 시킬까요?
전가복 시킬까요?
샥스핀 시킬까요?
```

❶ cat() 함수는 item에 저장된 값과 문자열 '시킬까요?\n' 사이에 공백을 한 칸 추가하여 하나의 문자열로 결합한 결과를 출력합니다. ❷ 콘솔에 출력된 결과인데, 맨 앞에 [1]이 생략되어 있습니다. 왜냐하면 cat() 함수는 실행 결과를 객체로 생성할 수 없으며, 단지 출력만 가능하기 때문입니다.

6.1.2 문자열을 연결해 새 객체에 저장하기 : paste()

객체의 값과 문자열을 연결하여 새로운 객체에 저장하고 싶을 때는 paste() 함수를 이용합니다.

함수   `paste(객체명, 문자열, ... , sep = " ")`

paste() 함수를 이용해서 두 문자열을 하나로 결합한 문자열을 출력해봅시다.

```
> for (item in menu) {
+   text <- paste(item, '시킬까요?\n') # ❶
+   print(x = text)  # ❷
+ }
[1] "짜장면 시킬까요?\n"
[1] "탕수육 시킬까요?\n"
[1] "깐풍기 시킬까요?\n"
[1] "짬뽕 시킬까요?\n"
[1] "전가복 시킬까요?\n"
[1] "샥스핀 시킬까요?\n"
```

❶ paste() 함수로 item에 저장된 값과 문자열 '시킬까요?\n' 사이에 공백을 한 칸 추가하여 하나의 문자열로 결합한 결과를 text에 할당할 수 있습니다. ❷ print() 함수로 text를 출력하면 맨 앞에 [1]이 추가되므로 text가 문자형 벡터라는 사실을 알 수 있습니다.

6.2 while문

while문 역시 특정 코드를 반복하는 반복문입니다. for문은 반복 실행할 범위나 횟수가 정해져 있지 않을 때 사용하지만 while문은 조건을 만족하는 한 코드를 무한 반복 실행할 때 사용합니다.

구문
```
while (조건) {
    # 실행할 코드
    # 증감식
}
```

while문은 괄호 안에 조건을 추가하고 조건이 TRUE이면 뒤따르는 중괄호 안 코드를 반복 실행합니다. 따라서 while문이 무한 실행되지 않도록 하는 장치를 마련해야 하는데 일반적으로 중괄호 안에 증감식 형태의 코드를 추가합니다.

간단한 코드를 통해 while문의 동작 원리를 확인해보겠습니다.

```
> i <- 5      # ❶
> while (i > 0) {    # ❷
+    print(x = i)    # ❸
+    i <- i - 1      # ❹
+ }
[1] 5
[1] 4
[1] 3
[1] 2
[1] 1
```

❶ i에 실수 5를 할당합니다. ❷ while문의 괄호 안 조건식을 만족하면 TRUE가 되므로 중괄호 안 코드를 실행합니다. ❸ i를 출력합니다. ❹ i에서 1씩 차감합니다. while문이 반복 실행되다가 i가 0이 되면 조건식을 만족하지 못하게 되면서 반복문이 중단됩니다.

6.3 이후 코드 건너뛰기 : next

반복문 안에서 next문을 만나면 이후 코드를 실행하지 않고 반복문의 처음으로 되돌아갑니다. 일반적으로 조건문 안에 next를 추가하는 방식으로 코드를 작성합니다. 그러면 반복문이 실행되는 도중 어떤 조건을 만족하는 경우에 next를 실행할 수 있습니다. next는 for문과 while문 모두에서 동작합니다.

item이 '짜장면'과 '짬뽕'일 때는 '요리부터 주문합시다!'를 출력하고, 나머지 원소일 때는 '다음 메뉴는 뭔가요?'를 대신 출력하는 조건문 코드를 반복문에 추가해보겠습니다.

```
> menu <- c('짜장면', '탕수육', '깐풍기', '짬뽕', '전가복', '샥스핀')    # ❶
> for (item in menu) {                        # ❷
+    if (item %in% c('짜장면', '짬뽕')) {   # ❸
+      cat(item, '요리부터 주문합시다!\n', sep = '? ')
+    } else {
+      cat(item, '다음 메뉴는 뭔가요?\n', sep = '? ')
+    }
+ }
```

```
짜장면? 요리부터 주문합시다!
탕수육? 다음 메뉴는 뭔가요?
깐풍기? 다음 메뉴는 뭔가요?
짬뽕? 요리부터 주문합시다!
전가복? 다음 메뉴는 뭔가요?
샥스핀? 다음 메뉴는 뭔가요?
```

❶ menu 벡터를 생성합니다. ❷ 반복할 때마다 menu에서 원소를 빼서 item에 넣습니다. ❸ if 문의 괄호 안 조건을 만족하는지 여부에 따라 출력할 안내문구가 달라집니다.

반복문 실행 도중 next를 만나면 이후 코드를 실행하지 않고 반복문의 처음으로 되돌아가서 menu의 다음 원소를 입력받은 item으로 중괄호 안 코드를 실행합니다.

```
> for (item in menu) {
+   if(item %in% c('짜장면', '짬뽕')) {
+     next  # ❶
+     cat(item, '요리부터 주문합시다!\n', sep = '? ')
+   } else {
+     cat(item, '다음 메뉴는 뭔가요?\n', sep = '? ')
+   }
+ }
탕수육? 다음 메뉴는 뭔가요?  # ❷
깐풍기? 다음 메뉴는 뭔가요?
전가복? 다음 메뉴는 뭔가요?
샥스핀? 다음 메뉴는 뭔가요?
```

❶ 반복문에서 next를 만나면 이후 코드인 cat() 함수를 실행하지 않고 반복문의 처음으로 되돌아갑니다. ❷ 따라서 item이 '짜장면'이나 '짬뽕'일 때 아무런 값도 출력되지 않습니다.

이번 예제를 통해 전달하고자 했던 내용은 반복문에서 next를 만나면 이후 코드가 실행되지 않는다는 점입니다. 따라서 next 이후의 cat() 함수는 실행되지 않는다는 점을 주지하기 바랍니다.

6.4 반복문 탈출하기 : break

반복문 안에서 break를 만나면 반복을 중단하고 반복문을 빠져나갑니다. 예를 들어 while문은 조건식이 FALSE가 되어야 멈추는데, FALSE가 되도록 하는 코드를 추가하기 어려울 때 사용할 수 있습니다. break도 next와 같이 조건문에 포함되는 것이 일반적이며, for문에서도 기본 동작은 같습니다.

6.4.1 while문에서 break 사용하기

while문으로 break 예문을 만들어 살펴보겠습니다.

```
> i <- 0            # ❶
> while (TRUE) {    # ❷
+   print(x = i)    # ❸
+   i <- i + 1      # ❹
+   if(i > 5) {
+     break         # ❺
+   }
+ }
[1] 0
[1] 1
[1] 2
[1] 3
[1] 4
[1] 5
```

❶ i에 0을 할당합니다. ❷ while문 조건식에 TRUE를 지정했습니다. 이렇게 하면 반복문이 실행되면서 에러가 발생하지 않는 한 while문을 무한히 반복합니다. ❸ i값을 출력합니다. ❹ i를 1만큼 증가시킵니다. ❺ i가 5보다 크면 break를 실행하게 되어 반복문이 중단됩니다.

Tip 실수로 while문이 무한 반복 실행되면 콘솔창 오른쪽 상단에 있는 [Stop] STOP 버튼을 클릭하여 반복문을 중단하세요.

6.4.2 for문에서 break 사용하기

이번에는 for문으로 break 예문을 만들어 살펴보겠습니다.

```
> for (i in 0:9) {   # ❶
+   print(x = i)     # ❷
+   if(i > 5) {
+     break          # ❸
+   }
+ }
[1] 0
[1] 1
[1] 2
[1] 3
[1] 4
[1] 5
[1] 6
```

❶ 변수 i는 0부터 9까지 값을 차례로 입력받아 중괄호 안 코드를 실행합니다. ❷ i값을 출력합니다. ❸ i가 5보다 크면 break를 실행하게 되어 반복문을 중단합니다.

6.4.3 repeat문에서 break 사용하기

repeat문은 중괄호 안 코드를 무한 반복합니다. 따라서 while문의 괄호 안에 TRUE를 지정한 것과 같은 동작을 실행하며, repeat문을 중단하려면 if 조건문과 break를 사용해야 합니다.

```
> i <- 0            # ❶
> repeat {          # ❷
+   print(x = i)    # ❸
+   i <- i + 1      # ❹
+   if(i > 5) {
+     break         # ❺
+   }
+ }
[1] 0
[1] 1
[1] 2
```

```
[1] 3
[1] 4
[1] 5
```

❶ i에 0을 할당합니다. ❷ repeat문으로 중괄호 안 코드를 무한히 반복 실행합니다. ❸ i값을 출력합니다. ❹ i를 1만큼 증가시킵니다. ❺ i가 5보다 크면 break를 실행하게 되어 반복문이 중단됩니다.

학습 마무리

반복문은 코드 블럭을 반복 실행할 때 사용합니다. 반복 실행할 범위나 횟수가 정해져 있을 때는 for문을 사용하고, 어떤 조건을 만족하는 동안 계속 반복 실행하려면 while문을 사용합니다.

새로 배운 문법 모아보기

반복문은 여러 줄의 코드 블럭을 조금씩 변경해가면서 반복 실행할 때 사용합니다.

```
for문 (변수 in 벡터) { # 변수는 벡터 원소를 차례로 입력받아 아래 코드 실행합니다.
  # 실행할 코드       # 실행할 코드 안에 변수가 포함되는 것이 일반적입니다.
}
```

```
while문 (조건) {        # 괄호 안 조건이 TRUE이면 아래 코드를 반복 실행합니다.
  # 실행할 코드
  # 증감식              # 괄호 안 조건이 FALSE가 되도록 증감식을 포함할 수 있습니다.
}
```

```
for문 (변수 in 벡터) {
  # 실행할 코드
  if문 (조건) {
    next              # 반복문 실행 도중 next문을 만나면 이후 코드를 건너뜁니다.
  }
  # 실행할 코드
}
```

```
while문 (조건) {          # 괄호 안 조건이 TRUE이면 아래 코드를 반복 실행합니다.
  # 실행할 코드
  if문 (조건) {
    break                # 반복문 실행 도중 break문을 만나면 반복문을 중단합니다.
  }
}
```

```
repeat문 {               # 아래 코드를 무한히 반복 실행합니다.
  # 실행할 코드
  if문 (조건) {
    break                # 반복문 실행 도중 break문을 만나면 반복문을 중단합니다.
  }
}
```

사용자 정의 함수

☐ **학습 목표**	R 함수로 제공되지 않지만 분석가 자신이 자주 사용하는 함수(사용자 정의 함수)를 직접 만드는 방법을 알아보겠습니다.
☐ **학습 순서**	**1** 왜 사용자 정의 함수가 필요할까?
	2 사용자 정의 함수 기본 구조
	3 사용자 정의 함수 생성
	4 파일로 저장한 사용자 정의 함수 재활용
	5 인수의 기본값 설정
☐ **사용자 정의 함수 소개**	사용자 정의 함수는 사용자가 직접 정의한 함수를 의미합니다.
	• 코드를 이해하기 쉽고, 재사용성이 향상됩니다.
	• 코드 유지보수를 쉽게 해줍니다.

7.1 왜 사용자 정의 함수가 필요할까?

초보자는 당장 필요한 기능을 구현하는 데 관심을 집중합니다. 구현하려는 동작이 R 함수로 제공되면 다행이지만 그렇지 않으면 스스로 코드를 작성해야 하는데, 경우에 따라 코드가 여러 줄이 될 수 있습니다. 그런데 이렇게 작성한 코드 블럭을 필요할 때마다 복사해서 사용한다고 가정해봅시다.

예를 들어 문자형/범주형 벡터에서 가장 빈도수가 높은 최빈값^{mode}을 반환하는 함수가 없어서 직접 코드를 작성했는데, 여러 데이터의 최빈값을 확인할 때마다 코드 블럭을 복사해서 사용하다 보면, 똑같은 코드가 여러 번 중복될 겁니다. 이렇게 하면 보기에 좋지 않고 재사용성이 낮아지며 만약 작은 수정 사항이라도 생기면 같은 수정 작업을 여러 번 반복해야 하므로 꽤 번거롭습니다.

사용자 정의 함수를 사용하면 이 문제를 손쉽게 해결할 수 있습니다. 예를 들어 최빈값을 반환하는 코드로 사용자 정의 함수를 만들면, 다른 R 함수를 사용하듯이 함수명에 필요한 인수를 입력하는 것만으로 코드를 실행할 수 있으며, 수정사항이 발생하더라도 사용자 정의 함수에서 해당 내용을 한 번만 수정하면 되기 때문입니다.

함수function 구조는 간단합니다. 함수는 입력을 받아 변환 과정을 거친 후 결과를 출력합니다. 그림으로 표현하면 아래와 같습니다.

▼ 함수의 기본 구조

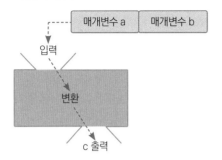

함수를 생성할 때 함수 안에서 변수로 사용되는 매개변수parameter를 여러 개 정의할 수 있으며, 매개변수에 전달되는 값을 인수argument라고 합니다. 함수를 호출하면 매개변수마다 인수가 전달되고, 인수는 함수 안에서 연산 과정을 거쳐 결과를 반환return합니다.

위 그림에서 표현한 함수는 매개변수로 a와 b가 사용되었고, 함수 안에서 변환 과정을 거쳐 c를 반환합니다. 입력값의 개수와 출력값의 개수가 다를 수 있습니다. 참고로 출력되는 값의 자료형이 여러 개이고, 자료형이 제각각일 때 리스트로 생성하여 반환할 수 있습니다.

7.2 사용자 정의 함수의 기본 구조

R에서 사용자 정의 함수로 사용할 객체에 function() 함수를 할당해 사용합니다. function() 함수 안에는 사용자 정의 함수에서 정의하는 매개변수명을 나열합니다.

피타고라스 정리를 사용자 정의 함수로 구현한 간단한 예제 코드를 살펴보겠습니다.

```
> Pythagoras <- function(a, b) {    # ❶
+    c <- sqrt(x = a^2 + b^2)        # ❷
+    return(c)                       # ❸
+ }
```

❶ 사용자 정의 함수명을 Pythagoras로 명명하고, function() 함수 안에는 매개변수명을 나열합니다. 마지막으로 오른쪽 끝에 여는 중괄호를 추가합니다. ❷ 이 함수는 매개변수 a와 b는 숫자를 인수로 전달받아 제곱하여 더한 다음, 양의 제곱근을 계산하여 c에 할당합니다. ❸ 마지막으로 c를 반환합니다.

위 코드를 실행하면 R스튜디오 [Environment] 탭 → Functions 카테고리에 생성된 Pythagoras가 보입니다.

사용자 정의 함수 Pythagoras()를 실행해보겠습니다.

```
> Pythagoras(a = 3, b = 4)   # ❶
[1] 5                        # ❷
```

❶ 매개변수 a와 b에 각각 3과 4를 지정하고 함수를 실행합니다. ❷ 함수 실행 결과 5가 출력됩니다.

7.3 사용자 정의 함수 생성

if문에서 점수로 합격 여부를 판정하는 코드를 소개한 바 있습니다. 합격 여부 대신 학점을 반환하도록 수정해봅시다.

```
> score <- 100   # ❶
> if(score >= 90) {   # ❷
+    grade <- 'A'
+ } else if(score >= 80) {
+    grade <- 'B'
+ } else if(score >= 70) {
+    grade <- 'C'
+ } else if(score >= 60) {
+    grade <- 'D'
+ } else {
+    grade <- 'F'
+ }

> print(x = grade)   # ❸
[1] "A"
```

❶ score에 100을 직접 할당했습니다. ❷ if문을 실행하여 점수대에 따라 A부터 F까지 grade에 부여합니다. ❸ grade를 출력합니다.

사용자 정의 함수를 학습하고 있으니 위 코드로 사용자 정의 함수를 생성해보겠습니다.

```
> getGrade <- function(score) {   # ❶
+    if(score >= 90) {   # ❷
+       grade <- 'A'
+    } else if(score >= 80) {
+       grade <- 'B'
+    } else if(score >= 70) {
+       grade <- 'C'
+    } else if(score >= 60) {
+       grade <- 'D'
+    } else {
+       grade <- 'F'
+    }
+    return(grade)   # ❸
+ }

> getGrade(score = 100)   # ❹
[1] "A"                    # ❺
```

❶ 사용자 정의 함수명을 getGrade()로 명명합니다. 이 함수에서 정의되는 매개변수명은 score 입니다. ❷ function() 함수 중괄호 { } 안에 if문을 포함시켰습니다. 이 함수는 score를 입력으로 받아 실행한 결과로 ❸ 'A'부터 'F' 학점을 반환합니다. ❹ getGrade() 함수에 100을 인수로 지정하여 호출했습니다. ❺ 실행 결과 'A'가 출력되었습니다.

7.4 파일로 저장한 사용자 정의 함수 재활용

사용자 정의 함수를 R 파일로 저장하면, 필요할 때마다 source() 함수를 이용하여 R 파일에 있는 사용자 정의 함수를 호출할 수 있습니다. source() 함수 원형은 다음과 같습니다.

함수
```
source(file = '경로명/파일명.R', encoding = 'UTF-8', …)
```

source 함수에 R 파일을 지정하면 해당 파일을 호출하면서 R 코드를 실행합니다. 호출하려는 R 파일이 현재 작업 경로에 저장되어 있으면 경로명을 생략할 수 있습니다. 윈도우 사용자는 encoding = 'UTF-8'을 추가하는 것이 좋습니다. 이 함수는 8장에서 사용합니다. 여기서는 파일로 저장하고 사용하는 방법을 알아봅시다.

To Do 01 ❶ [File] → ❷ [New File] → ❸ [R Script]를 클릭합니다.

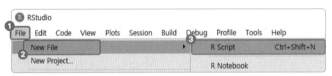

02 ❶ 소스 코드를 입력하고 ❷ 파일 저장 🖫 버튼을 누릅니다.

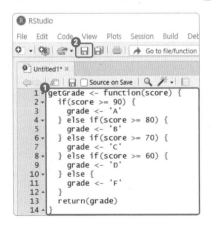

03 저장할 이름을 지정하여 생성합니다. 저는 myFuns.R로 지정했습니다.

```
> rm(getGrade)  # ❶
> source(file = 'myFuns.R', encoding = 'UTF-8')  # ❷
> getGrade(score = 100)  # ❸
[1] "A"
```

❶ 이미 R스튜디오에서 getGrade( ) 함수를 정의했으니, R 파일을 호출하기 전에 미리 삭제합니다. 만약 해당 함수를 정의하지 않았다면 삭제 구문은 무시해도 됩니다. ❷ getGrade( ) 함수를 저장한 R 파일을 호출합니다. 윈도우 사용자는 반드시 encoding = 'UTF-8'을 추가해주어야 합니다. ❸ 함수가 제대로 등록되었는지 시험 삼아 호출해봤습니다. 100점일 때 A가 출력되었군요. 제대로 동작합니다.

이처럼 자주 사용하는 코드를 사용자 정의 함수로 생성해 R 파일로 저장하면 편리합니다.

Tip myFuns.R 파일을 저장할 때 폴더 위치를 변경하면 안 됩니다. 만약 현재 작업 경로에 myFuns.R이 없으면 ❷를 실행할 때 에러가 발생합니다. 현재 작업 경로에 myFuns.R이 파일이 있는지 확인할 수 있는 간단한 방법을 소개합니다. 아래 그림에서와 같이 [Files] 탭 → [More] → [Go to Working Directory] 메뉴를 선택했을 때 myFuns.R 파일이 보이면 정상 실행됩니다.

만약 위 그림처럼 현재 작업 경로로 이동했을 때 myFuns.R 파일이 없다면 현재 작업 경로를 변경해주어야 합니다. Files에서 myFuns.R 파일을 저장한 위치로 이동한 다음 [Set As Working Directory]를 선택하면 작업 경로를 현재 폴더로 변경합니다. 작업 경로와 관련된 설명은 9장에서 더 자세히 다룹니다.

7.5 인수의 기본값 설정

사용자 정의 함수를 생성할 때 내개변수에 전달되는 인수의 기본값을 설정할 수 있습니다. 인수의 기본값이 설정되어 있으면 해당 인수를 생략해 사용자 정의 함수를 실행할 때 기본값이 적용됩니다. 기본값은 인수 이름 뒤에 할당 연산자 =을 사용해 지정하면 됩니다.

기본값 설정

구문
```
guessHeight <- function(name = '홍길동', height = 173) {
    # 코드
    return(answer)
}
```

기본값을 갖는 사용자 정의 함수를 하나 만들어볼게요.

```
> guessHeight <- function(name = '홍길동', height = 173) {   # ❶
+    answer <- paste(name, '님의 키는', height, 'cm입니다.')   # ❷
+    return(answer)   # ❸
+ }
```

guessHeight() 함수에 매개변수 name과 height를 정의하고, ❶ 인수의 기본값으로 각각 '홍길동', 173을 설정했습니다. ❷ guessHeight() 함수는 인수를 입력받아 paste() 함수로 고객의 이름과 키를 하나로 결합한 문자열을 answer에 할당합니다. ❸ 마지막으로 answer를 반환합니다.

guessHeight() 함수에 인수를 생략하고 실행해 기본값이 되나 확인해봅시다. 물론 인수를 지정하여 실행할 수도 있습니다. 둘 다 실행해보겠습니다.

```
> guessHeight()   # ❶
[1] "홍길동 님의 키는 173 cm입니다."

> guessHeight(name = '정우성', height = 186)   # ❷
[1] "정우성 님의 키는 186 cm입니다."
```

❶ 인수를 지정하지 않고 호출했더니, 기본값인 '홍길동'과 173이 적용된 "홍길동 님의 키는 173 cm입니다."가 출력되었습니다. ❷ 이번에는 '정우성', 186을 입력하고 함수를 호출했더니 "정우성 님의 키는 186 cm입니다."가 출력되었습니다.

둘 다 잘 작동하네요.

학습 마무리

사용자 정의 함수는 R 함수로 제공되지 않은 함수를 사용자가 직접 정의한 겁니다.

새로 배운 문법 모아보기

자주 사용하는 코드를 사용자 정의 함수로 생성하면 코드를 읽기 쉽고 재사용성이 향상되며, 코드의 유지보수가 쉽게 해결되므로 유용합니다.

```
함수명 <- function(매개변수명1, 매개변수명2) {  # 함수명과 매개변수명을 정의합니다.
  # 실행할 코드
  return(반환할 객체명)  # 마지막으로 결과를 반환합니다.
}
```

```
함수명 <- function(매개변수명 = 인수의 기본값) {  # 인수의 기본값을 설정합니다.
  # 실행할 코드
  return(반환할 객체명)
}
```

같은 함수 반복 실행

☐ 학습 목표	같은 함수를 반복 실행할 때 사용하는 apply() 함수 활용법을 알아보겠습니다.
☐ 학습 순서	**1** 벡터를 넣어 반복 실행하는 함수 : apply()
	2 for문과 비교
	3 원소를 넣어 반복 실행하는 함수 : lapply()와 sapply()
	4 FUN에 사용자 정의 함수 사용하기
☐ 같은 함수 반복 소개	apply() 함수는 행렬의 행 또는 열 방향으로 특정 함수를 반복 실행할 때 사용하는 함수입니다.
	• for문보다 간결하게 코드를 작성할 수 있습니다. • 반복 횟수가 많을수록 for문보다 빠르게 실행할 수 있습니다.
☐ 왜 같은 함수 반복 실행이 필요할까?	데이터 분석 작업을 하다 보면 행렬이나 데이터프레임의 컬럼별로 같은 함수를 여러 번 반복하여 실행할 때가 있습니다. for문을 사용하여 처리할 수 있지만 반복 횟수가 상당히 많아지면 처리 시간이 오래 걸릴 수 있습니다. 이럴 때 apply() 함수를 사용하면 처리 속도도 빨라지고 무엇보다 코드가 간결해집니다.

8.1 벡터를 넣어 반복 실행하는 함수 : apply()

apply()는 행렬의 행 또는 열 방향으로 같은 함수를 반복 실행하는 함수입니다. R 자료형 및 자료구조를 학습할 때 행렬을 다루지 않았으므로, apply() 함수를 실행하기 전에 행렬을 간단하게 살펴보겠습니다. 다음과 같은 순서로 apply() 함수를 익혀보겠습니다.

1 str() 함수로 데이터프레임의 구조 파악하기

2 데이터프레임의 일부를 행렬로 변환하기

3 head() 함수로 행렬 일부 내용 출력하기

4 apply() 함수로 행렬의 행 또는 열 방향으로 함수 반복 실행하기

8.1.1 str( ) 함수로 행렬 데이터 출력하기

str( ) 함수는 데이터프레임 자료구조 정보를 보여줍니다. 정의는 다음과 같습니다.

함수   str(객체)

str( ) 함수로 iris 데이터셋[1] 정보를 출력해보겠습니다.

```
> str(object = iris) # ❶
'data.frame':150 obs. of  5 variables: # ❷
 $ Sepal.Length: num  5.1 4.9 4.7 4.6 5 5.4 4.6 5 4.4 4.9 ...  # ❸
 $ Sepal.Width : num  3.5 3 3.2 3.1 3.6 3.9 3.4 3.4 2.9 3.1 ...
 $ Petal.Length: num  1.4 1.4 1.3 1.5 1.4 1.7 1.4 1.5 1.4 1.5 ...
 $ Petal.Width : num  0.2 0.2 0.2 0.2 0.2 0.4 0.3 0.2 0.2 0.1 ...
 $ Species     : Factor w/ 3 levels "setosa","versicolor",..: 1 1 1 1 1 1 1 1 1
1 ... # ❹
```

❶ str( ) 함수로 iris의 구조를 확인합니다. ❷ 데이터프레임, 관측값(행) 150개, 변수(열) 5개라는 정보가 출력됩니다. ❸ 1~4번째 열은 실수형 벡터이고 ❹ 5번째 열은 범주형 벡터입니다.

> ### R 내장 데이터셋 확인하기
>
> R스튜디오를 구동하면 R이 실행되면서 base, datasets, graphics, grDevices, methods, stats, utils 패키지가 자동으로 호출됩니다. 패키지가 호출되면 패키지에 포함되어 있는 함수나 데이터셋이 메모리에 적재됩니다. datasets 패키지에는 iris를 포함한 수많은 데이터셋이 들어 있어 예제 데이터로 사용할 수 있습니다. 만약 현재 메모리에 적재된 데이터셋 목록을 확인하고 싶다면 data( ) 함수를 실행해보세요. 그러면 스크립트 창에 새로운 창이 열리면서 데이터셋 목록이 출력됩니다.
>
> ```
> > data()
> ```

---

1 iris 데이터셋은 영국 통계학자이자 생물학자인 로널드 피셔가 1936년 논문에서 선형 판별 분석의 예로 분류학적 문제에서 다중 측정 사용을 소개한 다변량 데이터셋입니다. 세 가지 붓꽃 품종(Species)별로 꽃받침(Sepal)과 꽃잎(Petal)의 길이와 너비를 각각 측정한 겁니다.

8.1.2 head() 함수로 데이터의 일부 출력하기

head() 함수는 객체의 일부만 출력하는 함수입니다.

함수 `head(x = 객체명, n = 6L)`

매개변수 x에는 출력할 객체명을 지정하고, n에는 출력할 개수를 지정하며 기본값이 6입니다. head() 함수는 객체의 첫 번째 원소부터 n에 지정된 개수만큼 출력하며 n을 생략하면 처음부터 6행을 출력합니다.

반대로 지정된 객체의 마지막 원소를 n개 출력할 때는 tail() 함수를 사용합니다.

함수 `tail(x = 객체명, n = 6L)`

4장에서 데이터프레임은 열벡터끼리 서로 다른 자료형을 가질 수 있다고 설명한 바 있습니다. iris에는 실수형과 범주형 열벡터가 섞여 있습니다. apply() 함수는 X에 행렬을 입력받아 실행하는 함수이므로 as.matrix() 함수를 사용하여 데이터프레임을 행렬로 변환하겠습니다.

as.matrix() 함수는 R 객체를 행렬로 변환하는 함수입니다.

함수 `as.matrix(x = 객체명)`

(벡터처럼) 행렬은 원소의 자료형이 모두 같아야 합니다. 따라서 iris의 모든 열을 포함한 데이터 프레임을 행렬로 변환하면 범주형 벡터인 다섯 번째 열로 인하여 행렬의 원소는 문자형으로 변경되지만 iris의 다섯 번째 열을 제외한 데이터프레임을 행렬로 변환하면 행렬의 원소는 실수형을 유지합니다. 먼저 모든 열을 포함한 데이터프레임을 행렬로 바꿔봅시다.

```
> irisMat1 <- as.matrix(x = iris) # ❶
> head(x = irisMat1)  # ❷
     Sepal.Length Sepal.Width Petal.Length Petal.Width Species
[1,] "5.1"        "3.5"       "1.4"        "0.2"       "setosa"  # ❸
[2,] "4.9"        "3.0"       "1.4"        "0.2"       "setosa"
[3,] "4.7"        "3.2"       "1.3"        "0.2"       "setosa"
[4,] "4.6"        "3.1"       "1.5"        "0.2"       "setosa"
[5,] "5.0"        "3.6"       "1.4"        "0.2"       "setosa"
[6,] "5.4"        "3.9"       "1.7"        "0.4"       "setosa"
```

❶ as.matrix() 함수로 iris를 행렬로 변환했습니다. ❷ head() 함수로 행렬의 처음 6행만 출력했습니다. ❸ 원소가 큰따옴표로 묶여 있습니다. 문자형이라는 뜻이군요.

이번에는 1~4열만 행렬로 바꿔봅시다.

```
> irisMat2 <- as.matrix(x = iris[, 1:4])  # ❶
> head(x = irisMat2)  # ❷
     Sepal.Length Sepal.Width Petal.Length Petal.Width
[1,]          5.1         3.5          1.4         0.2  # ❸
[2,]          4.9         3.0          1.4         0.2
[3,]          4.7         3.2          1.3         0.2
[4,]          4.6         3.1          1.5         0.2
[5,]          5.0         3.6          1.4         0.2
[6,]          5.4         3.9          1.7         0.4
```

❶ as.matrix() 함수로 iris의 1~4열만 행렬로 변환했습니다. ❷ head() 함수로 행렬의 처음 6행만 출력했습니다. ❸ 예상대로 실수형 원소가 출력되었습니다.

8.1.3 apply() 함수 실행하기

apply() 함수는 행렬의 행 또는 열 방향으로 벡터를 선택하여 지정된 함수를 반복 실행하는 함수입니다. apply() 함수는 X, MARGIN, FUN 등 세 가지 매개변수를 정의합니다. 모두 대문자인 것에 주의하기 바랍니다.

함수   apply(X = 객체명, MARGIN = 1 또는 2, FUN = 함수)

X 매개변수에 행렬을 지정합니다. 만약 데이터프레임을 지정하면 8.1.2절에서 설명한 것처럼 행렬로 자동 변환됩니다. MARGIN에는 1 또는 2를 지정합니다. 1을 지정하면 행 방향으로, 2를 지정하면 열 방향으로 원소를 선택합니다. FUN에는 반복 실행할 함수를 지정합니다.

▼ apply( ) 함수의 MARGIN 매개변수에 지정된 값에 따라 원소가 선택되는 방향

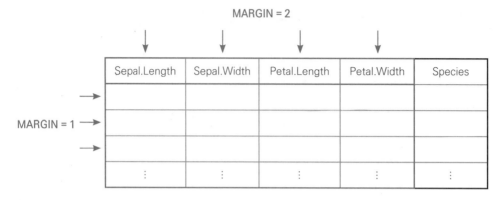

iris의 1~4번째 열을 행 방향으로 원소를 선택하여 평균을 계산하는 예제를 실습해봅시다.

```
> apply(X = iris[, 1:4], MARGIN = 1, FUN = mean)  # ❶
  [1] 2.550 2.375 2.350 2.350 2.550 2.850 2.425 2.525 2.225 2.400 2.700
 [12] 2.500 2.325 2.125 2.800 3.000 2.750 2.575 2.875 2.675 2.675 2.675
 [23] 2.350 2.650 2.575 2.450 2.600 2.600 2.550 2.425 2.425 2.675 2.725
 [34] 2.825 2.425 2.400 2.625 2.500 2.225 2.550 2.525 2.100 2.275 2.675
 [45] 2.800 2.375 2.675 2.350 2.675 2.475 4.075 3.900 4.100 3.275 3.850
 [56] 3.575 3.975 2.900 3.850 3.300 2.875 3.650 3.300 3.775 3.350 3.900
 [67] 3.650 3.400 3.600 3.275 3.925 3.550 3.800 3.700 3.725 3.850 3.950
 [78] 4.100 3.725 3.200 3.200 3.150 3.400 3.850 3.600 3.875 4.000 3.575
 [89] 3.500 3.325 3.425 3.775 3.400 2.900 3.450 3.525 3.525 3.675 2.925
[100] 3.475 4.525 3.875 4.525 4.150 4.375 4.825 3.400 4.575 4.200 4.850
[111] 4.200 4.075 4.350 3.800 4.025 4.300 4.200 5.100 4.875 3.675 4.525
[122] 3.825 4.800 3.925 4.450 4.550 3.900 3.950 4.225 4.400 4.550 5.025
[133] 4.250 3.925 3.925 4.775 4.425 4.200 3.900 4.375 4.450 4.350 3.875
[144] 4.550 4.550 4.300 3.925 4.175 4.325 3.950  # ❷
```

❶ apply( ) 함수의 X 매개변수에 iris의 1~4번째 열을 갖는 데이터프레임, MARGIN에 1, FUN
에 평균을 반환하는 mean( ) 함수를 각각 지정했습니다. iris는 150행이니까 각 행마다 4개의 원
소를 갖는 벡터가 선택되어 mean( ) 함수에 차례로 전달하도록 명령한 겁니다. ❷ 실행 결과, 150
개의 원소를 갖는 벡터가 반환되었습니다. 이번에는 열 방향으로 원소를 선택하여 평균을 계산하
는 예제를 실습해봅시다. 아래 코드는 iris의 1~4번째 열의 평균을 출력합니다.

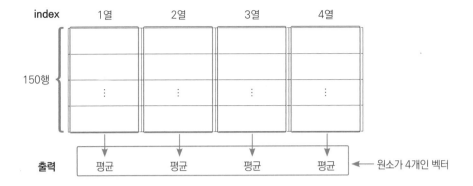

```
> apply(X = iris[, 1:4], MARGIN = 2, FUN = mean)      # ❶
Sepal.Length  Sepal.Width Petal.Length  Petal.Width # ❷
    5.843333     3.057333     3.758000     1.199333 # ❸
```

❶ MARGIN에 2를 지정하면 4개 열벡터를 각각 선택하여 mean() 함수에 차례로 전달하여 실행합니다. ❷ 친절(?)하게도 열이름(컬럼명)도 출력해주었습니다. 이렇듯 벡터의 모든 원소에 이름이 붙어있는 벡터를 이름이 있는 벡터named vector, 네임드 벡터라고 합니다. ❸ 벡터의 값으로 4개의 평균을 반환했습니다.

8.2 for문과 비교

apply() 함수 대신 for문을 사용하고 싶다는 생각이 들 수 있을 겁니다. apply() 함수의 MARGIN에 1을 지정하여 각 행의 평균을 반환했던 코드를 for문으로 변경해봅시다.

```
> avg <- c()  # ❶
> for(i in 1:150) {        # ❷
+    row <- iris[i, 1:4]  # ❸
+    row <- as.numeric(x = row)   # ❹
+    avg[i] <- mean(x = row)      # ❺
+ }
```

❶ for문을 실행하면서 각 행의 평균을 저장할 빈 벡터를 미리 생성합니다. ❷ for문의 변수 i는 1~150의 값을 입력받아 중괄호 안 코드를 실행합니다. ❸ iris의 i번째 행, 1~4번 열을 선택하여

row에 할당합니다. 이때 row의 클래스는 데이터프레임입니다. ❹ row를 실수형 벡터로 변환하고 row에 재할당합니다. ❺ row의 평균을 계산하여 avg의 i번째 원소로 추가합니다. 만약 row를 실수형 벡터로 변환하지 않으면 mean() 함수를 실행할 때 에러가 발생합니다.

apply() 함수는 한 줄로 가능한 것을, for문으로 작성하려니 다섯 줄이 필요했습니다. 일단 apply() 함수가 for문보다 간결하게 코드를 작성할 수 있다는 점을 확인했습니다.

> **Tip** for문을 실행하면 for문에서 사용된 변수 i가 R스튜디오 [Environment] 탭에 추가됩니다. 변수 i에 정수 150이 할당되어 있습니다. 그리고 변수 i는 이후 코드에 영향을 미칠 수 있습니다. 예를 들어 i가 사용된 코드를 실행했을 때 i에 할당된 150이 코드에 전달되기 때문에 의도하지 않은 결과를 낳을 수 있습니다. 따라서 불필요한 객체가 생성되었다면 바로바로 삭제하는 것이 좋습니다.

8.2.1 30만 번 반복 실행한 결과 비교

for문은 반복할 횟수가 상당히 많을 때 apply() 함수보다 코드 실행에 소요시간이 더 오래 걸릴 수 있습니다. 정말 그런지 가상 시험 점수를 데이터프레임으로 생성해 실습하겠습니다. 임의의 점수를 생성하는데 sample() 함수를 사용합니다.

함수
```
sample(x, size, replace = FALSE, prob = NULL)
```

x에는 추출하려는 원소를 갖는 벡터 또는 양의 정수 한 개를 지정할 수 있는데, x에 양의 정수를 지정하면 1부터 연속된 정수를 벡터로 생성합니다. size에는 추출할 개수, replace에는 복원 추출 여부(TRUE 또는 FALSE), prop에는 x에 지정된 원소별 추출될 확률을 지정합니다. 만약 prop를 생략하면 모든 원소가 같은 확률로 선택됩니다. 가상 시험 점수를 데이터프레임으로 생성해봅시다.

```
> n <- 300000  # ❶
> set.seed(seed = 1234)  # ❷
> univ <- data.frame(  # ❸
+   국어 = sample(x = 40:100, size = n, replace = TRUE),
+   영어 = sample(x = 40:100, size = n, replace = TRUE),
+   수학 = sample(x = 40:100, size = n, replace = TRUE)
+ )

> str(object = univ)  # ❹
```

```
'data.frame': 300000 obs. of  3 variables:
 $ 국어: int  67 55 97 61 76 83 86 48 44 77 ...
 $ 영어: int  59 47 72 78 86 93 44 90 83 47 ...
 $ 수학: int  63 50 66 95 79 66 50 42 46 77 ...

> head(x = univ, n = 10L)  # ❺
1     67    59    63
2     55    47    50
3     97    72    66
4     61    78    95
5     76    86    79
6     83    93    66
7     86    44    50
8     48    90    42
9     44    83    46
10    77    47    77
```

❶ 가상 시험 점수의 행 길이를 30만으로 설정합니다. ❷ 임의의 수를 생성하기 전에 시드를 고정합니다. ❸ 국어, 영어, 수학 등 3과목의 점수를 생성하여 univ라는 가상의 시험 점수 데이터프레임을 생성합니다. ❹ str() 함수로 univ의 구조 출력합니다. 데이터프레임이고 30만 행 3열임을 알 수 있습니다. ❺ head() 함수로 univ의 처음 10행만 출력합니다.

8.2.2 system.time() 함수로 속도 비교하기

이제 30만 명의 학생별로 3과목의 평균을 반환하는 for문이 사용된 코드와 apply() 함수가 사용된 코드로 각각 작성하고, 두 코드의 실행 소요시간을 측정해보겠습니다. 코드가 실행되는 소요시간을 측정할 때는 system.time() 함수를 사용합니다.

함수
```
system.time(expr = R 코드)
```

만약 expr 매개변수에 지정하는 R 코드가 여러 줄일 때는 중괄호로 묶어줍니다.

이미 만들어둔 가상의 성적 데이터프레임 univ을 활용해 for문의 소요시간부터 측정하겠습니다.

```
> system.time(expr = {  # ❶
+   avg1 <- c()  # ❷
```

```
+   for(i in 1:n) {
+     avg1[i] <- mean(x = as.integer(x = univ[i, ]))  # ❸
+   }
+ })
   user  system elapsed
 10.232   0.040  10.276  # ❹
```

❶ system.time() 함수에 실행할 코드를 지정합니다. 코드가 여러 줄이면 중괄호로 묶습니다.
❷ 반복문이 실행되면서 계산되는 평균을 저장할 빈 벡터를 미리 생성합니다. ❸ univ의 1번째 행
을 선택하여 정수형 벡터로 변환한 다음 평균을 계산하여 avg1 벡터의 i번째 원소로 추가합니다.
❹ for문의 실행 소요시간은 10.276초였습니다. 이 결과는 컴퓨터마다, 실행할 때마다 매번 달
라진다는 점에 유의하기 바랍니다. 참고로 user는 사용자가 코드를 호출할 때 소요된 시간이고,
system은 호출 과정을 대신하여 시스템에서 소요된 시간입니다. 마지막으로 elapsed는 코드가
실행되면서 걸린 총 소요시간을 의미합니다.

이번에는 appy() 함수의 실행 소요시간을 측정하겠습니다.

```
> system.time(expr = avg2 <- apply(X = univ, MARGIN = 1, FUN = mean)) # ❶
   user  system elapsed
  1.289   0.006   1.295  # ❷
```

❶ system.time() 함수에 실행할 코드를 지정합니다. 한 줄 코드이므로 중괄호가 필요 없습니다.
univ의 각 원소를 행 방향으로 선택하여 mean() 함수를 실행합니다. ❷ apply() 함수의 실행 소
요시간은 1.295초였습니다 apply() 함수가 확실히 성능에서 앞서고 코드도 쉽습니다.

이로써 apply() 함수를 사용할 때의 장점을 확인했으므로, apply() 함수를 사용한 코드를 가능
한 많이 작성하여 손에 익히도록 합시다.

8.3 원소를 넣어 반복 실행하는 함수 : lapply()와 sapply()

lapply()와 sapply() 함수는 벡터, 리스트 및 데이터프레임의 원소를 지정된 함수에 넣어 반복
실행하는 함수입니다. apply() 함수와는 다르게 MARGIN 매개변수가 없다는 점에 유의하기 바

랍니다.

```
lapply(X = 객체명, FUN = 함수, ... )
sapply(X = 객체명, FUN = 함수, ... )
```

lapply()와 sapply() 함수의 X 매개변수에 데이터프레임을 지정하면, 데이터프레임의 원소인
열벡터별로 FUN에 지정된 함수를 반복 실행한다는 점이 같습니다. 그런데 lapply() 함수는 항
상 리스트를 반환하며, sapply() 함수는 벡터 또는 행렬을 반환한다는 점이 다릅니다. 그리고
sapply() 함수는 apply() 함수의 MARGIN에 2를 지정하여 실행한 것과 같습니다.

8.3.1 lapply()와 sapply() 결과 비교하기

univ의 각 과목별 평균을 반환하는 코드를 lapply()와 sapply() 함수로 각각 실행하고 결과를
확인해봅시다(univ 데이터셋은 8.2.1절 '30만 번 반복 실행한 결과 비교'에서 생성했습니다).

```
> lapply(X = univ, FUN = mean)   # ❶
$국어
[1] 70.00347

$영어
[1] 70.01477

$수학
[1] 70.03645

> sapply(X = univ, FUN = mean)   # ❷
    국어      영어      수학
70.00347 70.01477 70.03645

> apply(X = univ, MARGIN = 2, FUN = mean)   # ❸
    국어      영어      수학
70.00347 70.01477 70.03645
```

❶ lapply() 함수를 실행하면 결과를 리스트로 반환합니다. ❷ sapply() 함수를 실행했더니 결과
를 벡터로 반환합니다. ❸ apply() 함수의 MARGIN에 2를 지정하고 실행하면 sapply() 함수와
실행 결과가 같습니다.

sapply() 함수에는 simplify라는 매개변수가 있는데, simplify에 TRUE를 지정하면 리스트를 벡터 또는 행렬로 변환합니다. sapply() 함수의 simplify에 전달되는 인수의 기본값은 TRUE이므로 sapply() 함수를 실행하면 리스트 대신 벡터나 행렬이 반환되는 겁니다. 만약 simplify에 FALSE를 지정하면 리스트를 반환합니다.

```
> sapply(X = univ, FUN = mean, simplify = FALSE)  # ❶
$국어  # ❷
[1] 70.00347

$영어
[1] 70.01477

$수학
[1] 70.03645
```

❶ sapply() 함수의 simplify에 FALSE를 지정해 실행했습니다. ❷ 리스트로 결과를 반환했습니다.

8.3.2 sapply() 함수 반환 자료구조 확인하기

앞에서 sapply() 함수를 실행하면 벡터 또는 행렬로 반환된다고 설명했는데, 어떤 경우에 벡터로 반환되고 어떤 경우에 행렬로 반환될까요? 그것은 FUN에 지정된 함수가 반환하는 결과에 따라 달라집니다. sapply() 함수로 열벡터의 평균을 반환하는 코드와 제곱근을 반환하는 코드의 실행 결과를 비교해봅시다.

```
> sapply(X = univ, FUN = mean)  # ❶
    국어       영어      수학
70.00347 70.01477 70.03645

> sapply(X = univ, FUN = sqrt)  # ❷
            국어        영어        수학
[1,]   8.185353   7.681146   7.937254
[2,]   7.416198   6.855655   7.071068
[3,]   9.848858   8.485281   8.124038
[4,]   7.810250   8.831761   9.746794
[5,]   8.717798   9.273618   8.888194
후략
```

① univ의 열벡터별로 평균을 반환합니다. 각 열벡터의 평균은 값이 하나인 스칼라입니다. 스칼라를 모아서 벡터로 반환되었습니다. **②** univ의 열벡터별로 원소의 제곱근을 반환합니다. 각 열벡터 원소의 제곱근은 벡터입니다. 벡터를 모아서 행렬로 반환되었습니다.

8.4 FUN에 사용자 정의 함수 사용하기

지금까지 apply(), lapply(), sapply() 함수의 FUN에 기존 함수를 지정하여 반복 실행하는 방법을 학습했지만, 함수가 아닌 여러 줄의 코드 블럭을 반복 실행할 때는 FUN에 사용자 정의 함수를 만들어 지정하면 됩니다. 자료구조와 사용자 정의 함수에 익숙하지 않으면 어려울 수 있으므로, 아래에 제시된 예제 코드가 어렵게 느껴진다면 자료구조와 문법으로 돌아가 복습할 것을 추천합니다.

8.4.1 FUN에 함수 작성하기

univ의 과목별로 70점 이상인 학생수를 반환하는 코드를 실행해보겠습니다. FUN에 function() 함수로 사용자 정의 함수를 지정하고, 사용자 정의 함수 안에서 70점 이상인 원소만 남겨 벡터의 원소를 반환하면 됩니다. 코드를 살펴보겠습니다.

```
> sapply(X = univ, FUN = function(obj) {    # ❶
+   result <- length(x = obj[obj >= 70])    # ❷
+   return(result)                          # ❸
+ })
  국어    영어    수학
152520 152571 152954   # ❹
```

❶ univ의 각 열벡터를 차례로 FUN에 전달하면, FUN에서 작성한 사용자 정의 함수의 매개변수 obj에 입력됩니다. **❷** obj에서 70점 이상인 원소의 길이를 계산하여 result에 할당합니다. **❸** 마지막으로 result를 반환합니다. univ에는 국어, 영어, 수학이라는 열벡터가 3개 있고, obj는 각 열벡터를 전달받아 FUN에 넘겨서 70 이상인 원소의 길이를 반환하므로 result는 원소가 3개인 벡터가 됩니다. **❹** 국어, 영어, 수학이라는 열벡터별로 70점 이상인 학생수를 출력한 결과입니다.

각 과정에서 무슨 일이 일어나나 다시 한 번 상세히 과정을 살펴보겠습니다.

❶ X 매개변수에 지정된 데이터프레임의 각 원소(열벡터)를 function() 함수로 전달하면 → function() 함수는 넘겨받은 벡터를 obj에 지정하여 → 중괄호 안의 코드를 실행합니다. ❷ 벡터 obj의 각 원소가 70 이상인지 비교 연산으로 실행하면 → 논리형 벡터로 반환됩니다. 논리형 벡터로 불리언 인덱싱을 하면 → 벡터 obj에서 70 이상인 원소만 남습니다. length() 함수는 벡터 obj에서 70 이상인 원소의 개수를 result에 할당합니다. ❸ univ의 각 원소(열벡터)별로 스칼라인 result가 반환되므로 → 최종 결과는 스칼라를 모은 벡터로 반환됩니다. ❹ sapply() 함수가 반환받은 벡터를 출력했습니다.

8.4.2 FUN에 사용자 지정 함수 지정하기

FUN에 미리 생성해둔 사용자 정의 함수를 지정하는 것도 가능합니다. 7.3절 '사용자 정의 함수 생성'에서 생성한 getGrade() 함수를 이용하여 univ의 과목별 점수를 학점으로 반환해보겠습니다.

```
> source(file = 'myFuns.R', encoding = 'UTF-8')  # ❶
> sapply(X = univ, FUN = function(score) {
+    grade <- sapply(X = score, FUN = getGrade)   # ❷
+    return(grade)                                 # ❸
+ })
     국어 영어 수학
[1,] "D"  "F"  "D"   # ❹
[2,] "F"  "F"  "F"
[3,] "A"  "C"  "D"
[4,] "D"  "C"  "A"
[5,] "C"  "B"  "C"
후략
```

❶ 7장에서 생성했던 'myFuns.R' 파일을 source() 함수로 호출합니다. source() 함수는 파일 안에 있는 함수나 값을 불러옵니다. univ의 각 열벡터를 차례로 FUN에 지정된 사용자 지정 함수의 score에 전달합니다. ❷ 두 번째 sapply() 함수에 입력된 score는 벡터이며, 각 원소별로 getGrade() 함수를 반복 실행합니다. 그 결과로 score의 각 점수를 A부터 F 학점으로 변환한 결과를 grade에 할당합니다. 이때 grade는 문자형 벡터가 됩니다. ❸ 학점 벡터 grade를 반환합니다. ❹ 첫 번째 sapply()가 반환값을 받아 행렬로 출력합니다.

각 과정에서 무슨 일이 일어나나 다시 한번 상세히 살펴보겠습니다.

❶ 'myFuns.R' 파일에 있는 코드가 실행되면서 getGrade() 함수가 [Environment] 탭에 추가됩니다. univ의 각 원소(열벡터)를 score로 function() 함수에 전달하는데 score는 원소가 300000개인 벡터입니다. ❷ 두 번째 sapply() 함수는 벡터의 각 원소별로 getGrade() 함수를 반복 실행한 결과로 문자형 벡터 grade를 생성합니다. ❸ 원소 개수가 300000개인 문자형 벡터 grade를 반환합니다. ❹ univ의 각 원소(열벡터)별로 원소가 300000개인 벡터가 반환되므로, 최종 결과는 300000행, 3열인 행렬이 반환됩니다. 참고로 행렬 원소의 자료형은 문자형입니다.

학습 마무리

이상으로 데이터프레임의 각 원소(열벡터)별로 같은 함수를 반복 실행할 때 유용한 apply(), lapply(), sapply() 함수의 활용법을 살펴봤습니다. 데이터 전처리 과정에서 데이터프레임의 여러 컬럼별로 같은 함수를 반복 실행해야 할 때가 많습니다. 이럴 때는 for문 대신 apply() 계열의 함수를 사용하면 깔끔하고 빠르게 실행되는 코딩이 가능합니다.

새로 배운 함수 모아보기

apply() 함수는 행렬의 행 또는 열 방향으로 원소를 선택하여 같은 함수를 반복 실행하고, lapply() 및 sapply() 함수는 주로 데이터프레임의 각 원소(열벡터)별로 같은 함수를 반복 실행합니다. for문에 비해 코드가 간결하고 실행되는 소요시간이 짧다는 장점이 있지만 코드를 이해하기가 조금 어렵다는 단점이 있습니다.

```
apply(X = 행렬, MARGIN = 1 또는 2, FUN = 함수)
# MARGIN에 1을 지정하면 행 방향, 2를 지정하면 열 방향으로 함수를 반복 실행합니다.
```

```
lapply(X = 리스트 또는 데이터프레임, FUN = 함수)
# lapply()는 X에 지정된 객체의 원소별로 함수를 반복 실행하여 리스트로 반환합니다.
```

```
sapply(X = 리스트 또는 데이터프레임, FUN = 함수)
# sapply()는 X에 지정된 객체의 원소별로 함수를 반복 실행하여 벡터나 행렬로 반환합니다.
```

```
sapply(X = 리스트 또는 데이터프레임, FUN = function(x) {
# 실행할 코드
})
# FUN 매개변수에 사용자 정의 함수를 만들어 반복 실행할 수 있습니다.
```

데이터를 수집하고 전처리하고 시각화해 분석하는 방법을 알아봅시다. 엑셀 또는 CSV 파일을 읽고 R 데이터프레임으로 생성하고, 공공데이터포털에서 오픈 API로 공공데이터를 수집하는 방법에 익숙해지면 공공데이터포털에서 제공되는 모든 데이터가 다 내것이 됩니다. 데이터프레임을 자유자재로 다루면 업무 생산성이 높아집니다. 5가지 그래프까지 만들어보면 R로 데이터를 분석하는 전 과정을 마무리합시다.

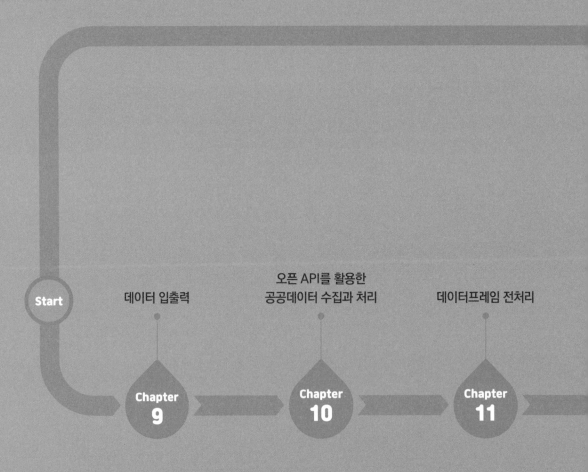

Start

데이터 입출력

오픈 API를 활용한
공공데이터 수집과 처리

데이터프레임 전처리

Chapter
9

Chapter
10

Chapter
11

단계 **3**

R 데이터 분석
아파트 실거래 데이터로
실전처럼 익히자

Chapter 12
데이터프레임 병합

Chapter 13
기술통계 분석

Chapter 14
데이터 시각화

Finish

데이터 입출력

☐ 학습 목표	엑셀 및 텍스트 파일을 R에서 불러오고 저장하는 방법을 알아보겠습니다.
☐ 학습 순서	**1** 사전 지식 : tidyverse 패키지
	2 작업 경로 확인 및 변경
	3 엑셀 파일 입출력
	4 텍스트 파일 입출력 : csv 파일
	5 RDS 파일 입출력
	6 RDA 파일 입출력
☐ 데이터 입출력 소개	데이터를 저장하는 매체로 엑셀과 텍스트 파일을 주로 사용하는데, R에서 외부 파일을 데이터프레임으로 읽어오면 데이터 분석 작업을 진행할 수 있습니다.
	• 외부 파일을 R로 불러올 수 있습니다. • R에서 작업한 결과를 외부 파일로 저장하고 다른 사람과 공유할 수 있습니다.

9.1 사전 지식 : tidyverse 패키지

이 책은 타이디버스tidyverse 패키지를 데이터 분석에 사용합니다. 타이버스 패키지는 R스튜디오의 해들리 위캠Hadley Wickham 박사가 깔끔한 데이터 처리 및 분석을 위한 타이디 데이터tidy data와 관련하여 개발한 패키지 묶음입니다. 해들리 위캠이 정의한 타이디 데이터는 변수를 열, 관측값은 행, 값은 하나의 셀인 데이터셋을 의미합니다. R의 데이터프레임과 같은 형태죠. 타이디버스 패키지를 호출하면 다음과 같이 8가지 패키지가 함께 호출됩니다.

▼ tidyverse 패키지

패키지	설명	다루는 곳
ggplot2	데이터 시각화와 관련된 패키지입니다. R 패키지 중에서 가장 많이 사용하는 패키지라고 해도 과언이 아닙니다.	14장

dplyr	데이터프레임을 전처리와 관련된 패키지입니다. ggplot2와 함께 R에서 데이터 분석 과정에서 많이 사용되는 패키지입니다. SQL로 처리할 수 있는 대부분 작업을 dplyr로 처리할 수 있습니다.	11장
tidyr	타이디 데이터 생성에 관련된 패키지입니다. 이 책에서는 Long type 데이터프레임의 구조를 Wide type으로 변환하거나, 반대로 Wide type을 Long type으로 변환하는 함수를 소개합니다.	11장
readr	csv 파일처럼 직사각형 데이터를 읽고 데이터프레임을 생성하는 작업과 관련된 패키지입니다. 이 책에서는 csv 파일을 읽을 때 문자 인코딩 방식을 확인하는 함수를 소개합니다. 참고로 이 책에서 csv 파일을 읽을 때 기본 함수인 read.csv( ) 함수를 소개했지만, readr 패키지의 read_csv( ) 함수를 이용하면 티블tibble을 생성합니다. 티블 관련 내용은 11장에서 설명합니다.	9장
purrr	반복 실행과 관련된 패키지입니다. 8장에서 학습한 apply( ), lapply( ), sapply( ) 함수를 대체하는 map( ) 함수가 purrr 패키지 함수입니다. 이 책에서는 소개하지 않았지만 관심 있는 독자는 관련 내용을 찾아보기 바랍니다. 참고로 'purr'는 '고양이가 갸르르 거리다'라는 뜻입니다.	–
tibble	티블 생성과 관련된 패키지입니다. 티블은 데이터프레임의 단점을 보완한 데이터프레임인데요. dplyr나 readr 패키지를 사용하면 데이터프레임이 티블로 변환됩니다. 이 책에서는 11장에서 아주 간단하게 설명합니다. 데이터프레임을 티블로 변환할 때 as_tibble( ) 함수를 사용한다는 점만 알려드리겠습니다.	11장
stringr	텍스트를 전처리와 관련된 패키지입니다. 텍스트를 결합하고, 분리하고, 변경하고, 삭제하는 등의 작업을 처리할 수 있습니다. stringr 패키지 함수에 정규표현식을 사용하면 아주 지저분한 텍스트 데이터를 빠르고 쉽게 전처리할 수 있습니다. 이 책에서는 다루지 않습니다.	–
forcats	범주형 벡터와 관련된 패키지입니다. 문자형 벡터를 범주형으로 변환할 때 레벨 순서를 변경하는 등의 함수를 포함하고 있습니다. 이 책에서 factor( ), as.factor( ), levels( ) 등 기본 함수로 설명합니다.	2장

9.2 작업 경로 확인 및 변경

외부 파일을 불러오기 전에 getwd( ) 함수를 사용하여 현재 작업 경로를 확인합니다.

함수 `getwd()`

이 함수는 인수를 입력하지 않고 빈 괄호로 실행합니다.

```
> getwd()   # ①
[1] "C:\\Users\\계정이름\\Documents\\DAwR"
```

① 현재 작업 경로가 출력됩니다. 0장 '실습 환경 구축'에서 DAwR 프로젝트를 [Documents] 폴더에서 생성했다면 현재 작업 경로가 위와 같을 겁니다. 참고로 계정이름은 컴퓨터마다 다르다는 것을 주지하기 바랍니다(0.1.1절 '윈도우'에서 밝혔듯이 윈도우 사용자는 반드시 영문으로 된 계정에서 실습해주세요).

만약 현재 작업 경로가 이 책과 다르면 R스튜디오 오른쪽 상단 모서리에 있는 프로젝트명이 DAwR인지 확인해보기 바랍니다.

Tip 윈도우는 폴더 경로가 'C' 또는 'D' 드라이브명으로 시작하지만, 맥OS는 드라이브명이 맨 앞에 추가되지 않습니다. 아울러 윈도우는 경로마다 역슬래\가 두 번(\\) 사용되지만 맥OS는 슬래쉬 /가 한 번 사용됩니다.

현재 작업 경로에 포함되어 있는 폴더명과 파일명을 출력하려면 list.files() 함수를 사용합니다. 이 함수도 괄호 안에 아무런 인수를 지정하지 않아도 됩니다.

함수 `list.files()`

현재 작업 경로에 포함된 폴더명과 파일명을 출력합니다.

```
> list.files()   # ①
[1] "code"        "data"        "DAwR.Rproj"
```

① 현재 작업 경로에는 code, [data] 폴더와 DAwR.Rproj 파일이 포함되어 있습니다.

9.2.1 명령어로 작업 경로 변경하기

만약 불러올 파일이 [data] 폴더에 저장되어 있다면 작업 경로를 변경하는 것이 좋습니다. 왜냐하면 불러오려는 파일이 현재 작업 경로에 없으면 해당 파일을 불러올 때마다 파일명 앞에 경로명을 추가해주어야 하는데, 매번 경로명을 추가하는 작업이 상당히 번거로울 수 있기 때문입니다.

작업 경로를 변경할 때 setwd() 함수를 사용하며, 괄호 안에 변경할 폴더를 문자열로 지정합니다.

```
setwd(dir = '변경할 폴더 위치')
```

현재 작업 경로인 [DAwR] 폴더에는 [code] 폴더와 [data] 폴더가 포함되어 있습니다. 데이터 입출력 실습을 위해 [data] 폴더로 작업 경로를 변경하고, 작업 경로에 저장된 폴더명과 파일명을 다시 확인해보겠습니다.

```
> setwd(dir = 'C:\\Users\\계정이름\\Documents\\DAwR\\data')  # ❶
> list.files()  # ❷
[1] "APT_Detail_Gangnam_2020.csv" "APT_Price_Gangnam_2020.csv"
```

❶ [data] 폴더로 작업 경로를 변경합니다. ❷ 현재 작업 경로에 포함된 폴더명과 파일명을 출력합니다. [data] 폴더에는 csv 파일 2개가 포함되어 있습니다. 이 파일들은 공공데이터 포털에서 수집하고 정제한 것으로 2020년에 서울특별시 강남구에서 거래된 아파트단지의 거래금액 데이터와 상세 정보를 포함하고 있습니다. 11~14장에서 예제 파일로 사용합니다.

절대경로와 상대경로의 차이

절대경로는 '최초 시작점으로부터 경로의 끝'까지 모두 표기한 경로를 의미합니다. 예를 들어 윈도우는 폴더 경로가 'C' 또는 'D' 드라이브로 시작합니다. 절대경로는 컴퓨터 안에서 유일한 경로이며, 절대경로를 사용하면 언제나 같은 결과를 가져옵니다. 그런데 절대경로는 길어질 수 있으므로 코딩할 때 사용하기에는 다소 불편할 수 있습니다.

반면, 상대경로는 현재 폴더에서 상대적인 위치를 의미합니다. ./은 현재 폴더, ../은 현재 폴더의 상위 폴더를 의미합니다. 따라서 상대경로를 사용하면 몇 글자만으로 폴더 경로 설정이 가능하므로 코딩할 때 편리합니다. 하지만 현재 폴더가 항상 같지 않을 수 있으므로 매번 주의를 기울여야 합니다.

작업 경로를 변경할 때 절대경로와 상대경로를 사용한 코드를 비교해봅시다.

```
> setwd(dir = 'C:\\Users\\계정이름\\Documents\\DAwR\\data')  # ❶
> setwd(dir = 'C:\\Users\\계정이름\\Documents\\DAwR')       # ❷
> setwd(dir = './data')  # ❸
```

❶ 절대경로를 사용하여 작업 경로를 [data] 폴더로 변경합니다. ❷ 절대경로를 사용하여 작업 경로를 [DAwR] 폴더로 변경합니다(여기서도 마찬가지로 본인 환경에 맞게 경로를 입력해주세요). 만약 ❷번 코드를 생략하고 ❸번 코드를 실행하면 에러가 발생합니다. 그 이유는 [data] 폴더 안에 [data] 폴더가 없기 때문입니다. ❸ 상대경로를 사용하여 작업 경로를 [data] 폴더로 변경합니다. ❷번 코드를 실행하면 현재 작업 경로가 [DAwR] 폴더로 변경되고, [DAwR] 폴더에는 [data] 폴더가 있기 때문에 에러가 발생하지 않습니다.

9.2.2 마우스로 작업 경로 변경하기

마우스로 작업 경로 변경하는 방법을 알아봅시다.

To Do **01** ❶ [Session] → ❷ [Set Working Directory] → ❸ [Choose Directory]를 클릭합니다.

02 윈도우 탐색기 또는 맥OS 파인더가 열리므로, 마우스로 작업 경로를 변경할 수 있습니다.

9.3 엑셀 파일 입출력

확장자가 xlsx인 파일을 저장할 때는 writexl 패키지의 write_xlsx() 함수를 사용하고, xlsx 파일을 읽을 때는 readxl 패키지의 read_xlsx() 함수를 사용합니다.

```
함수   write_xlsx(x = 객체명, path = '저장할 xlsx 파일명')  # ❶

       read_xlsx(path = '읽을 xlsx 파일명',  # ❷
               sheet = '시트명',       # ❸
               skip = 생략할 행 개수) # ❹
```

write_xlsx() 함수에는 ❶ 엑셀 파일로 저장할 객체명(주로 데이터프레임)과 저장할 xlsx 파일명을 차례로 지정합니다. read_xlsx() 함수는 조금 복잡한데, ❷ 읽을 xlsx 파일명과 ❸ 시트명을 지정합니다. 만약 엑셀 파일에 시트가 한 개만 있거나 첫 번째 시트를 읽을 때는 생략할 수 있습니다. 시트명 대신 시트의 인덱스를 지정해도 됩니다. ❹ skip 매개변수에는 엑셀 파일에서 처음 몇 행을 생략하는지 지정합니다. 만약 첫 행이 컬럼명이면 생략합니다.

두 파일의 사용법을 알았으니 이제 R 내장 데이터프레임인 iris를 엑셀 파일로 저장하고 다시 R로 읽어오는 방법을 알아봅시다.

```
> library(writexl)   # ❶
> write_xlsx(x = iris, path = 'iris.xlsx')  # ❷
> list.files()       # ❸
[1] "APT_Detail_Gangnam_2020.csv" "APT_Price_Gangnam_2020.csv"
[3] "iris.xlsx"

> library(readxl)    # ❹
> obj1 <- read_xlsx(path = 'iris.xlsx')  # ❺
> str(object = obj1) # ❻
tibble [150 × 5] (S3: tbl_df/tbl/data.frame)
 $ Sepal.Length: num [1:150] 5.1 4.9 4.7 4.6 5 5.4 4.6 5 4.4 4.9 ...
 $ Sepal.Width : num [1:150] 3.5 3 3.2 3.1 3.6 3.9 3.4 3.4 2.9 3.1 ...
 $ Petal.Length: num [1:150] 1.4 1.4 1.3 1.5 1.4 1.7 1.4 1.5 1.4 1.5 ...
 $ Petal.Width : num [1:150] 0.2 0.2 0.2 0.2 0.2 0.4 0.3 0.2 0.2 0.1 ...
 $ Species     : chr [1:150] "setosa" "setosa" "setosa" "setosa" ...  # ❼
```

❶ writexl 패키지를 호출합니다. ❷ iris를 'iris.xlsx' 파일로 저장합니다. ❸ 현재 작업 경로에 저장된 폴더명과 파일명을 출력하면 'iris.xlsx' 파일이 추가되었습니다. ❹ readxl 패키지를 호출합니다. ❺ 'iris.xlsx' 파일을 읽고 obj1에 할당합니다. ❻ obj1은 150행 5열인 티블^{tibble}인 것을 확인할 수 있습니다. 티블은 데이터프레임이 가진 일부 단점을 보완한 자료구조인데, 특히 출

력했을 때 컬럼별 자료형이 추가된다는 장점이 있습니다. 그 외에는 데이터프레임과 비슷하므로 다루기 편리합니다. ❼ Species 컬럼은 문자형 벡터입니다. 원래 iris의 Species 컬럼의 자료형은 범주형이지만, xlsx 파일 입출력 과정에서 해당 컬럼의 자료형이 문자형 벡터로 변환된 겁니다.

9.4 텍스트 파일 입출력 : csv 파일

텍스트 파일은 확장자가 csv 또는 txt인 파일이 많이 사용됩니다. 특히 csv 파일은 엑셀에서 열리기 때문에 회사나 학교에서 자주 접하는 형태의 파일입니다. 이 책에서는 csv 파일을 입출력하는 방법을 소개합니다. txt 파일도 csv 파일과 같은 함수로 입출력할 수 있으므로 궁금하신 분은 txt 파일로 직접 실행해보기 바랍니다. 참고로 csv는 comma separated value의 머리글자입니다.

확장자가 csv인 파일을 저장할 때는 R 기본 함수인 write.csv() 함수를 사용합니다.

함수
```
write.csv(x = 객체명,
          file = '저장할 csv 파일명',    # ❶
          sep = ',',                    # ❷
          row.names = TRUE,             # ❸
          col.names = TRUE,             # ❹
          fileEncoding = '')            # ❺
```

write.csv() 함수는 정의된 매개변수가 많은데 그중에서 많이 사용하는 것만 소개하겠습니다. write_xlsx() 함수와 다른 점은 ❶ 저장할 csv 파일명을 file 매개변수에 지정한다는 점입니다. ❷ sep 매개변수에는 엑셀 파일의 각 셀을 구분하는 구분자를 지정합니다. 기본값이 콤마 ,입니다. ❸ row.names 매개변수에 TRUE를 할당하면 데이터프레임의 행이름을 csv 파일에 추가합니다. ❹ col.names 매개변수에 TRUE를 할당하면 데이터프레임의 열이름을 csv 파일에 추가합니다. ❺ csv 파일의 문자 인코딩 방식을 지정합니다.

확장자가 csv인 파일을 읽을 때는 read.csv() 함수를 사용합니다.

함수
```
read.csv(file = '읽을 csv 파일명',
         sep = ',',                 # ❶
         header = TRUE,             # ❷
         skip = 생략할 행 개수,
         fileEncoding = '')         # ❸
```

read_xlsx() 함수와 다른 점만 소개하겠습니다. ❶ 읽을 csv 파일의 구분자를 지정합니다. csv 파일은 콤마를 구분자로 사용하지만 txt 파일은 콤마가 아닐 수 있으므로 미리 확인한 다음 구분 자를 정확하게 입력합니다. ❷ header 매개변수에 TRUE를 할당하면 csv 파일의 첫 번째 행을 열이름(컬럼명)으로 간주합니다. ❸ csv, txt 파일은 컴퓨터 운영체제의 기본 문자 인코딩 방식과 다르면 읽을 때 에러가 발생하므로, read.csv() 함수의 fileEncoding 매개변수에 텍스트 파일의 문자 인코딩 방식을 반드시 명시해주어야 합니다.

9.4.1 csv 파일 입출력

앞 절에서 실습했던 것처럼 iris를 csv 파일로 저장하고 다시 R로 읽어오는 방법을 소개합니다.

```
> write.csv(x = iris, file = 'iris.csv')  # ❶
> list.files()  # ❷
[1] "APT_Detail_Gangnam_2020.csv" "APT_Price_Gangnam_2020.csv"
[3] "iris.csv"                    "iris.xlsx"

> obj2 <- read.csv(file = 'iris.csv')  # ❸
> str(object = obj2)  # ❹
'data.frame':150 obs. of  6 variables:
 $ X           : int  1 2 3 4 5 6 7 8 9 10 ...  # ❺
 $ Sepal.Length: num  5.1 4.9 4.7 4.6 5 5.4 4.6 5 4.4 4.9 ...
 $ Sepal.Width : num  3.5 3 3.2 3.1 3.6 3.9 3.4 3.4 2.9 3.1 ...
 $ Petal.Length: num  1.4 1.4 1.3 1.5 1.4 1.7 1.4 1.5 1.4 1.5 ...
 $ Petal.Width : num  0.2 0.2 0.2 0.2 0.2 0.4 0.3 0.2 0.2 0.1 ...
 $ Species     : chr  "setosa" "setosa" "setosa" "setosa" ...
```

❶ iris를 'iris.csv' 파일로 저장합니다. ❷ 현재 작업 경로에 저장된 폴더명과 파일명을 출력해보 니 'iris.csv' 파일이 추가되었습니다. ❸ 'iris.csv' 파일을 읽고 obj2에 할당합니다. ❹ obj2는 150행 6열인 데이터프레임입니다. ❺ 첫 번째 열이름이 'X'이고 정수형 벡터입니다. 이는 iris의

행이름이 추가된 겁니다.

csv 파일로 저장할 때 행이름을 추가하시 않을 때는 row.names 매개변수에 FALSE를 지정하면 됩니다.

```
> write.csv(x = iris, file = 'iris.csv', row.names = FALSE)  # ❶
> obj2 <- read.csv(file = 'iris.csv')  # ❷
> str(object = obj2)  # ❸
'data.frame':150 obs. of  5 variables:
 $ Sepal.Length: num  5.1 4.9 4.7 4.6 5 5.4 4.6 5 4.4 4.9 ...
 $ Sepal.Width : num  3.5 3 3.2 3.1 3.6 3.9 3.4 3.4 2.9 3.1 ...
 $ Petal.Length: num  1.4 1.4 1.3 1.5 1.4 1.7 1.4 1.5 1.4 1.5 ...
 $ Petal.Width : num  0.2 0.2 0.2 0.2 0.2 0.4 0.3 0.2 0.2 0.1 ...
 $ Species     : chr  "setosa" "setosa" "setosa" "setosa" ...  # ❹
```

❶ iris를 'iris.csv' 파일로 저장할 때 행이름을 추가하지 않도록 합니다. ❷ 'iris.csv' 파일을 읽고 obj2에 할당합니다. ❸ obj2는 데이터프레임이고, 150행 5열입니다. ❹ Species 컬럼의 자료형은 문자형입니다. csv 파일 입출력 과정에서 해당 열의 자료형이 문자형 벡터로 변환되었습니다.

텍스트 파일은 문자 인코딩 방식에 영향을 받기 때문에 텍스트 파일에 사용된 문자 인코딩 방식을 확인해야 한다고 설명한 바 있습니다. iris에 숫자와 알파벳만 포함되어 있으므로 문자 인코딩 방식을 확인하지 않아도 되지만 텍스트 파일에 한글이 포함되어 있으면 반드시 파일의 문자 인코딩 방식을 확인해야 합니다.

텍스트 파일에 사용된 문자 인코딩 방식은 readr 패키지의 guess_encoding() 함수로 확인할 수 있습니다.

함수
```
library(readr)
guess_encoding(file = '컴퓨터에 저장된 텍스트 파일명 또는 인터넷 url')
```

이 함수는 컴퓨터에 저장된 텍스트 파일명이나 인터넷 url을 문자열로 지정하면 파일에 사용된 문자 인코딩 방식과 신뢰도[confidence]를 출력합니다. 파일에 따라 문자 인코딩 방식이 여러 개 출력될 수 있으며, 그중에서 신뢰도가 가장 높은 문자 인코딩 방식을 확인합니다.

9.4.2 문자 인코딩 방식 확인

csv 파일 입출력에 필요한 함수를 모두 알아보았으니, [data] 폴더에 있는 csv 파일의 문자 인코딩 방식을 확인하고 데이터프레임으로 생성하는 실습을 해보겠습니다. 실습용으로 제공해드리는 csv 파일은 공공데이터포털에서 '국토교통부 아파트 매매 실거래 상세 자료'를 API를 통해 수집한 겁니다. 2020년에 서울특별시 강남구에서 거래된 아파트 매매 데이터 약 4천 여 건을 포함하고 있습니다.

```
> library(readr)  # ❶
> fileName <- 'APT_Price_Gangnam_2020.csv'  # ❷
> guess_encoding(file = fileName)  # ❸
# A tibble: 1 x 2
  encoding confidence
  <chr>         <dbl>

1 UTF-8             1  # ❹

> price <- read.csv(file = fileName, fileEncoding = 'UTF-8')  # ❺
> str(object = price)  # ❻
'data.frame':3828 obs. of  8 variables:
 $ 일련번호  : chr  "11680-3752" "11680-566" "11680-340" "11680-532" ...
 $ 아파트    : chr  "대치아이파크" "아카데미스위트" "우성캐릭터" "포스코더샵" ...
 $ 도로명주소: chr  "서울특별시 강남구 선릉로 222" "서울특별시 강남구 언주로30길 21"
"서울특별시 강남구 언주로 118" "서울특별시 강남구 삼성로 417" ...
 $ 월        : int  1 1 1 1 1 1 1 1 1 1 ...
 $ 일        : int  2 2 2 2 3 3 3 3 3 3 ...
 $ 전용면적  : num  115 164.9 132.9 139.5 39.6 ...
 $ 층        : int  10 7 5 3 13 13 8 7 4 5 ...
 $ 거래금액  : int  300000 200000 170000 247000 87000 210000 20200 120000 77000
224500 ...
```

❶ readr 패키지를 호출합니다. tidyverse 패키지를 대신 호출할 수 있는데, tidyverse 패키지를 호출할 때 함께 호출되는 8가지 패키지에 readr이 포함되어 있기 때문입니다. ❷ 불러올 csv 파일명을 fileName에 지정합니다. 이렇게 함으로써 문자 인코딩 방식을 사용할 때와 텍스트 데이터를 읽을 때 재사용할 수 있습니다. ❸ 파일에 사용된 문자 인코딩 방식을 확인합니다. ❹ UTF-8 인코딩 방식의 신뢰도가 1이며, 가장 높습니다. 파일에 따라 guess_encoding() 함수 실행 결과로 문자 인코딩 방식이 여러 개 출력될 수 있습니다. ❺ read.csv() 함수의 fileEncoding 매개변

수에 'UTF-8'을 지정합니다. 윈도우 사용자는 fileEncoding 매개변수를 반드시 추가해야 합니다. 그렇지 않으면 에러가 발생합니다. 맥OS 사용자는 fileEncoding 매개변수를 추가하지 않아도 되지만 초심자라면 추가하는 습관을 들이는 것을 추천합니다. ❻ 새로 생성된 price의 구조를 확인합니다.

문자 인코딩이란?

컴퓨터는 사람이 사용하는 문자(자연어)를 이해할 수 없습니다. 사람이 사용하는 자연어를 컴퓨터가 이해할 수 있는 16진수로 표기한 것이 인코딩입니다. 문자 인코딩이 어려운 것은 운영체제마다 문자 인코딩 방식의 기본 설정값이 서로 다르기 때문입니다. 윈도우는 EUC-KR 또는 CP949가 기본 인코딩 방식으로 설정되어 있지만, 맥OS는 UTF-8이 기본 인코딩 방식으로 사용됩니다.

윈도우에서 EUC-KR 또는 CP949가 사용된 텍스트 파일을 읽을 때는 전혀 문제가 없지만 만약 UTF-8이 사용된 텍스트 파일을 읽을 때는 한글을 제대로 읽을 수 없으므로 한글이 깨져서 보이거나 에러가 발생하는 겁니다. 마찬가지로 맥OS에서 UTF-8이 사용된 텍스트 파일은 정상적으로 읽을 수 있지만 EUC-KR이나 CP949가 사용된 텍스트 파일은 읽을 수 없습니다. 따라서 텍스트 파일을 R로 읽어올 때 텍스트 파일에 사용된 한글의 인코딩 방식을 확인하는 것이 좋습니다. 통상적으로 UTF-8 인코딩 방식을 표준으로 인식하고 사용하기 때문에 UTF-8 인코딩으로 수집/정제/저장하는 것을 권장합니다.

9.5 RDS 파일 입출력

RDS 파일은 하나의 R 객체를 외부 파일로 저장하는 형태입니다. R 사용자끼리 파일을 공유할 때는 xlsx, csv 파일보다 객체의 자료형을 유지하는 RDS 파일이 더 좋습니다.

확장자가 RDS인 파일을 저장할 때는 R 기본 함수인 saveRDS() 함수를 사용하고, RDS 파일을 읽을 때는 readRDS() 함수를 사용합니다.

```
함수   saveRDS(object = 객체명, file = '저장할 RDS 파일명')
       readRDS(file = '읽을 RDS 파일명')
```

RDS 파일 입출력 함수는 xlsx, csv 파일 입출력 함수보다 간단합니다. R 객체명 관련 매개변수 명이 x 대신 object가 사용된 것만 확인하기 바랍니다.

iris를 RDS 파일로 저장하고 다시 R로 읽어오는 방법을 알아봅시다.

```
> saveRDS(object = iris, file = 'iris.RDS')  # ❶
> list.files()  # ❷
[1] "APT_Detail_Gangnam_2020.csv" "APT_Price_Gangnam_2020.csv"
[3] "iris.csv"                    "iris.RDS"
[5] "iris.xlsx"

> obj3 <- readRDS(file = 'iris.RDS')  # ❸
> str(object = obj3)  # ❹
'data.frame':150 obs. of  5 variables:
 $ Sepal.Length: num  5.1 4.9 4.7 4.6 5 5.4 4.6 5 4.4 4.9 ...
 $ Sepal.Width : num  3.5 3 3.2 3.1 3.6 3.9 3.4 3.4 2.9 3.1 ...
 $ Petal.Length: num  1.4 1.4 1.3 1.5 1.4 1.7 1.4 1.5 1.4 1.5 ...
 $ Petal.Width : num  0.2 0.2 0.2 0.2 0.2 0.4 0.3 0.2 0.2 0.1 ...
 $ Species     : Factor w/ 3 levels "setosa","versicolor",..: 1 1 1 1 1 1 1 1 1
1 ...  # ❺
```

❶ iris를 'iris.RDS' 파일로 저장합니다. ❷ 현재 작업 경로에 저장된 폴더명과 파일명을 출력하면 'iris.RDS' 파일이 추가되었습니다. ❸ 'iris.RDS' 파일을 읽고 obj3에 할당합니다. ❹ obj3는 데이터프레임이고 150행 6열입니다. ❺ Species 컬럼의 자료형은 문자형입니다. RDS 파일로 입출력해도 기존 자료형이 그대로 유지된다는 것을 알 수 있습니다.

9.6 RDA 파일 입출력

하나의 R 객체를 외부 파일로 저장할 때 RDS 파일을 사용하지만, 다수의 R 객체를 하나의 외부 파일로 담을 때는 RDA 파일을 사용합니다. RDA 파일은 객체의 자료형은 물론 객체명까지 그대로 유지하므로 R 객체를 외부 파일로 저장할 때 가장 많이 사용되는 파일 형태입니다.

9.6.1 저장하고 읽기

확장자가 RDA인 파일을 저장할 때는 R 기본 함수인 save() 및 save.image() 함수를 사용하고,
RDA 파일을 읽을 때는 load() 함수를 사용합니다.

함수
```
save(객체명1, 객체명2, ...,  file = '저장할 RDA 파일명')
save.image(file = '저장할 RDA 파일명')
load(file = '읽을 RDA 파일명')
```

RDA 파일 입출력 함수도 간단하며 직관적으로 이해할 수 있습니다. save() 함수에는 RDA 파일
에 포함시킬 객체명을 나열합니다.

iris를 RDA 파일로 저장하고 다시 R로 읽어오는 방법을 알아봅시다.

```
> save(iris, file = 'iris.RDA')  # ❶
> list.files()  # ❷
[1] "APT_Detail_Gangnam_2020.csv"      "APT_Price_Gangnam_2020.csv"
[3] "iris.csv"                         "iris.RDA"
[5] "iris.RDS"                         "iris.xlsx"

> load(file = 'iris.RDA')  # ❸
```

❶ iris를 'iris.RDA' 파일로 저장합니다. ❷ 현재 작업 경로에 저장된 폴더명과 파일명을 출력해
보니 'iris.RDA' 파일이 추가되었습니다. ❸ 'iris.RDA' 파일을 읽습니다. RDA 파일은 읽은 결
과를 R 객체로 할당할 수 없고, RDA 파일에 포함된 R 객체명 그대로 [Environment] 탭에 추가
됩니다.

▼ R스튜디오의 [Environment] 탭에 있는 R 객체 목록

Data		
⊙ iris	150 obs. of 5 variables	▦
⊙ obj1	150 obs. of 5 variables	▦
⊙ obj2	150 obs. of 6 variables	▦
⊙ obj3	150 obs. of 5 variables	▦
⊙ price	3828 obs. of 8 variables	▦
Values		
file	"APT_Price_Gangnam_2020.csv"	

9.6.2 [Environment] 탭에 있는 R 객체를 포함해 RDA 파일 생성하기

RDA 파일은 여러 개의 R 객체를 담을 수 있다고 설명한 바 있습니다. save() 함수에 저장할 R 객체명을 나열하면 되지만, save.image() 함수를 사용하면 [Environment] 탭에 있는 모든 R 객체를 자동 포함합니다. 현재 [Environment] 탭에 있는 R 객체를 모두 포함한 RDA 파일을 생성해보겠습니다.

```
> save.image(file = 'irisAll.RDA')  # ❶
> list.files()  # ❷
[1] "APT_Detail_Gangnam_2020.csv"    "APT_Price_Gangnam_2020.csv"
[3] "iris.csv"                       "iris.RDA"
[5] "iris.RDS"                       "iris.xlsx"
[7] "irisAll.RDA"
```

❶ [Environment] 탭에 있는 모든 객체를 포함하여 'irisAll.RDA' 파일로 저장합니다. ❷ 현재 작업 경로에 저장된 폴더명과 파일명을 출력해보면 'irisAll.RDA' 파일이 추가되었습니다.

9.6.3 R 객체 삭제하기

'irisAll.RDA' 파일을 읽는 실습을 하기 전에 [Environment] 탭에 있는 R 객체명을 문자형 벡터로 생성하는 ls() 함수와 R 객체를 삭제하는 rm() 함수를 알아봅시다.

함수
```
ls()
rm(list = ls())
```

ls() 함수는 [Environment] 탭에 있는 모든 R 객체명을 문자형 벡터로 생성하므로 rm() 함수 안에 ls() 함수를 입력하면 [Environment] 탭에 있는 모든 R 객체명을 삭제합니다. 이 코드를 실행하면 모든 R 객체가 삭제되므로 주의하기 바랍니다.

[Environment] 탭에 있는 모든 R 객체를 삭제하고, 'irisAll.RDA'을 호출하면 다수의 객체가 [Environment] 탭에 동시에 생성됩니다.

```
> ls()   # ❶
[1] "file"  "iris"  "obj1"  "obj2"  "obj3"  "price"

> rm(list = ls())   # ❷
> load(file = 'irisAll.RDA')   # ❸
```

❶ [Environment] 탭에 있는 R 객체명을 문자형 벡터로 출력합니다. ❷ [Environment] 탭에 있는 모든 R 객체를 삭제합니다. ❸ 'irisAll.RDA' 파일을 호출하면, 'irisAll.RDA'에 포함된 모든 R 객체를 [Environment] 탭에서 확인할 수 있습니다.

학습 마무리

이상으로 다양한 외부 파일을 R로 읽고, R 객체를 외부 파일로 저장하는 방법을 알아봤습니다. 분석하려는 데이터가 엑셀 파일이나 텍스트 파일로 저장되어 있다면 R로 읽어오는 것이 데이터 분석의 첫 번째 과정이 될 겁니다. 반복 학습을 통해 숙달하기 바랍니다.

새로 배운 함수 모아보기

다양한 외부 파일 형태를 R로 입출력할 수 있습니다.

```
library(writexl)
write_xlsx(x = 객체명, path = '저장할 xlsx 파일명')
# 데이터프레임을 xlsx 파일로 저장합니다.
```

```
library(readxl)
read_xlsx(path = '읽을 xlsx 파일명', sheet = '시트명', skip = 생략할 행 개수)
# xlsx 파일을 읽고 데이터프레임을 생성합니다.
```

```
write.csv(x = 객체명, file = '저장할 csv 파일명', sep = ',', row.names = TRUE,
          col.names = TRUE, fileEncoding = '')
# csv 파일은 콤마를 구분자로 사용하며, 행이름과 열이름을 추가할 수 있습니다.
```

```
read.csv(file = '읽을 csv 파일명', sep = ',', header = TRUE,
         skip = 생략할 행 개수, fileEncoding = '')
# csv 파일은 문자 인코딩 방식에 따라 에러가 발생할 수 있습니다.
```

```
library(readr)
guess_encoding(file = '컴퓨터에 저장된 텍스트 파일명 또는 인터넷 url')
# 신뢰도가 가장 큰 문자 인코딩 방식을 확인합니다.
```

```
saveRDS(object = 객체명, file = '저장할 RDS 파일명')
readRDS(file = '읽을 RDS 파일명')
# RDS 파일은 객체의 자료형을 그대로 유지합니다.
```

```
save(객체명1, 객체명2, ..., file = '저장할 RDA 파일명')
save.image(file = '저장할 RDA 파일명')
load(file = '읽을 RDA 파일명')
# RDA 파일은 포함된 R 객체명도 그대로 유지합니다.
```

```
ls()
rm(list = ls())
# rm() 함수는 R 객체를 삭제할 수 있으므로 유의하기 바랍니다.
```

10

오픈 API를 활용한
공공데이터 수집과 처리

☐ 학습 목표	공공데이터포털 오픈 API를 활용한 데이터 수집 방법을 알아보겠습니다.
☐ 학습 순서	**1** 사전 지식 : API **2** 공공데이터포털 오픈 API 활용하기 **3** 기술문서 읽기 **4** 데이터 가져오기 **5** 데이터 처리하기
☐ 오픈 API 소개	오픈 API는 API 서비스를 신청하는 모든 사람에게 공개된 API입니다. 공공데이터포털에서 제공하는 오픈 API 서비스를 이용하면 원하는 데이터를 쉽게 수집할 수 있습니다.
	• 공공데이터포털에서 xlsx 및 csv 파일 형태로 데이터를 내려받는 것보다 편리합니다. • 조건을 지정해 필요한 데이터만 수집할 수 있습니다.

10.1 사전 지식 : API

API[application programming interface]는 응용 프로그램 간 통신 인터페이스입니다. 개인이 사용하는 컴퓨터(클라이언트)와 웹 서버 간 데이터를 주고받는 용도로 API를 사용합니다. API 서비스 제공자는 API 서비스 사용자에게 인증키[key]를 발급하고, API 서비스 사용자는 데이터를 요청할 때 인증키를 사용합니다.

오픈 API는 API 서비스를 신청하는 모든 사람에게 공개된 API이며, API 서비스를 신청하는 즉시 자동으로 API 인증키가 제공됩니다. 공공데이터포털은 오픈 API 서비스로 데이터를 제공합니다.

오픈 API 이용 프로세스는 다음과 같이 4단계를 거칩니다.

▼ 오픈 API 이용 프로세스

❶ API 서비스 사용자는 API 서비스를 사용 신청합니다.

❷ API 서비스 제공자는 API 인증키를 즉시 발급하지만, 승인절차가 완료되어야 사용할 수 있습니다.

❸ API 인증키 승인절차가 완료되면, 인증키를 사용하여 데이터를 요청합니다.

❹ API 서비스 제공자는 사용자가 요청한 데이터를 전송함으로써 요청에 응답합니다.

❶ ~ **❷**번 과정은 API 서비스 제공 페이지에서 직접 신청하고 인증키를 발급받으면 됩니다. **❸** ~ **❹**번 과정은 R 코드로 작성된 프로그램을 실행하여 데이터를 요청하고 응답받게 됩니다.

STEP 1 **10.2 공공데이터포털 오픈 API 활용하기**

이번 절에서는 공공데이터포털 오픈 API 서비스를 신청하는 방법을 알아보겠습니다.

To Do **01** 공공데이터포털(data.go.kr)에 가입하고 로그인합니다.

02 공공데이터포털에서 '아파트매매 실거래자료'로 검색합니다.

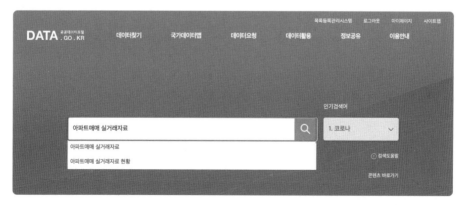

03 검색 결과에서 ❶ 오픈 [API] 탭을 선택한 다음 ❷ '국토교통부_아파트매매 실거래자료'를 찾아 클릭합니다. 오픈 API에서 데이터를 호출할 수 있는 단위를 '오퍼레이션'이라고 합니다. '국토교통부_아파트매매 실거래자료'를 클릭하면 해당 오퍼레이션의 상세정보를 제공하는 페이지로 이동합니다.

04 선택한 오퍼레이션에 대한 상세정보를 제공하는 페이지로 이동하면 ❶ 참고문서를 다운로드합니다. 참고문서는 데이터 요청 및 응답에 관한 중요한 내용이 포함된 매뉴얼입니다. 그외 데이터포맷, API 유형, 비용부과유무, 심의유형 등을 확인합니다.

오퍼레이션에서 제공되는 데이터를 수집하려면 먼저 활용 신청을 해야 합니다. 오퍼레이션 상세 페이지에서 오른쪽 상단에 있는 ❷ [활용신청] 버튼을 클릭합니다.

05 활용신청 화면이 열리면 필수 입력항목을 모두 입력한 다음 ❶ [활용신청] 버튼을 클릭합니다.

06 오퍼레이션 활용신청이 완료되면 마이페이지로 이동합니다. 마이페이지 개발계정에서 지금까지 신청했던 오퍼레이션 목록을 확인할 수 있습니다. ❶ 해당 오퍼레이션을 클릭하면 발급된 API 인증키를 확인할 수 있습니다.

07 상세보기 페이지 중간에 2가지 일반 인증키가 있습니다. 둘 중에서 ❶ 일반 인증키(Decoding) 문자열을 사용합니다(참고로 인증키를 재발급받으려면 페이지 하단의 ❷ [일반인증키 재발급] 버튼을 클릭하면 됩니다).

08 마이페이지 개발계정 상세보기 페이지를 아래로 조금 내리면 '활용신청 상세기능정보' 항목이 있습니다. ❶ [확인] 버튼을 누르면 2가지 요청변수가 나타납니다. 이 항목은 2가지 요청변수에 값을 입력하면 해당 조건에 맞는 데이터를 웹 브라우저에 보여줍니다. 그런데 일반 인증키 승인절차가 완료되지 않았다면 '유효한 인증키가 아니라는 결과'만 화면에 노출됩니다. 요청변수 ❷ LAWD_CD에는 5자리 지역별 코드를 입력하고, ❸ DEAL_YMD에는 6자리 거래년월을 입력합니다. 웹 페이지에는 샘플데이터인 '11110'과 '201512'가 각각 입력되어 있습니다. 참고로 '11110'은 '서울특별시 종로구', '201512'는 '2015년 12월'을 의미합니다.

❹ [미리보기] 버튼을 클릭합니다. 웹 브라우저에서 새 창이 열리고 인증키 승인절차가 완료되었다면 다음과 같은 데이터가 출력됩니다.

인증키 승인절차가 완료되지 않았을 때 'SERVICE KEY IS NOT REGISTERED ERROR'
이라는 다음 결과가 보입니다.

This XML file does not appear to have any style information associated with it. The document
tree is shown below.

```
▼<response>
  ▼<header>
      <resultCode>99</resultCode>
      <resultMsg>SERVICE KEY IS NOT REGISTERED ERROR.</resultMsg>
    </header>
  </response>
```

알려드려요

공공데이터포털 국토교통부 아파트매매 실거래자료 오퍼레이션은 활용신청
한 날로부터 API 인증키가 승인될 때까지 최대 2일 정도 소요됩니다. 따라서
활용신청한 즉시 데이터 확인이 안 됩니다. 데이터가 제대로 출력되지 않는다
면 2~3일 후에 다시 시도해보기 바랍니다.

출력된 XML 코드는 나무 모양의 계층 구조로 데이터를 형상화합니다. response → body →
items → item 순서로 계층 구조를 형성하고 있습니다. R 코드로 실습할 때 이 순서에 따라 데이
터에 접근하므로 꼭 기억하기 바랍니다.

XML과 JSON

오픈 API 서비스는 XML^Extensible Markup Language과 JSON^JavaScript Object Notation 형태의 데이
터를 제공합니다. XML과 JSON은 데이터를 주고받을 목적으로 고안된 구조인데 사람과
컴퓨터가 쉽게 이해할 수 있습니다.

XML은 트리 구조로 데이터를 표현하는 HTML과 유사한 마크업 언어입니다. 〈 〉 안에 태
그 대신 노드가 사용되고 여는 태그와 닫는 태그 사이에 텍스트를 포함합니다. XML에서
노드는 데이터프레임의 컬럼명과 같은 기능을 합니다. 예를 들어 다음과 같이 표현합니다.

▼ XML 타입의 데이터

```
▼<item>
    <거래금액> 82,500</거래금액>
    <건축년도>2008</건축년도>
    <년>2015</년>
    <법정동> 사직동</법정동>
    <아파트>광화문풍림스페이스본(101동~105동)</아파트>
    <월>12</월>
    <일>10</일>
    <전용면적>94.51</전용면적>
    <지번>9</지번>
    <지역코드>11110</지역코드>
    <층>11</층>
    <해제사유발생일> </해제사유발생일>
    <해제여부> </해제여부>
</item>
```

JSON은 중괄호 안에 키^{key}와 값^{value}이 쌍을 이루는 구조입니다.

▼ JSON 타입의 데이터

```
{"item":[{"거래금액":" 82,500",
          "건축년도":2008,
          "년":2015,
          "법정동":" 사직동",
          "아파트":"광화문풍림스페이스본(101동~105동)",
          "월":12,
          "일":10,
          "전용면적":94.51,
          "지번":9,
          "지역코드":11110,
          "층":11,
          "해제사유발생일":" ",
          "해제여부":" "}, ... ]}
```

STEP 2 ## 10.3 기술문서 읽기

국토교통부 아파트매매 실거래자료 오퍼레이션 활용신청 과정에서 내려받은 기술문서는 매뉴얼입니다. 이제 기술문서에서 필요한 사항만 빠르게 확인하겠습니다. 기술문서 4페이지에서 있는 상세기능정보 표의 Call Back URL과 요청 메시지 명세만 있으면 데이터를 요청할 수 있습니다.

▼ 기술문서 상세기능내역 중 상세기능정보와 요청 메시지 명세

a) 상세기능정보

상세기능 번호	1	상세기능 유형	조회 (자료)
상세기능명(국문)	아파트 매매 신고정보		
상세기능 설명	행정표준코드관리시스템(www.code.go.kr)의 법정동 코드 중 앞5자리(예시 : 서울 종로구 - 11110), 계약년월(예시 : 201801)로 해당 지역, 해당 기간의 아파트 매매 신고정보를 조회		
❶ Call Back URL	http://openapi.molit.go.kr:8081/OpenAPI_ToolInstallPackage/service/rest/RTMSOBJSvc/getRTMSDataSvcAptTrade		
최대 메시지 사이즈	[1000 bytes]		
평균 응답 시간	[500] ms	초당 최대 트랜잭션	[30] tps

b) 요청 메시지 명세

항목명(영문)	항목명(국문)	항목 크기	항목 구분*	샘플 데이터	항목설명
❷ LAWD_CD	지역코드	5	1	11110	각 지역별 코드 행정표준코드관리시스템(www.code.go.kr)의 법정동코드 10자리 중 앞 5자리
❸ DEAL_YMD	계약월	6	1	201512	실거래 자료의 계약년월(6자리)
❹ serviceKey	인증키	100	1	인증키 (URL Encode)	공공데이터포털에서 발급받은 인증키

※ 항목구분 : 필수(1), 옵션(0), 1건 이상 복수건(1..n), 0건 또는 복수건(0..n)

위 그림에서 ❶ Call Back URL은 웹 페이지의 URL과 같고, 요청 메시지 명세는 오퍼레이션 상세기능정보를 실행할 때 입력했던 요청변수입니다. ❷ LAWD_CD에 입력하는 5자리 지역코드는 항목설명 란에 기술된 것과 같이 행정표준코드관리시스템(www.code.go.kr)에서 검색할 수 있습니다. ❸ DEAL_YMD는 6자리 거래년월을 문자열로 입력하면 됩니다. 이전에 다루지 않았던 ❹ serviceKey 요청변수가 추가된 점에 주목하기 바랍니다. 이 요청변수에는 공공데이터포털에서 발급받은 인증키를 입력합니다.

마지막으로 기술문서 5페이지에는 이 오퍼레이션에서 제공되는 데이터를 표로 정리한 응답 메시지 명세가 있습니다. 이 표에서 수집할 수 있는 데이터 항목을 확인할 수 있습니다.

▼ 기술문서 상세기능내역 중 응답 메시지 명세

c) 응답 메시지 명세

항목명(영문)	항목명(국문)	항목설명	항목크기	항목구분	샘플데이터
resultCode	결과코드	결과코드	2	1	00
resultMsg	결과메세지	결과메세지	50	1	NORMAL SERVICE.
Deal Amount	거래금액	거래금액(만원)	40	1	82,500
Build Year	건축년도	건축년도	4	1	2015
Deal Year	년	계약년도	4	1	2015
Dong	법정동	법정동	40	1	사직동
Apartment Name	아파트	아파트명	40	1	광화문풍림스페이스본(9-0)
Deal Month	월	계약월	2	1	12
Deal Day	일	일	6	1	1
Area for Exclusive Use	전용면적	전용면적(㎡)	20	1	94.51
Jibun	지번	지번	10	1	9
Regional Code	지역코드	지역코드	5	1	11110
Floor	층	층	4	1	11
Cancel Deal Type	해제여부	해제여부	1	0	0
Cancel Deal Day	해제사유발생일	해제사유발생일	8	0	21.01.27

※ 항목구분 : 필수(1), 옵션(0), 1건 이상 복수건(1..n), 0건 또는 복수건(0..n)

10.4 데이터 가져오기

국토교통부 아파트매매 실거래가 오픈 API 데이터를 요청하는 데 httr 패키지의 GET() 함수를 사용합니다.

To Do **01** httr 패키지를 내려받고 설치합니다.

```
> install.packages('httr')
```

02 httr 패키지를 호출합니다.

```
> library(httr)  # ❶
```

❶ httr 패키지를 호출합니다.

이제부터 패키지에 포함된 함수들을 사용해보겠습니다.

03 먼저 GET( ) 함수를 살펴보겠습니다. GET( )은 10.2절에서 상세기능정보 실행 결과로 웹 브라우저에서 출력된 XML 또는 JSON 형태의 데이터를 내려받는 함수입니다.

함수
```
GET(url = Call Back URL, query = list(요청변수1 = 값1, 요청변수2 = 값2, ...))
```

url에는 기술문서에서 확인한 Call Back URL을 입력하고, query에는 기술문서의 요청 메시지 명세에 있는 3가지 매개변수를 리스트로 생성하여 입력합니다.

GET( ) 함수를 실행하기 전에 데이터 요청에 필요한 Call Back URL과 지역코드, 거래년월, API 인증키 등 3가지 매개변수를 각각 문자열 벡터 URL, areaCd, ymonth, apiKey라는 벡터로 생성하겠습니다.

```
> URL <- 'http://openapi.molit.go.kr:8081/OpenAPI_ToolInstallPackage/
          service/rest/RTMSOBJSvc/getRTMSDataSvcAptTrade'  # ❶
> areaCd <- '11110'  # ❷
> ymonth <- '201512'  # ❸
> apiKey <- '공공데이터포털에서 발급받은 인증키를 입력하세요'  # ❹
```

❶ 기술문서에서 확인한 Call Back URL로 문자형 벡터 URL을 생성합니다. ❷ 기술문서에 예시로 등록된 5자리 지역코드 '11110'으로 문자형 벡터 areaCd를 생성합니다. '11110'은 '서울특별시 종로구'입니다. ❸ 기술문서에 예시로 등록된 6자리 거래년월 '201512'로 문자형 벡터 ymonth를 생성합니다. ❹ 공공데이터 포털에서 발급받은 API 인증키로 문자형 벡터 apiKey를 생성합니다. 일반 인증키(Decoding)를 사용하세요.

04 GET( ) 함수를 실행하고 결과를 확인합니다.

```
> res <- GET(url = URL,  # ❶
+            query = list(LAWD_CD = areaCd,
+                         DEAL_YMD = ymonth,
+                         serviceKey = apiKey))
```

```
> print(x = res)  # ❷
Response [http://openapi.molit.go.kr:8081/OpenAPI_ToolInstallPackage/servic
e/rest/RTMSOBJSvc/getRTMSDataSvcAptTrade?LAWD_CD=11110&DEAL_
YMD=201512&serviceKey=인증키]
  Date: 2021-04-25 02:40
  Status: 200
  Content-Type: application/json # ❸
  Size: 12.2 kB
```

❶ GET( ) 함수를 실행한 결과를 res에 할당합니다. ❷ res를 출력하면 요청일시, 상태코드, 콘텐트 타입 및 크기를 확인할 수 있습니다. 상태코드가 200이면 정상입니다. 그리고 ❸ 응답받은 데이터의 콘텐트 타입은 'json'입니다.

05 res에 포함된 JSON 데이터를 출력하려면 httr 패키지의 content( ) 함수를 사용합니다.

함수
```
content(x = res, as = 'text')
```

이 함수는 res에 포함된 JSON 데이터를 텍스트 형태로 반환합니다. 이 함수의 실행 결과를 문자형 벡터 text에 할당하고, text를 출력해보겠습니다.

```
> text <- content(x = res, as = 'text')        # ❶
No encoding supplied: defaulting to UTF-8.  # ❷

> print(x = text)  # ❸
[1] "{\"response\":{\"header\":{\"resultCode\":\"00\",\"resultMsg\":
\"NORMAL SERVICE.\"},\"body\":{\"items\":{\"item\":[{\"거래금액\":\"82,500\",\"
건축년도\":2008,\"년\":2015,\"법정동\":\"사직동\",\"아파트\":\"광화문풍림스페이
스본(101동~105동)\",\"월\":12,\"일\":10,\"전용면적\":94.51,\"지번\":9,\"지역코
드\":11110,\"층\":11,\"해제사유발생일\":\" \",\"해제여부\":\" \"}, 후략
```

❶ res에 포함된 JSON 데이터를 텍스트로 변환하여 text에 할당합니다. ❷ content( ) 함수에 '인코딩 방식을 추가하지 않으면 기본값인 UTF-8이 적용된다'는 안내문이 출력됩니다. ❸ text를 출력합니다.

text는 중괄호로 시작하고 키와 값이 콜론으로 연결된 문자열입니다. 다음 절에서는 텍스트로 변환된 JSON 타입의 데이터를 데이터프레임으로 변환하는 방법을 알아보겠습니다.

10.5 데이터 처리하기

국토교통부 아파트매매 실거래가 오퍼레이션은 요청받은 데이터를 JSON 타입 텍스트로 제공합니다. 따라서 JSON 타입의 텍스트 데이터를 처리하는 방법을 알아야 합니다. Jsonlite 패키지의 fromJSON() 함수를 사용하면 JSON 타입의 데이터를 손쉽게 처리할 수 있습니다.

To Do **01** jsonlite 패키지를 호출합니다.

```
> library(jsonlite)  # ❶
```

❶ jsonlite 패키지를 호출합니다.

02 fromJSON() 함수는 매개변수로 문자열 벡터를 받습니다.

함수
```
fromJSON(txt = JSON 타입의 텍스트 데이터)
```

10.4절에서 res에 포함된 JSON을 텍스트로 변환하여 text라는 문자형 벡터를 생성했습니다. text를 fromJSON() 함수에 넣고 실행하여 data에 할당합니다. data는 리스트인데 data의 원소는 response → body → items → item 순서로 연결되어 있으며, 마지막 원소인 item은 데이터프레임입니다.

```
> data <- fromJSON(txt = text)  # ❶
> str(object = data)  # ❷
List of 1
 $ response:List of 2
  ..$ header:List of 2
  .. ..$ resultCode: chr "00"
  .. ..$ resultMsg : chr "NORMAL SERVICE."
  ..$ body  :List of 4
  .. ..$ items      :List of 1
  .. .. ..$ item 'data.frame': 49 obs. of  13 variables:
  .. .. .. ..$ 거래금액        : chr [1:49] "    82,500" "     60,000" "
130,000" "   105,000" ...
  .. .. .. ..$ 건축년도        : int [1:49] 2008 1981 2004 2004 2003 2014
2014 2006 1995 1995 ...
  .. .. .. ..$ 년              : int [1:49] 2015 2015 2015 2015 2015 2015
2015 2015 2015 2015 ...

후략
```

❶ 문자형 벡터 text에서 JSON 타입의 데이터를 읽고 data에 할당합니다. ❷ data의 구조를 확인합니다. data는 원소가 1개인 리스트이고, 원소명은 response입니다. response는 원소가 2개인 리스트이고, 그중 두 번째 원소가 body입니다. body는 원소가 4개인 리스트이고, 그중 첫 번째 원소가 items입니다. items는 원소가 1개인 리스트이고, 첫 번째 원소는 item입니다. item은 데이터프레임이고 49행 13열입니다. 이렇듯 수집할 데이터의 계층 구조를 파악하면 원하는 데이터에 빠르게 접근할 수 있습니다.

03 이제 data에 $ 기호를 이용하여 수집할 데이터프레임에 접근해보겠습니다.

```
> df <- data$response$body$items$item  # ❶
> str(object = df)  # ❷
'data.frame': 49 obs. of  13 variables:
 $ 거래금액       : chr  "      82,500" "      60,000" "      130,000" "      105,000"
...
 $ 건축년도       : int  2008 1981 2004 2004 2003 2014 2014 2006 1995 1995 ...
 $ 년            : int  2015 2015 2015 2015 2015 2015 2015 2015 2015 2015 ...
 $ 법정동        : chr  " 사직동" " 당주동" " 내수동" " 내수동" ...
 $ 아파트        : chr  "광화문풍림스페이스본(101동~105동)" "롯데미도파광화문빌딩"
"킹스매너" "경희궁의아침2단지" ...
 $ 월            : int  12 12 12 12 12 12 12 12 12 12 ...
 $ 일            : int  10 22 8 14 24 17 18 29 1 10 ...
 $ 전용면적       : num  94.5 149.9 194.4 124.2 146.3 ...
 $ 지번          : chr  "9" "145" "110-15" "71" ...
 $ 지역코드       : int  11110 11110 11110 11110 11110 11110 11110 11110 11110
11110 ...
 $ 층            : int  11 8 6 8 4 8 4 3 18 12 ...
 $ 해제사유발생일: chr  " " " " " " " " " " ...
 $ 해제여부       : chr  " " " " " " " " " " ...
```

❶ $ 기호로 data의 원소를 연결하여 item를 선택하고 df에 할당합니다. ❷ df는 2015년 12월에 서울특별시 종로구에서 거래된 아파트매매 거래 건입니다. 기술문서의 응답 메시지 명세에 정리된 것과 같습니다.

학습 마무리

이상으로 공공데이터포털에서 오픈 API로 제공하는 데이터를 요청하고 응답받은 데이터를 처리하는 방법을 알아봤습니다. 데이터를 요청할 때 매개변수에 입력하는 값을 바꾸면 원하는 조건의 데이터를 쉽고 빠르게 수집할 수 있습니다. 반복 학습해 숙달하기 바랍니다.

새로 배운 함수 모아보기

오픈 API로 제공되는 공공데이터를 R로 수집할 수 있습니다.

```
library(httr)
res <- GET(url = Call Back URL, query = list(매개변수 = 값))
# API 데이터를 요청하고, 응답받은 내용으로 res를 생성합니다.
```

```
text <- content(path = res, as = 'text')
# res에서 본문에 해당하는 텍스트만 추출하여 문자형 벡터 text를 생성합니다.
```

```
library(jsonlite)
data <- fromJSON(txt = text)
# JSON 타입의 text를 데이터프레임으로 변환하고 data를 생성합니다.
```

데이터프레임 전처리

☐ **학습 목표**   데이터 분석 과정에서 가장 많이 사용하는 자료구조인 데이터프레임을 전처리하
는 방법을 알아보겠습니다.

☐ **학습 순서**   **1** 사전 지식 : dplyr 패키지

2 실습 데이터셋 준비

3 컬럼 선택 및 삭제

4 컬럼명 변경

5 조건에 맞는 행 선택(필터링)

6 인덱스로 행 선택 및 삭제

7 컬럼의 자료형 변환

8 기존 컬럼 변경 및 새로운 컬럼 생성

9 집계 함수로 데이터 요약

10 데이터프레임 형태 변환

11 오름차순 및 내림차순 정렬

☐ **데이터프레임**   회사 업무로 데이터를 다룰 때 여전히 엑셀을 많이 사용합니다. 엑셀은 사용자
전처리 소개   친화적인 프로그램이지만 대용량 데이터를 반복 실행할 때는 프로그래밍 언어에
비해 업무 생산성이 떨어질 수 있습니다.
데이터프레임 전처리와 관련된 내용은 상대적으로 방대합니다. 이번 장에서는
R을 활용하여 데이터프레임의 관측값인 행과 변수인 열을 전처리하는 다양한 방
법을 소개합니다.

• 엑셀을 이용한 데이터 전처리에 비해 대용량의 데이터를 빠르게 처리할 수 있
습니다.

• SQL에 익숙한 사용자는 dplyr 패키지를 사용해서 SQL과 유사한 코딩을 할
수 있습니다.

11.1 사전 지식 : dplyr 패키지

dplyr 패키지는 데이터프레임을 변형하는 데 필요한 함수를 다수 포함합니다. 파이프 연산자 %>%를 지원하기 때문에 가독성 높은 코드를 쉽게 작성할 수 있다는 장점이 있습니다. SQL^Structured Query Language을 사용해본 경험이 있거나 또는 SQL에 익숙한 사용자라면 dplyr 패키지를 빠르게 익힐 수 있습니다.

11.1.1 파이프 연산자

파이프 연산자는 코드 실행 결과를 다음에 오는 함수의 첫 번째 매개변수로 전달합니다. 여러 함수를 중첩해서 사용하는 방식보다 파이프 연산자의 가독성이 좋아집니다. 관련 함수를 먼저 살펴봅시다.

> **함수**　`table(벡터)`

이 함수는 문자형, 범주형, 정수형 벡터의 원소별 빈도수를 반환합니다.

> **함수**　`prop.table(table(벡터))`

이 함수는 벡터 원소별 빈도수를 비율로 반환합니다.

함수를 중첩하여 사용하는 예제 코드를 살펴보겠습니다.

```
> table(iris$Species)  # ❶

    setosa versicolor  virginica
        50         50         50
> prop.table(x = table(iris$Species))  # ❷

    setosa versicolor  virginica
 0.3333333  0.3333333  0.3333333
```

❶ 범주형 벡터 iris$Species의 원소별 빈도수를 반환합니다. ❷ 벡터의 원소별 빈도수를 비율^proportion로 반환합니다.

R 프로그래밍이 익숙해지면 이처럼 여러 함수를 중첩하여 사용하는 것이 자연스러워지지만, 반대로 이렇게 작성된 코드를 읽을 때는 영어 문장을 해석할 때처럼 코드의 뒤에서 앞으로 읽어야 하므로 번거롭습니다. 그런데 아래 코드처럼 파이프 연산자를 사용하면 이런 불편함은 바로 해소됩니다.

```
> library(tidyverse)   # ①
— Attaching packages ——————————————————— tidyverse 1.3.1 —
✓ ggplot2 3.3.3     ✓ purrr   0.3.4
✓ tibble  3.1.2     ✓ dplyr   1.0.6   # ②
✓ tidyr   1.1.3     ✓ stringr 1.4.0
✓ readr   1.4.0     ✓ forcats 0.5.1
— Conflicts ——————————————————— tidyverse_conflicts() —
x dplyr::filter() masks stats::filter()
x dplyr::lag()    masks stats::lag()

> iris$Species %>% table() %>% prop.table()   # ③
```

① tidyverse 패키지를 호출합니다. ② tidyverse 패키지를 호출하면 함께 호출되는 패키지 8개에 dplyr가 포함되어 있습니다. dplyr 패키지를 호출하면 파이프 연산자를 사용할 수 있습니다. ③ 파이프 연산자는 함수 실행 결과를 파이프 연산자 다음에 오는 함수의 첫 번째 매개변수로 전달하므로, table() 함수로 벡터의 원소별 빈도수를 생성한 결과를 prop.table() 함수로 넘겨 원소별 비율을 반환합니다. 한글 문장처럼 코드를 왼쪽에서 오른쪽으로 읽을 수 있으며, 파이프 연산자를 사용한 코딩에 익숙해지면 작업 속도가 빨라집니다.

파이프 연산자를 입력하는 단축키를 소개합니다.

- 윈도우 : `shift` + `ctrl` + `m`
- 맥OS : `shift` + `command` + `m`

11.1.2 dplyr 패키지 함수 사용 예제

dplyr 패키지로 처리할 수 있는 주요 작업은 다음과 같습니다.

- 데이터프레임에서 컬럼을 선택하거나 제거합니다.
- 행번호로 행을 잘라내거나, 조건에 맞는 행을 걸러냅니다.
- 그룹을 설정하고 숫자 컬럼을 집계함수로 요약합니다.

- 기존 컬럼을 변형하거나 새로운 컬럼을 생성합니다.
- 데이터프레임을 오름차순 또는 내림차순으로 정렬합니다.

내장 데이터프레임 iris를 사용한 예제 코드를 소개합니다. 예제 코드에 사용된 개별 함수에 대한 내용은 각 절에서 상세하게 설명하기로 하고, 지금은 전체적인 분위기만 살펴보기 바랍니다.

```
> iris %>%  # ❶
+   select(Sepal.Length, Species) %>%   # ❷
+   filter(Sepal.Length >= 5.2) %>%       # ❸
+   group_by(Species) %>%         # ❹
+   summarise(Count = n()) %>% # ❺
+   mutate(Pcnt = Count / sum(Count)) %>%   # ❻
+   arrange(desc(x = Pcnt))  # ❼
# A tibble: 3 x 3  # ❽
  Species     Count Pcnt
  <fct>       <int> <dbl>
1 virginica      49 0.450
2 versicolor     46 0.422
3 setosa         14 0.128
```

❶ iris는 150행 5열인 데이터프레임입니다. ❷ iris를 전달받아 Sepal.Length와 Species 컬럼을 선택하면 열 길이가 2인 데이터프레임이 반환됩니다. ❸ Sepal.Length 컬럼값이 5.2 이상인 행만 남기면 행 길이가 109인 데이터프레임이 반환됩니다. ❹ Species 컬럼으로 그룹을 지정합니다. group_by() 함수는 데이터를 그룹으로 나눕니다.

함수   group_by(문자형 또는 범주형 컬럼)

❺ Species 컬럼의 원소별로 빈도수를 계산하고, Count 컬럼을 생성합니다. 이 과정에서 행 길이는 3, 열 길이는 2인 데이터프레임이 반환됩니다. 참고로 데이터프레임의 컬럼명은 Species와 Count입니다. summarise() 함수 안에 합계, 평균, 분산 등 숫자 관련 함수가 사용됩니다.

함수   summarise(컬럼명 = 숫자 관련 함수(숫자 컬럼명), ...)

❻ Count 컬럼은 Species 컬럼의 원소별 빈도수인데, 전체 빈도수로 나누어 Pcnt 컬럼을 생성합니다. mutate() 함수는 데이터프레임의 컬럼을 변경할 때 사용합니다.

`mutate(컬럼명 = 컬럼의 자료형 변환 코드, ...)`

이 과정에서 행 길이는 3, 열 길이도 3인 데이터프레임이 반환됩니다.

❼ 마지막으로 Pcnt 컬럼을 내림차순으로 정렬한 결과를 반환합니다. ❽ dplyr 패키지의
❹ group_by() 함수를 거치면 데이터프레임이 티블^{tibble}로 변환됩니다.

> ### 티블과 데이터프레임
>
> 티블은 데이터프레임의 일부 단점을 보완한 2차원 객체로, 데이터프레임의 진화된 형태라
> 고 생각하면 됩니다. 예를 들어 print() 함수로 티블을 출력하면 데이터프레임보다 깔끔하
> 게 출력됩니다. 그리고 데이터프레임에서 열을 하나만 선택하면 벡터로 반환되었지만, 티
> 블은 항상 티블로 반환됩니다.

지금 소개한 예제 코드가 다소 길어 보이겠지만 dplyr 패키지 사용법에 익숙해지면 누구나 쉽고
빠르게 작성할 수 있습니다. 이제 dplyr 패키지를 이용하여 데이터프레임을 전처리하는 방법을
하나씩 알아보겠습니다.

STEP 1 11.2 실습 데이터셋 준비

9장 데이터 입출력에서 csv 파일의 문자 인코딩 방식을 확인하고 데이터프레임으로 생성하는 실
습을 진행했습니다. 이번에는 csv 파일을 포함하는 링크로 대신 실습해보겠습니다. 사용하는 함
수는 같습니다. 텍스트 데이터의 문자 인코딩 방식을 확인하고 데이터프레임으로 생성한 다음 구
조를 파악합니다.

```
> library(tidyverse)
— Attaching packages ———————————— tidyverse 1.3.1 —
✓ ggplot2 3.3.5      ✓ purrr    0.3.4
✓ tibble  3.1.2      ✓ dplyr    1.0.7
✓ tidyr   1.1.3      ✓ stringr  1.4.0
✓ readr   2.0.0      ✓ forcats  0.5.1
— Conflicts ———————————— tidyverse_conflicts() —
```

```
x dplyr::filter() masks stats::filter()
x dplyr::lag()    masks stats::lag()

> url <- 'https://bit.ly/APT_Price_Gangnam_2020_csv'  # ❶
> guess_encoding(file = url)  # ❷
# A tibble: 1 x 2
  encoding confidence
  <chr>         <dbl>
1 UTF-8             1

> price <- read.csv(file = url, fileEncoding = 'UTF-8')  # ❸
> str(object = price)  # ❹
'data.frame':  3828 obs. of  8 variables:
 $ 일련번호  : chr  "11680-3752" "11680-566" "11680-340" "11680-532" ...
 $ 아파트    : chr  "대치아이파크" "아카데미스위트" "우성캐릭터" "포스코더샵" ...
 $ 도로명주소: chr  "서울특별시 강남구 선릉로 222" "서울특별시 강남구 언주로30길 21"
"서울특별시 강남구 언주로 118" "서울특별시 강남구 삼성로 417" ...
 $ 월        : int  1 1 1 1 1 1 1 1 1 1 ...
 $ 일        : int  2 2 2 2 3 3 3 3 3 3 ...
 $ 전용면적  : num  115 164.9 132.9 139.5 39.6 ...
 $ 층        : int  10 7 5 3 13 13 8 7 4 5 ...
 $ 거래금액  : int  300000 200000 170000 247000 87000 210000 20200 120000 77000
224500 ...
```

❶ 텍스트 데이터를 포함하는 링크로 문자형 벡터 url을 생성합니다. 이렇게 함으로써 문자 인코딩 방식을 사용할 때와 텍스트 데이터를 읽을 때 재사용할 수 있습니다. ❷ url에 포함된 텍스트의 문자 인코딩 방식을 확인합니다. ❸ url에 포함된 텍스트 데이터를 읽고 데이터프레임 price를 생성합니다. 윈도우 사용자는 fileEncoding 매개변수를 반드시 추가해야 합니다. ❹ price의 구조를 확인합니다. 데이터프레임이며, 행 길이는 3828이고 열 길이는 8입니다. 참고로 전용면적 컬럼의 단위는 '제곱미터', 거래금액 컬럼의 단위는 '만 원'입니다.

위 코드에서 경로 때문에 에러가 날 때 긴급 처방

만약 윈도우에서 계정 이름이 한글이면 ❷번 코드에서 에러가 발생할 수 있습니다. URL 링크의 데이터를 임시 파일로 내려받아서 처리하는데 한글이 포함된 경로 때문에 에러가 발생하기 때문입니다(0.1.1절 '윈도우' 참조). 이런 문제를 해결하는 근본적인 방법으로는 계정 이름을 영어로 바꾸는 겁니다. 하지만 제가 [data] 폴더에 해당 파일을 제공해드렸으므로 아래 코드를 실행하는 것으로 당장의 문제는 해결할 수 있습니다.

```
> list.files()  # ❶
> fileName <- 'APT_Price_Gangnam_2020.csv' # ❷
> guess_encoding(file = fileName)
# A tibble: 1 x 2
  encoding confidence
  <chr>         <dbl>
1 UTF-8             1

> price <- read.csv(file = fileName, fileEncoding = 'UTF-8')
> str(object = price)
'data.frame': 3828 obs. of  8 variables:
 $ 일련번호 : chr  "11680-3752" "11680-566" "11680-340" "11680-532" ...
 $ 아파트   : chr  "대치아이파크" "아카데미스위트" "우성캐릭터" "포스코더샵" ...
 $ 도로명주소: chr  "서울특별시 강남구 선릉로 222" "서울특별시 강남구 언주로30길
21" "서울특별시 강남구 언주로 118" "서울특별시 강남구 삼성로 417" ...
 $ 월       : int  1 1 1 1 1 1 1 1 1 1 ...
 $ 일       : int  2 2 2 2 3 3 3 3 3 3 ...
 $ 전용면적 : num  115 164.9 132.9 139.5 39.6 ...
 $ 층       : int  10 7 5 3 13 13 8 7 4 5 ...
 $ 거래금액 : int  300000 200000 170000 247000 87000 210000 20200 120000
77000 224500 ...
```

❶ 현재 작업 경로에 포함된 폴더명과 파일명을 출력합니다. 만약 APT_Price_ Gangnam_2020.csv 파일이 없으면 작업 경로를 [data] 폴더로 변경해야 합니다. ❷ APT_Price_Gangnam_2020.csv 파일명으로 문자형 벡터 fileName을 생성합니다. fileName으로 문자 인코딩 방식을 확인하고, 데이터프레임으로 생성할 수 있습니다.

11.3 컬럼 선택 및 삭제

데이터프레임에서 컬럼을 선택하거나 삭제할 때 select() 함수를 사용합니다. select() 함수 안에 따옴표 없는 컬럼명 또는 컬럼의 인덱스를 지정하면 해당 컬럼만 선택합니다. 컬럼명이나 인덱스 앞에 마이너스 기호를 추가하면 해당 컬럼을 제외한 결과를 반환합니다. 선택할 컬럼명이 여러 개이면 콤마로 나열합니다.

함수   df %>% select(컬럼명1, 컬럼명2, ...)

데이터프레임에서 필요한 컬럼을 컬럼명 또는 인덱스로 선택할 때, 지정된 순서대로 결과를 반환합니다.

```
> price %>% select(아파트, 거래금액) %>% head()   # ❶
          아파트  거래금액
1    대치아이파크    300000
2  아카데미스위트    200000
3      우성캐릭터    170000
4      포스코더샵    247000
5        까치마을     87000
6          미성    210000

> price %>% select(8, 2) %>% tail()   # ❷
       거래금액                아파트
3823    215000  청담대림이-편한세상
3824    185000              한솔마을
3825    184000                한양
3826    249000                한양
3827    397000                현대
3828     90000          SK허브프리모
```

❶ price에서 아파트, 거래금액 컬럼만 선택하고 처음 여섯 행만 출력합니다. ❷ 컬럼명 대신 컬럼 인덱스를 지정할 수 있습니다.

데이터프레임에서 컬럼을 삭제할 때 컬럼명 또는 인덱스 앞에 마이너스 기호를 추가합니다.

```
> price %>% select(-일련번호) -> price   # ❶
> str(object = price)   # ❷
```

```
'data.frame': 3828 obs. of  7 variables:
 $ 아파트    : chr  "대치아이파크" "아카데미스위트" "우성캐릭터" "포스코더샵" ...
 $ 도로명주소: chr  "서울특별시 강남구 선릉로 222" "서울특별시 강남구 언주로30길 21"
"서울특별시 강남구 언주로 118" "서울특별시 강남구 삼성로 417" ...
 $ 월        : int  1 1 1 1 1 1 1 1 1 1 ...
 $ 일        : int  2 2 2 2 3 3 3 3 3 3 ...
 $ 전용면적  : num  115 164.9 132.9 139.5 39.6 ...
 $ 층        : int  10 7 5 3 13 13 8 7 4 5 ...
 $ 거래금액  : int  300000 200000 170000 247000 87000 210000 20200 120000 77000
224500 ...
```

❶ 일련번호 컬럼은 일종의 ID 성격인데, 데이터 분석 과정에서 필요 없는 컬럼이므로 삭제합니
다. R에서 할당 연산자는 <-이지만 ->도 가능합니다. 파이프 연산자를 사용하기 때문에 코드의 가
독성을 위해 할당 연산자를 ->으로 사용했습니다(참고로 -> 단축키는 없습니다). ❷ price의 구조
를 다시 확인했더니 일련번호 컬럼이 삭제되었습니다.

STEP 3 ## 11.4 컬럼명 변경

데이터프레임의 컬럼명을 변경할 때 rename() 함수를 사용합니다. rename() 함수 안에 '변경
후 컬럼명'과 '변경 전 컬럼명'을 등호로 연결합니다. 변경할 컬럼명이 여러 개이면 콤마로 나열합
니다.

함수
```
df %>% rename('변경 후 컬럼명' = '변경 전 컬럼명', ...)
```

아파트와 도로명주소 컬럼명을 아파트명, 아파트주소로 각각 변경해보겠습니다.

```
> price %>%
+   rename(아파트명 = 아파트, 아파트주소 = 도로명주소) %>%    # ❶
+   head()  # ❷
       아파트명                   아파트주소 월 일 전용면적 층 거래금액
1   대치아이파크       서울특별시 강남구 선릉로 222  1  2   114.97 10   300000
2 아카데미스위트 서울특별시 강남구 언주로30길 21  1  2   164.87  7   200000
3     우성캐릭터       서울특별시 강남구 언주로 118  1  2   132.94  5   170000
4     포스코더샵       서울특별시 강남구 삼성로 417  1  2   139.54  3   247000
```

```
5           까치마을  서울특별시 강남구 광평로19길 10  1  3    39.60 13    87000
6              미성  서울특별시 강남구 압구정로 113  1  3    74.40 13   210000

> price %>% head()      # ❸
          아파트                          도로명주소 월  일 전용면적 층 거래금액
1     대치아이파크      서울특별시 강남구 선릉로 222  1  2   114.97 10   300000
2  아카데미스위트 서울특별시 강남구 언주로30길 21  1  2   164.87  7   200000
3     우성캐릭터      서울특별시 강남구 언주로 118  1  2   132.94  5   170000
4     포스코더샵      서울특별시 강남구 삼성로 417  1  2   139.54  3   247000
5      까치마을  서울특별시 강남구 광평로19길 10  1  3    39.60 13    87000
6         미성  서울특별시 강남구 압구정로 113  1  3    74.40 13   210000
```

❶ 아파트 컬럼명을 아파트명, 도로명주소 컬럼명을 아파트주소로 변경합니다. '변경 후 컬럼명'
이 '변경 전 컬럼명' 앞에 온다는 점에 유의하기 바랍니다. ❷ 이전 코드에서 실행된 데이터프레
임을 전달받아 처음 여섯 행을 출력합니다. 코드 실행 결과를 price에 재할당하지 않았으므로
price의 컬럼명은 변경되지 않았습니다. ❸ price의 처음 여섯 행을 출력하면 컬럼명이 변경되지
않았다는 것을 알 수 있습니다.

STEP 4 **11.5 조건에 맞는 행 선택(필터링)**

데이터프레임에서 어떤 조건을 만족하는 행을 선택할 때 filter() 함수를 사용합니다. filter() 함
수 안에 TRUE, FALSE로 반환되는 코드를 지정하면 TRUE에 해당하는 행을 선택합니다. 정수
인덱스를 지정하면 에러가 발생합니다. 조건이 여러 개일 때 논리곱은 콤마 또는 &, 논리합은 |
기호를 사용합니다.

함수   df %>% filter(TRUE 또는 FALSE 반환 코드, ...)

price에서 다양한 조건을 만족하는 행을 선택합니다.

```
> price %>% filter(거래금액 >= 600000)      # ❶
      아파트                           도로명주소 월  일 전용면적 층 거래금액
1      현대     서울특별시 강남구 압구정로 201  8 14   245.20  5   650000
2      현대     서울특별시 강남구 압구정로 201 10 27   245.20  9   670000
```

```
   3 효성빌라청담 서울특별시 강남구 압구정로71길 28 11 26   226.74  5    620000

> price %>% filter(거래금액 < 600000, 층 >= 60)  # ❷
          아파트                      도로명주소  월  일 전용면적 층 거래금액
   1 타워팰리스 서울특별시 강남구 언주로30길 26  5 11  185.622 63    350000
   2 타워팰리스 서울특별시 강남구 언주로30길 26  7 25  235.740 67    542500
   3 타워팰리스 서울특별시 강남구 언주로30길 26 10 27  185.622 66    380000
```

❶ 거래금액이 60억 이상인 행만 선택합니다. ❷ 거래금액이 60억 미만이고, 층이 60 이상인 행만 선택합니다.

STEP 5 11.6 인덱스로 행 선택 및 삭제

데이터프레임에서 인덱스로 행을 선택하거나 삭제할 때 slice() 함수를 사용합니다. slice() 함수 안에 정수 인덱스 벡터를 반환하는 코드를 지정합니다. 정수형 벡터 앞에 마이너스 기호를 추가하면 해당 행을 제외한 결과를 반환합니다. 만약 TRUE 또는 FALSE를 반환하는 코드를 지정하면 에러가 발생합니다.

함수 df %>% slice(정수 인덱스 벡터 반환 코드)

price에서 특정 위치의 행만 선택합니다.

```
> price %>% slice(1:5)  # ❶
        아파트                      도로명주소  월  일 전용면적 층 거래금액
1   대치아이파크    서울특별시 강남구 선릉로 222  1  2  114.97 10    300000
2 아카데미스위트 서울특별시 강남구 언주로30길 21  1  2  164.87  7    200000
3   우성캐릭터     서울특별시 강남구 언주로 118  1  2  132.94  5    170000
4   포스코더샵     서울특별시 강남구 삼성로 417  1  2  139.54  3    247000
5     까치마을 서울특별시 강남구 광평로19길 10  1  3   39.60 13     87000

> price %>% slice(seq(from = 1, to = 10, by = 2))  # ❷
        아파트                    도로명주소  월  일 전용면적 층 거래금액
1 대치아이파크     서울특별시 강남구 선릉로 222  1  2  114.97 10    300000
2   우성캐릭터     서울특별시 강남구 언주로 118  1  2  132.94  5    170000
```

3	까치마을	서울특별시 강남구 광평로19길 10	1	3	39.60	13	87000
4	우림루미아트	서울특별시 강남구 언주로90길 6	1	3	24.00	8	20200
5	현대하이츠	서울특별시 강남구 역삼로34길 12	1	3	99.22	4	77000

❶ price에서 1~5번 행을 선택합니다. ❷ price의 1~10번 행에서 홀수행만 선택합니다.

STEP 6 11.7 컬럼의 자료형 변환

mutate() 함수는 데이터프레임의 컬럼을 변경할 때 광범위하게 사용되는 함수입니다. mutate() 함수 안에 as.*() 함수로 기존 컬럼의 자료형을 변환한 결과를 기존 컬럼에 업데이트하거나, 새로운 컬럼으로 생성할 수 있습니다. 자료형을 변환할 컬럼명이 여러 개이면 콤마로 나열합니다.

함수
```
df %>% mutate(컬럼명 = 컬럼의 자료형 변환 코드, ...)
```

price의 아파트 컬럼명은 문자형 벡터입니다. 범주형 벡터로 변환해봅시다.

```
> price %>%
+    mutate(아파트 = as.factor(x = 아파트)) %>%   # ❶
+    str() # ❷
'data.frame':   3828 obs. of  7 variables:
 $ 아파트     : Factor w/ 353 levels "가람","강남더샵포레스트",..: 68 196 238 296
38 125 232 299 338 342 ...
 $ 도로명주소: chr  "서울특별시 강남구 선릉로 222" "서울특별시 강남구 언주로30길 21"
"서울특별시 강남구 언주로 118" "서울특별시 강남구 삼성로 417" ...
 $ 월        : int  1 1 1 1 1 1 1 1 1 1 ...
 $ 일        : int  2 2 2 2 3 3 3 3 3 3 ...
 $ 전용면적  : num  115 164.9 132.9 139.5 39.6 ...
 $ 층        : int  10 7 5 3 13 13 8 7 4 5 ...
 $ 거래금액  : int  300000 200000 170000 247000 87000 210000 20200 120000 77000
224500 ...
```

❶ 아파트 컬럼을 범주형 벡터로 변환합니다. ❷ 데이터프레임의 구조를 확인합니다. 아파트 컬럼이 레벨이 353개인 범주형 벡터로 변환된 것을 확인할 수 있습니다.

11.8 기존 컬럼 변경 및 새로운 컬럼 생성

데이터프레임에서 컬럼을 변경하거나 생성할 때 mutate() 함수를 사용합니다. mutate() 함수는 컬럼 자료형 변환에서 이미 설명한 바 있으므로 바로 예제 코드를 살펴보겠습니다.

11.8.1 새로운 컬럼 생성하기

숫자형 컬럼 간 연산을 통해 새로운 컬럼을 생성합니다.

```
> price %>% mutate(단위금액 = 거래금액 / 전용면적) -> price   # ❶
> head(x = price)   # ❷
                    아파트                         도로명주소 월 일 전용면적 층 거래금액 단위금액
1      대치아이파크        서울특별시 강남구 선릉로 222  1  2   114.97 10   300000 2609.376
2 아카데미스위트 서울특별시 강남구 언주로30길 21  1  2   164.87  7   200000 1213.077
3         우성캐릭터        서울특별시 강남구 언주로 118  1  2   132.94  5   170000 1278.772
4         포스코더샵        서울특별시 강남구 삼성로 417  1  2   139.54  3   247000 1770.102
5            까치마을 서울특별시 강남구 광평로19길 10  1  3    39.60 13    87000 2196.970
6                미성  서울특별시 강남구 압구정로 113  1  3    74.40 13   210000 2822.581
```

❶ price에서 거래금액 컬럼을 전용면적 컬럼으로 나누어 단위금액 컬럼을 생성하고, price에 재할당합니다. ❷ price의 처음 여섯 행을 출력합니다. price의 오른쪽 끝에 마지막 컬럼으로 단위금액이 추가되었습니다. 참고로 단위금액 컬럼의 단위는 '제곱미터당 만 원'입니다. 아파트 거래금액은 면적에 비례하며, 지역의 영향도 크게 받습니다. 따라서 광범위한 지역 간 거래금액 비교는 어려울 수 있습니다. 하지만 거래금액에서 면적의 영향을 제거한 단위금액 컬럼을 생성하면 여러 지역 간 비교가 가능해집니다.

11.8.2 기존 숫자형 컬럼 변경하기

다음으로 기존 숫자형 컬럼을 변경해보겠습니다.

```
> price %>%
+    mutate(거래금액 = 거래금액 / 10000,   # ❶
             단위금액 = round(x = 단위금액 * 3.3, digits = 0)) -> price   # ❷
> head(x = price)   # ❸
                    아파트                         도로명주소 월 일 전용면적 층 거래금액 단위금액
```

1	대치아이파크	서울특별시 강남구 선릉로 222	1	2	114.97	10		30.0	8611
2	아카데미스위트	서울특별시 강남구 언주로30길 21	1	2	164.87	7		20.0	4003
3	우성캐릭터	서울특별시 강남구 언주로 118	1	2	132.94	5		17.0	4220
4	포스코더샵	서울특별시 강남구 삼성로 417	1	2	139.54	3		24.7	5841
5	까치마을	서울특별시 강남구 광평로19길 10	1	3	39.60	13		8.7	7250
6	미성	서울특별시 강남구 압구정로 113	1	3	74.40	13		21.0	9315

❶ price에서 거래금액 컬럼을 10000으로 나누어 단위를 만 원에서 억 원으로 변경합니다.
❷ 단위금액 컬럼에 3.3을 곱한 평당금액을 반올림하여 정수부분만 남기고, price에 재할당합니다. ❸ price의 처음 여섯 행을 출력합니다.

11.8.3 숫자형 컬럼으로 새로운 문자형 컬럼 생성하기

이번에는 숫자형 컬럼으로 새로운 문자형 컬럼을 생성하는 방법을 알아보겠습니다. 숫자형 컬럼을 특정 구간으로 나누어 문자형 컬럼을 생성하는 것을 구간화binning라고 합니다. 숫자형 컬럼을 2가지 항목으로 분리할 때 ifelse() 함수를 사용합니다.

단위금액 컬럼값이 1억 이상이면 '1억 이상', 아니면 '1억 미만'의 값을 갖는 문자형 컬럼을 생성합니다.

```
> price %>%
+   mutate(금액구분 = ifelse(test = 단위금액 >= 10000,
+                            yes = '1억 이상',
+                            no = '1억 미만')) -> price  # ❶
> head(x = price)  # ❷
            아파트                        도로명주소 월 일 전용면적 층 거래금액 단위금액
1      대치아이파크      서울특별시 강남구 선릉로 222  1  2   114.97 10     30.0     8611
2    아카데미스위트    서울특별시 강남구 언주로30길 21  1  2   164.87  7     20.0     4003
3        우성캐릭터      서울특별시 강남구 언주로 118  1  2   132.94  5     17.0     4220
4        포스코더샵      서울특별시 강남구 삼성로 417  1  2   139.54  3     24.7     5841
5          까치마을  서울특별시 강남구 광평로19길 10  1  3    39.60 13      8.7     7250
6              미성  서울특별시 강남구 압구정로 113  1  3    74.40 13     21.0     9315
     금액구분
1 1억 미만
2 1억 미만
3 1억 미만
```

```
4 1억 미만
5 1억 미만
6 1억 미만
```

❶ 단위금액 컬럼이 10000 이상이면 '1억 이상', 아니면 '1억 미만'인 값을 갖는 금액구분 컬럼을 생성하고, price에 재할당합니다. ❷ price의 처음 여섯 행을 출력합니다.

11.8.4 숫자형 컬럼의 구간화 1 : ifelse()

만약 숫자형 컬럼을 3가지 이상으로 분리해야 한다면 ifelse() 함수를 중첩하는 방법이 있습니다. 하지만 이런 방식의 코드는 가독성을 떨어뜨리고 코딩을 어렵게 만듭니다. 단위금액 컬럼값에 따라 '1억 이상', '5천 이상', '5천 미만'인 값을 갖는 금액구분2 컬럼을 생성하는 예제 코드로 설명하겠습니다.

```
> price %>%
+   mutate(금액구분2 = ifelse(test = 단위금액 >= 10000,
+                        yes = '1억 이상',
+                        no = ifelse(test = 단위금액 >= 5000,   # ❶
+                                 yes = '5천 이상',
+                                 no = '5천 미만'))) %>%
+   head()
           아파트                 도로명주소 월 일 전용면적  층 거래금액 단위금액
1     대치아이파크     서울특별시 강남구 선릉로 222  1  2  114.97 10    30.0     8611
2 아카데미스위트 서울특별시 강남구 언주로30길 21  1  2  164.87  7    20.0     4003
3     우성캐릭터     서울특별시 강남구 언주로 118  1  2  132.94  5    17.0     4220
4     포스코더샵     서울특별시 강남구 삼성로 417  1  2  139.54  3·   24.7     5841
5     까치마을 서울특별시 강남구 광평로19길 10  1  3   39.60 13     8.7     7250
6         미성   서울특별시 강남구 압구정로 113  1  3   74.40 13    21.0     9315
  금액구분 금액구분2
1 1억 미만   5천 이상
2 1억 미만   5천 미만
3 1억 미만   5천 미만
4 1억 미만   5천 이상
5 1억 미만   5천 이상
6 1억 미만   5천 이상
```

❶ ifelse() 함수를 중첩하여 단위금액 컬럼이 10000 이상이면 '1억 이상', 5000 이상이면 '5천 이상', 아니면 '5천 미만'인 값을 갖는 금액구분2 컬럼을 생성하고, 처음 6행만 출력합니다.

11.8.5 숫자형 컬럼의 구간화 2 : case_when()

ifelse() 함수를 중첩하는 것보다 dplyr 패키지의 case_when() 함수를 사용하면 코딩이 훨씬 간결해집니다. case_when() 함수 안에 여러 개의 조건을 지정할 수 있으며, 각 조건을 만족할 때 반환할 값을 물결 모양의 틸트 뒤에 추가하면 됩니다.

함수 case_when(조건1 ~ 반환할 값1, 조건2 ~ 반환할 값2, ...)

ifelse() 함수 대신 case_when() 함수가 사용하는 예제 코드를 살펴봅시다.

```
> price %>%
+   mutate(금액구분2 = case_when(단위금액 >= 10000 ~ '1억 이상',   # ❶
+                              단위금액 >= 5000 ~ '5천 이상',
+                              단위금액 >= 0 ~ '5천 미만')) %>%
+   head()
            아파트                도로명주소 월 일 전용면적 층 거래금액 단위금액
1     대치아이파크       서울특별시 강남구 선릉로 222  1  2  114.97 10     30.0     8611
2 아카데미스위트 서울특별시 강남구 언주로30길 21  1  2  164.87  7     20.0     4003
3     우성캐릭터       서울특별시 강남구 언주로 118  1  2  132.94  5     17.0     4220
4     포스코더샵       서울특별시 강남구 삼성로 417  1  2  139.54  3     24.7     5841
5       까치마을 서울특별시 강남구 광평로19길 10  1  3   39.60 13      8.7     7250
6         미성  서울특별시 강남구 압구정로 113  1  3   74.40 13     21.0     9315
     금액구분 금액구분2
1 1억 미만   5천 이상
2 1억 미만   5천 미만
3 1억 미만   5천 미만
4 1억 미만   5천 이상
5 1억 미만   5천 이상
6 1억 미만   5천 이상
```

case_when() 함수는 숫자형 컬럼을 2가지로 분리하는 경우에도 ifelse() 함수 대신 사용할 수 있어서 아주 유용합니다.

11.9 집계 함수로 데이터 요약

데이터프레임을 집계 함수로 요약하려면 summarise() 함수를 사용합니다. 일반적으로 summarise() 함수 앞에 group_by() 함수를 추가하여 그룹을 설정합니다. summarise() 함수를 실행하면 group_by() 함수에 지정된 문자형 또는 범주형 컬럼의 원소별로 데이터를 요약하므로, 데이터프레임의 행이 그룹으로 설정된 컬럼의 원소 개수만큼 감소합니다.

함수
```
df %>%
   group_by(문자형 또는 범주형 컬럼) %>%
   summarise(컬럼명 = 숫자 관련 함수(숫자 컬럼명), ...)
```

summarise() 함수 안에 합계, 평균, 분산 등 숫자 관련 함수가 사용됩니다. 만약 컬럼의 길이를 반환하고자 할 때 length() 함수를 떠올릴 수 있습니다. 그런데 length() 함수는 괄호 안에 컬럼명을 지정해야 하지만 dplyr 패키지의 n() 함수는 컬럼명을 추가하지 않고도 벡터 원소의 개수를 반환하는 함수이므로 length() 함수 대용으로 사용하기 좋습니다.

함수
```
df %>% group_by(문자형 또는 범주형 컬럼) %>% summarise(컬럼명 = n())
```

Tip R에서 함수명과 매개변수명에 미국식 영어와 영국식 영어가 함께 사용되는 경우를 자주 발견할 수 있습니다. 예를 들어 dplyr 패키지의 summarise()와 summarize()는 같은 기능을 수행하는 함수입니다. 아울러 14장에서 학습할 ggplot2 패키지에서 테두리 선을 지정하는 color 매개변수는 colour로도 바꿔서 사용할 수 있습니다.

price의 월별 아파트 매매 거래건수와 평균 거래금액을 생성해보겠습니다.

```
> price %>%
+   group_by(월) %>%
+   summarise(거래건수 = n(), 평균금액 = mean(x = 거래금액))   # ❶
# A tibble: 12 x 3   # ❷
     월 거래건수 평균금액
   <int>   <int>   <dbl>
1    1     131    15.5
2    2     242    16.2
3    3     147    16.7
4    4     158    19.4
5    5     345    17.1
6    6     824    18.2
```

7	7	382	17.1
8	8	240	19.9
9	9	191	18.4
10	10	225	17.7
11	11	440	18.4
12	12	503	19.9

❶ price의 월 컬럼의 원소별 빈도수와 거래금액의 평균을 반환합니다. 월 컬럼의 자료형이 문자형 또는 범주형은 아니지만 이산형(정수)이므로 원소별 빈도수를 계산하기 좋습니다. ❷ group_by() 함수를 거치면 티블 자료구조로 변환된다는 점은 앞에서 설명한 바 있습니다. 함수 실행 결과 반환되는 데이터프레임 행 길이가 12, 열 길이가 3입니다. 컬럼명의 경우, group_by() 함수에 지정된 컬럼명과 summarise() 함수를 통해 새로 생성된 컬럼명으로 구성된다는 점에 주목하기 바랍니다.

STEP 9 # 11.10 데이터프레임 형태 변환

데이터프레임은 Long type과 Wide type이 있습니다. 각각이 무엇인지 알아보고 상호 변환 방법도 알아봅시다.

11.10.1 Long type 데이터프레임

2개 이상의 문자형 또는 범주형 컬럼으로 그룹을 지정하고 집계 함수로 데이터를 요약하면, 그룹에 지정된 모든 컬럼 원소로 조합된 경우의 수만큼 행 길이가 생성됩니다. 예를 들어 아파트와 금액구분 컬럼으로 그룹을 지정하고 빈도수를 계산하면 아래와 같은 결과를 반환합니다.

```
> price %>%
+   group_by(아파트, 금액구분) %>%   # ❶
+   summarise(매매건수 = n()) -> elong
`summarise()` has grouped output by '아파트'. You can override using the
`.groups` argument.   # ❷

> tail(x = elong)
# A tibble: 6 × 3
```

```
   아파트           금액구분 매매건수
   <chr>            <chr>        <int>
 1 e-편한세상       1억 미만        38       # ❸
 2 e-편한세상       1억 이상         9
 3 LG선릉에클라트 1억 미만        30
 4 RudenHouse      1억 미만         3
 5 SK허브프리모     1억 미만        10
 6 SM드림빌         1억 미만         2
```

❶ price에서 아파트와 금액구분 컬럼으로 그룹을 지정하고, 빈도수를 계산하여 매매건수 컬럼으로 생성한 결과를 elong에 할당합니다. ❷ 2개 이상의 컬럼으로 그룹을 지정하면 콘솔창에 출력되는 안내문구입니다. 만약 이 안내문구가 출력되지 않도록 하려면 summarise() 함수 안에 .groups = 'drop'을 추가합니다. ❸ elong의 마지막 여섯 행을 출력하면, 같은 아파트에 대해 금액구분 컬럼의 원소인 '1억 미만'과 '1억 이상'이 세로로 생성되었다는 것을 알 수 있습니다. 이렇게 세로로 길게 늘어선 데이터프레임을 Long type이라고 합니다.

11.10.2 Long type과 Wide type으로 상호 변환하기

그런데 데이터 분석 과정에서 주로 다루는 데이터프레임의 형태는 가로로 펼쳐진 Wide type입니다. 따라서 Long type의 데이터프레임을 Wide type으로 변환하는 방법을 알아야 합니다. 아울러 마지막 14장에서 소개해드릴 ggplot2 패키지는 경우에 따라 Long type의 데이터프레임을 사용하므로 Wide type을 Long type으로 변환하는 방법도 알아야 합니다.

데이터프레임의 형태를 변환할 때 다양한 함수가 사용됩니다. 여기서는 tidyverse 패키지를 호출할 때 함께 호출되는 tidyr 패키지 함수를 살펴봅시다.

spread() 함수는 Long type을 Wide type으로 변환합니다.

함수
```
spread(data = Long type의 데이터프레임,
       key = Wide type의 컬럼명으로 펼칠 Long type의 컬럼명,
       value = Wide type의 원소로 채울 Long type의 컬럼명,
       fill = Wide type으로 변환할 때, 빈 칸에 채울 값 (기본값은 NA)
```

gather() 함수는 Wide type을 Long type으로 변환합니다.

```
gather(data = Wide type의 데이터프레임,
       key = Long type의 key로 사용될 새로운 컬럼명,
       value = Wide type의 value로 사용될 새로운 컬럼명,
             Long type의 key와 value로 채울 Wide type의 컬럼명 또는 인덱스,
             (콜론 및 마이너스 사용 가능)
       na.rm = Wide type으로 변환할 때, NA 삭제 여부 (기본값은 FALSE)
```

데이터프레임의 형태를 변환하는 2가지 방법을 예제 코드로 살펴보겠습니다. 먼저 spread() 함수로 Long type을 Wide type으로 변환합니다.

```
> elong %>%
+   spread(key = 금액구분, value = 매매건수, fill = 0) -> widen  # ❶

> tail(x = widen)
# A tibble: 6 × 3
# Groups:   아파트 [6]
  아파트            `1억 미만`  `1억 이상`
  <chr>              <dbl>      <dbl>
1 힐타워                 1          0
2 e-편한세상            38          9        # ❷
3 LG선릉에클라트        30          0
4 RudenHouse            3          0
5 SK허브프리모          10          0
6 SM드림빌              2          0
```

❶ elong에서 금액구분의 원소를 컬럼명으로 펼치고, 매매건수를 원소로 채운 결과를 widen에 할당합니다. ❷ widen의 마지막 여섯 행을 출력하면, 같은 아파트에 대해 `1억 미만`과 `1억 이상`이라는 컬럼이 가로로 생성됩니다. 이렇게 가로로 펼쳐진 데이터프레임을 Wide type이라고 합니다. 참고로 숫자로 시작하는 일부 컬럼명이 백틱으로 감싸진 것도 주의 깊게 살펴보기 바랍니다.

이번에는 gather() 함수로 Wide type을 Long type으로 변환해보겠습니다.

```
> widen %>%
+   gather(key = 금액타입, value = 거래건수, 2:3, na.rm = FALSE) %>%    # ❶
+   tail()
```

```
# A tibble: 6 × 3
# Groups:   아파트 [6]
  아파트            금액타입 거래건수      # ❷
  <chr>            <chr>    <dbl>
1 힐타워           1억 이상        0
2 e-편한세상        1억 이상        9      # ❸
3 LG선릉에클라트    1억 이상        0
4 RudenHouse       1억 이상        0
5 SK허브프리모      1억 이상        0
6 SM드림빌         1억 이상        0
```

❶ widen에서 key와 value로 사용될 컬럼명으로 '금액타입'과 '거래건수'를 각각 설정하고, Wide type의 2~3번째 컬럼명으로 Long type의 key와 value를 채웁니다. 현재 widen에는 결측값이 없으므로 na.rm에 FALSE를 할당하거나 생략합니다. ❷ Long type으로 변환된 데이터프레임의 마지막 여섯 행을 출력했더니 컬럼명이 '금액타입'과 '거래건수'로 출력됩니다. elong과 비교해보시면 차이를 확인할 수 있습니다. ❸ gather() 함수는 key에 지정된 원소로 오름차순 정렬하므로 'e-편한세상'에는 '1억 이상'에 대한 빈도수만 확인됩니다. 데이터프레임을 오름차순 및 내림차순으로 정렬하는 방법은 다음 절에서 소개하겠습니다.

STEP 10 11.11 오름차순 및 내림차순 정렬

데이터프레임을 오름차순 및 내림차순으로 정렬하는 방법을 알아봅시다. 정렬 이후에 데이터를 RDS 파일로 저장하겠습니다.

11.11.1 오름차순 및 내차순 정렬하기

데이터프레임을 정렬할 때 arrange() 함수를 사용합니다. arrange() 함수 안에 정렬할 컬럼명을 지정합니다. 정렬할 기준 컬럼이 여러 개이면 콤마로 나열합니다. 기본 방향이 오름차순이므로, desc() 함수를 추가해야 내림차순으로 정렬할 수 있습니다. desc() 함수 안에는 컬럼명을 하나만 지정합니다.

함수
```
df %>% arrange(desc(x = 컬럼명), 컬럼명, ...)
```

price를 하나의 컬럼 기준으로 내림차순 정렬합니다.

```
> df <- price %>% select(아파트, 전용면적, 층, 거래금액, 단위금액)  # ❶
> df %>% arrange(desc(x = 거래금액)) %>% head()  # ❷
          아파트 전용면적 층 거래금액 단위금액
1           현대  245.200  9   67.00    9017
2           현대  245.200  5   65.00    8748
3   효성빌라청담  226.740  5   62.00    9024
4         아이파크  195.388 23   57.00    9627
5 상지리츠빌카일룸  210.500  4   56.54    8864
6   청담어퍼하우스  200.380  5   55.80    9190
```

❶ price에서 일부 컬럼만 선택하고 df에 할당합니다. ❷ df를 거래금액 컬럼 기준으로 내림차순 정렬하고, 처음 여섯 행만 출력합니다.

내림차순으로 정렬할 때 desc() 함수 안에 컬럼명을 두 개 이상 지정하면 원하는 결과를 얻을 수 없습니다.

```
> df %>% arrange(desc(x = 층, 거래금액)) %>% head()   # ❶
        아파트 전용면적 층 거래금액 단위금액
1 타워팰리스  235.740 67   54.25    7594
2 타워팰리스  185.622 66   38.00    6756
3 타워팰리스  185.622 63   35.00    6222
4 타워팰리스  222.480 58   38.20    5666
5 타워팰리스   78.990 58   13.80    5765
6 타워팰리스  164.970 58   29.00    5801
```

❶ df를 층과 거래금액 컬럼 기준으로 각각 내림차순 정렬을 시도했습니다. 그런데 마지막 3개 행에서 알 수 있듯이 층 컬럼은 내림차순으로 정렬되었지만 같은 58층에 대해 거래금액 컬럼이 정렬되지 않았습니다. 따라서 desc() 함수에는 컬럼명을 한 개만 지정해야 합니다.

```
> df %>% arrange(desc(x = 층), desc(x = 거래금액)) %>% head()   # ❶
        아파트 전용면적 층 거래금액 단위금액
1 타워팰리스  235.740 67   54.25    7594
2 타워팰리스  185.622 66   38.00    6756
3 타워팰리스  185.622 63   35.00    6222
4 타워팰리스  222.480 58   38.20    5666
```

```
5 타워팰리스  164.970 58    29.00      5801
6 타워팰리스   78.990 58    13.80      5765
```

❶ df를 층과 거래금액 컬럼 기준으로 각각 내림차순 정렬합니다. 마지막 3개 행을 보면 같은 58층에 대해 거래금액 컬럼이 내림차순으로 정렬되었습니다.

층 컬럼으로 내림차순 정렬하고, 같은 층일 때 거래금액 컬럼으로 오름차순 정렬합니다.

```
> df %>% arrange(desc(x = 층), 거래금액) %>% head()    # ❶
       아파트 전용면적 층 거래금액 단위금액
1 타워팰리스  235.740 67    54.25      7594
2 타워팰리스  185.622 66    38.00      6756
3 타워팰리스  185.622 63    35.00      6222
4 타워팰리스   78.990 58    13.80      5765
5 타워팰리스  164.970 58    29.00      5801
6 타워팰리스  222.480 58    38.20      5666
```

❶ df를 층 컬럼은 내림차순, 거래금액 컬럼은 오름차순 정렬합니다. 마지막 3개 행을 보면 같은 58층에 대해 거래금액 컬럼이 오름차순으로 정렬되었습니다.

11.11.2 RDS 파일로 저장하기

다음 장에서 재활용할 수 있도록 현재 작업 경로를 [data] 폴더로 변경한 다음 데이터프레임 price를 RDS 파일로 저장하겠습니다.

```
> getwd()    # ❶
[1] "C:\\Users\\계정이름\\Documents\\DAwR"
> setwd(dir = './data')    # ❷
> saveRDS(object = price, file = 'APT_Price_Gangnam_2020.RDS')    # ❸
```

❶ 현재 작업 경로를 확인합니다. 현재 작업 경로가 [data] 폴더이면 ❷번 코드를 생략합니다. ❷ RDS 파일을 저장할 [data] 폴더로 작업 경로를 변경합니다. ❸ price를 RDS 파일로 저장합니다.

학습 마무리

이상으로 데이터프레임을 전처리하는 다양한 방법을 알아봤습니다. 데이터 분석 과정에서 가장 많이 다루는 자료구조가 데이터프레임이므로 이번 장에서 학습한 내용이 데이터 분석 과정에서 가장 중요하다고 할 수 있습니다. 엑셀을 사용하지 않고도 R에서 데이터프레임을 원하는 형태로 자유자재로 다룰 수 있도록 이번 장에서 학습한 내용을 여러 번 반복 학습하기 바랍니다.

새로 배운 함수 모아보기

데이터프레임에서 원하는 행과 열을 선택하고, 기존 컬럼을 변경하거나 새로운 컬럼을 생성할 수 있습니다.

```
library(tidyverse)
df %>% select(컬럼명1, 컬럼명2, ..)
# 데이터프레임에서 필요한 컬럼을 선택합니다.
```

```
df %>% rename('변경 후 컬럼명' = '변경 전 컬럼명', ...)
# 데이터프레임에서 컬럼명을 변경합니다.
```

```
df %>% filter(TRUE 및 FALSE 반환 코드, …)
# 데이터프레임에서 조건에 맞는 행을 선택합니다.
```

```
df %>% slice(정수 인덱스 벡터 반환 코드)
# 데이터프레임에서 해당 인덱스의 행을 선택합니다.
```

```
df %>% mutate(기존 컬럼명 = 컬럼의 자료형 변환 코드, …)   # 기존 컬럼 자료형 변환
df %>% mutate(신규 컬럼명 = 숫자 컬럼 간 연산)  # 새로운 컬럼 생성
df %>% mutate(기존 컬럼명 = 숫자 컬럼 간 연산)  # 기존 컬럼 변경
```

```
df %>% mutate(신규 컬럼명 = ifelse(test = 조건, yes = 반환할 값1, no = 반환할 값2)
# 조건에 따라 2가지로 분리하는 새로운 컬럼 생성
```

```
df %>% mutate(신규 컬럼명 = case_when(조건1 ~ 반환할 값1, 조건2 ~ 반환할 값2, ...)
# 조건에 따라 3가지 이상으로 분리하는 새로운 컬럼 생성
```

```
df %>% group_by(범주형 컬럼명) %>% summarise(컬럼명 = 숫자 관련 함수(숫자 컬럼명))
# 범주형 컬럼으로 그룹을 지정하고, 집계함수로 데이터를 요약합니다.
```

```
df %>% spread(key = 컬럼명, value = 컬럼명, fill = NA)
# Long type의 데이터프레임을 Wide type으로 변환합니다.
```

```
df %>% gather(key = 컬럼명, value = 컬럼명, ..., na.rm = FALSE)
# Wide type의 데이터프레임을 Long type으로 변환합니다.
```

```
df %>% arrange(컬럼명1, 컬럼명2, …)   # 오름차순 정렬
df %>% arrange(desc(x = 컬럼명1), desc(x = 컬럼명2), …)   # 내림차순 정렬
```

데이터프레임 병합

☐ 학습 목표	두 개 이상의 데이터프레임을 하나로 합칠 때 병합하는 방법을 알아보겠습니다.
☐ 학습 순서	1 데이터프레임 병합 2 실습 데이터셋 준비 3 외래키 확인 및 전처리 4 외래키 중복 여부 확인 5 데이터프레임 병합 실습
☐ 데이터프레임 병합 소개	데이터 분석에 사용할 파일이 2개 이상이거나, 같은 엑셀 파일에 서로 다른 시트로 저장되어 있다면 데이터프레임을 각각 생성하고 나서 하나로 합쳐야 합니다. 데이터프레임을 하나로 합치는 방법은 크게 두 가지가 있습니다. 첫 번째 방법은 데이터프레임을 있는 그대로 붙이는 결합concatenate입니다. 두 번째 방법은 데이터프레임을 합칠 때 기준이 되는 컬럼값이 서로 같다는 조건이 추가되는 병합merge입니다. 데이터프레임 병합은 엑셀에서 vlookup을 사용하는 것과 유사하다고 할 수 있습니다. • 두 개 이상의 데이터프레임을 하나로 병합하면 열(컬럼) 길이가 증가하므로 분석 데이터셋의 가치도 증가하게 됩니다. • 엑셀의 vlookup은 셀마다 함수를 지정해주어야 한다는 점에서 번거롭지만, 데이터프레임 병합은 함수 한 줄로 쉽고 빠르게 해결할 수 있습니다.

12.1 데이터프레임 병합

주로 금융회사에서는 관계형 데이터베이스 관리 시스템RDBMS을 구축하여 분석할 데이터를 저장합니다. 관계형 데이터베이스 관리 시스템에서의 데이터 테이블은 중복되지 않고 서로 연관되어 있습니다. 따라서 데이터 분석을 하려면 먼저 여러 데이터 테이블로 나누어져 있는 데이터를 하나로 합치는 과정을 거쳐야 합니다. 이렇듯 두 개 이상의 데이터 테이블을 하나로 합쳐서 열 길이를 확장하는 것을 데이터 병합이라고 합니다.

12.1.1 데이터프레임 병합의 필요성

"구슬이 서말이라도 꿰어야 보배"라는 말을 데이터 분야로 적용하면 "아무리 많은 데이터가 있다고 하더라도 하나로 합쳐야 데이터 가치가 증가한다"라고 말할 수 있습니다.

R 데이터 분석 과정에서 주로 다루는 자료구조가 데이터프레임이므로, 이번 장에서는 두 개의 파일을 읽고 데이터프레임으로 생성한 다음, 하나의 데이터프레임으로 병합하는 방법을 알아봅니다.

12.1.2 데이터프레임 병합의 시각적 예시

데이터프레임 병합의 시각적인 예시와 함께 관련 용어를 살펴보겠습니다.

▼ 데이터프레임 병합의 시각적 예시

ID	V1	V2
a	a1	a2
b	b1	b2
c	c1	c2

A

+

ID	V3	V4
b	b3	b4
c	c3	c4
d	d3	d4

B

위 그림에서 왼쪽 데이터프레임을 A, 오른쪽 데이터프레임을 B라고 하겠습니다. A와 B를 하나로 병합하면 A와 B에서 ID 컬럼값이 일치하는 행은 V1~V4 컬럼값이 모두 존재하고, 일치하지 않는 행은 결측값NA으로 대신 채워집니다. 그림에서 ID와 같이 데이터프레임을 병합할 때 기준이 되는 컬럼을 외래키foreign key라고 합니다. 그림에서 외래키로 사용된 컬럼명은 서로 일치하지만, 실제로는 외래키가 일치하지 않는 경우가 빈번하게 발생합니다.

두 데이터프레임을 하나로 병합하려면 반드시 두 가지를 확인해야 합니다. 첫째, 외래키 컬럼값(원소)이 서로 일치하는가? 만약 A와 B의 외래키에서 서로 일치하는 원소가 하나도 없으면 데이터프레임을 병합할 수 없습니다. 왜냐하면 이런 상황에서 데이터프레임을 병합해봤자 V1~V4 컬럼에는 무조건 결측값이 포함되기 때문입니다. 둘째, 오른쪽 데이터프레임 B의 외래키에 중복된 원소가 있는가? B의 외래키에 중복된 원소가 있으면 중복 원소가 발생한 이유를 확인하여 중복을 제거한 뒤에 데이터프레임을 병합해야 합니다. 그렇지 않고 중복이 있는 상태에서 데이터프레임을 병합하면 필연적으로 행 길이가 크게 증가합니다. A의 외래키에 중복이 없어도 B 외래키에 중복된 원소 때문에 행 길이가 커집니다. 만약 A의 외래키에도 중복된 원소가 있는 경우라면 B의 중복된 원소가 병합되면서 행 길이가 크게 증폭됩니다.

데이터프레임 병합 전 체크 사항 2가지를 모두 해결했다면 데이터프레임을 병합하는 3가지 방법 중에 알맞는 방법을 선택해야 합니다. 데이터프레임 방법으로 외래키가 일치하는 행만 남기는 내부 병합inner Join, 모든 행을 남기는 외부 병합full outer Join, 그리고 왼쪽에 위치한 데이터프레임을 남기는 왼쪽 외부 병합left outer Join이 있습니다. 오른쪽 외부 병합도 있지만 데이터프레임의 위치만 서로 바꾸면 왼쪽 외부 병합을 사용한 결과가 같기 때문에 생략하겠습니다. 데이터프레임 병합 3가지 방법을 그림으로 설명하면 아래와 같습니다.

▼ 내부 병합

ID	V1	V2	V3	V4
b	b1	b2	b3	b4
c	c1	c2	c3	c4

내부 병합은 두 데이터프레임에서 외래키의 값이 서로 일치하는 행만 남깁니다. 집합으로 설명하면 교집합 원소를 남기는 겁니다. 그렇기 때문에 내부 병합을 사용하면 데이터프레임의 행 길이가 같거나 줄어듭니다. 아울러 내부 병합을 사용하면 반환되는 데이터프레임에 결측값이 없다는 장점도 있습니다. 하지만 외래키의 값이 일치하지 않는 행은 제거되기 때문에 중요한 행을 삭제할 수 있으므로 각별한 주의가 필요합니다.

▼ 외부 병합

ID	V1	V2	V3	V4
a	a1	a2	NA	NA
b	b1	b2	b3	b4
c	c1	c2	c3	c4
d	NA	NA	d3	d4

외부 병합은 두 데이터프레임에서 외래키의 값이 서로 일치하지 않은 행도 모두 남깁니다. 집합으로 설명하면 합집합 원소를 남기는 겁니다. 그렇기 때문에 외부 병합을 사용하면 데이터프레임의

행 길이가 같거나 크게 증가됩니다. 아울러 외부 병합을 사용하면 반환되는 데이터프레임에 결측 값이 많이 생기게 되므로, 결측값을 처리해주어야 하는 번거로움이 있습니다. 모든 데이터를 남긴 상태에서 누락된 데이터를 찾아야 할 때는 외부 병합을 실행해야 합니다.

▼ 왼쪽 내부 병합

ID	V1	V2	V3	V4
a	a1	a2	NA	NA
b	b1	b2	b3	b4
c	c1	c2	c3	c4

왼쪽 내부 병합은 왼쪽 데이터프레임을 고정시킨 상태에서 오른쪽 데이터프레임의 컬럼을 추가 하는 것이므로 오른쪽 데이터프레임의 외래키에 중복된 원소가 없다면 행 길이가 바뀌지 않습니다. 제가 현업에서 데이터 분석가로 근무할 때 왼쪽 내부 병합만 사용했습니다. 그 이유는 왼쪽 데이터프레임의 행을 고정시키고 오른쪽으로 컬럼을 확장시키려면 왼쪽 내부 병합이 가장 좋았기 때문입니다. 물론 왼쪽 내부 병합을 사용하면 반환되는 데이터프레임에 결측값이 일부 생깁니다. 그렇기 때문에 결측값의 원본 데이터를 찾아서 채워넣거나 아니면 다른 방식으로 대체하곤 했습니다.

지금까지 소개해드린 두 개의 데이터프레임을 병합하는 3가지 방법 중에서 현재 다루는 데이터셋에 가장 알맞는 방법을 선택하기 바랍니다.

STEP 1 # 12.2 실습 데이터셋 준비

데이터프레임 병합 실습을 위해 서로 다른 두 개의 데이터프레임을 준비해야 합니다.

12.2.1 아파트 실거래가 RDS 파일 읽기

첫 번째로 준비할 데이터프레임은 11장에서 마지막에 저장했던 RDS 파일을 읽고 price로 생성합니다.

```
> library(tidyverse)  # ❶
- Attaching packages ─────────────── tidyverse 1.3.1 -
✓ ggplot2 3.3.3     ✓ purrr   0.3.4
✓ tibble  3.1.2     ✓ dplyr   1.0.6
✓ tidyr   1.1.3     ✓ stringr 1.4.0
✓ readr   1.4.0     ✓ forcats 0.5.1
- Conflicts ─────────────── tidyverse_conflicts() -
x dplyr::filter() masks stats::filter()
x dplyr::lag()    masks stats::lag()

> getwd()  # ❷
[1] "C:\\Users\\계정이름\\Documents\\DAwR"

> setwd(dir = './data')  # ❸
> list.files()  # ❹
[1] "APT_Detail_Gangnam_2020.csv" "APT_Price_Gangnam_2020.csv"
[3] "APT_Price_Gangnam_2020.RDS"  "iris.csv"
[5] "iris.RDA"                    "iris.RDS"
[7] "iris.xlsx"                   "irisAll.RDA"

> price <- readRDS(file = 'APT_Price_Gangnam_2020.RDS')  # ❺
> str(object = price)  # ❻
'data.frame':	3828 obs. of  9 variables:
 $ 아파트    : chr  "대치아이파크" "아카데미스위트" "우성캐릭터" "포스코더샵" ...
 $ 도로명주소: chr  "서울특별시 강남구 선릉로 222" "서울특별시 강남구 언주로30길 21"
"서울특별시 강남구 언주로 118" "서울특별시 강남구 삼성로 417" ...
 $ 월        : int  1 1 1 1 1 1 1 1 1 1 ...
 $ 일        : int  2 2 2 2 3 3 3 3 3 3 ...
 $ 전용면적  : num  115 164.9 132.9 139.5 39.6 ...
 $ 층        : int  10 7 5 3 13 13 8 7 4 5 ...
 $ 거래금액  : num  30 20 17 24.7 8.7 ...
 $ 단위금액  : num  8611 4003 4220 5841 7250 ...
 $ 금액구분  : chr  "1억 미만" "1억 미만" "1억 미만" "1억 미만" ...
```

❶ tidyverse 패키지를 호출합니다. ❷ 현재 작업 경로를 확인합니다. ❸ RDS 파일이 저장된 [data] 폴더로 작업 경로를 변경합니다. ❹ 현재 작업 경로에 저장된 폴더명과 파일명을 문자형 벡터로 출력합니다. ❺ RDS 파일을 읽고 데이터프레임 price를 생성합니다. ❻ price의 구조를 확인합니다.

12.2.2 아파트 실거래가 CSV 파일 읽기

[data] 폴더에 있는 'APT_Detail_Gangnam_2020.csv' 파일을 읽고 데이터프레임을 생성합시다. 실습용으로 제공해드리는 csv 파일은 공공데이터포털에서 "국토교통부 공동주택 기본 정보제공 서비스" API를 통해 수집한 것으로, 한국감정원 K-APT 사이트에 등록된 174개 아파트 단지 정보를 포함하고 있습니다. 원활한 실습을 위해 데이터의 일부를 전처리하였음을 미리 밝힙니다.

```
> fileName <- 'APT_Detail_Gangnam_2020.csv'  # ❶
> guess_encoding(file = fileName)  # ❷
# A tibble: 1 x 2
  encoding confidence
  <chr>         <dbl>
1 UTF-8             1

> detail <- read.csv(file = fileName, fileEncoding = 'UTF-8')  # ❸
> str(object = detail)  # ❹
'data.frame':	174 obs. of  12 variables:
 $ kaptCode   : chr  "A13508012" "A13579501" "A13592604" "A13508009" ...
 $ kaptName   : chr  "테헤란아이파크" "개나리푸르지오" "역삼푸르지오" "역삼I'PARK" ...
 $ kaptDongCnt: int  6 5 11 7 1 1 1 3 1 3 ...
 $ kaptdaCnt  : int  411 332 738 541 206 294 168 166 164 240 ...
 $ kaptTarea  : num  71704 70901 99363 109797 25649 ...
 $ privArea   : num  34736 35538 53254 52063 14923 ...
 $ codeSaleNm : chr  "임대+분양" "분양" "분양" "분양" ...
 $ codeHeatNm : chr  "지역난방" "지역난방" "지역난방" "지역난방" ...
 $ codeMgrNm  : chr  "위탁관리" "위탁관리" "위탁관리" "위탁관리" ...
 $ codeHallNm : chr  "계단식" "계단식" "계단식" "혼합식" ...
 $ kaptUsedate: int  20140124 20060814 20060102 20060928 19980421 20010130
 20040525 20070119 20020501 20120817 ...
 $ doroJuso   : chr  "서울특별시 강남구 테헤란로52길 16" "서울특별시 강남구 역삼로
 314" "서울특별시 강남구 언주로 332" "서울특별시 강남구 역삼로 307" ...
```

❶ 텍스트 파일명으로 fileName을 생성합니다. ❷ 텍스트 파일의 문자 인코딩 방식을 확인합니다. ❸ 텍스트 파일을 읽고 데이터프레임 detail을 생성합니다. 윈도우 사용자는 fileEncoding 매개변수를 반드시 추가해야 합니다. ❹ 데이터프레임 detail의 구조를 확인합니다. 행 길이는 174, 열 길이는 12이며, 컬럼별 자료형을 확인합니다.

데이터프레임에서 컬럼별로 결측값이 얼마나 포함되었는지 확인합니다. is.na() 함수는 벡터의 각 원소에 대해 결측값이면 TRUE, 결측값이 아니면 FALSE를 반환하는 함수입니다.

함수 `is.na(x = 벡터 또는 데이터프레임)`

벡터 대신 데이터프레임을 지정하면 셀 값^cell values에 대해 결측값 여부를 TRUE 또는 FALSE로 반환합니다.

```
> sapply(X = detail, FUN = function(x) {   # ❶
+   x %>% is.na() %>% sum() %>% return()   # ❷
+ })
   kaptCode    kaptName kaptDongCnt    kaptdaCnt   kaptTarea    privArea
          0          16           0           0           0           0
  codeSaleNm  codeHeatNm   codeMgrNm   codeHallNm kaptUsedate    doroJuso
          0           0           0           0           0           0
```

❶ detail의 각 컬럼별로 결측값의 개수를 반환하기 위해 sapply() 함수를 사용합니다. function(x)에서 x는 detail의 각 컬럼을 의미합니다. ❷ is.na() 함수는 컬럼 x의 원소별로 결측값 여부를 TRUE 또는 FALSE로 반환하고, sum() 함수는 TRUE의 개수를 반환합니다. 따라서 kaptName에만 16개의 결측값이 있다는 것을 확인할 수 있습니다.

STEP 2 ## 12.3 외래키 확인 및 전처리

우리나라 아파트 관련 데이터는 데이터를 제공하는 기관(국토교통부와 한국감정원, 그리고 대형 포털 부동산 사이트)마다 아파트명이 조금씩 다릅니다. 그래서 아파트명을 외래키로 사용하는 것은 좋지 않습니다. 아파트명 대신 아파트 관리사무소 주소를 외래키로 사용하는 것은 가능합니다. 이렇듯 원천^source이 서로 다른 데이터셋을 병합할 때, 외래키의 값이 서로 일치하는지 여부를 확인하는 것은 매우 중요합니다. 물론 실제로 직장에서 다루는 데이터에는 이와 같은 문제가 자주 발생하지 않을 것이지만, 매번 데이터를 다룰 때마다 확인하는 습관을 갖는 것을 추천드립니다.

price와 detail에서 주소에 해당하는 컬럼에 대해 일부 원소만 출력해보겠습니다.

```
> head(x = price$도로명주소, n = 10)   # ❶
 [1] "서울특별시 강남구 선릉로 222"      "서울특별시 강남구 언주로30길 21"
 [3] "서울특별시 강남구 언주로 118"      "서울특별시 강남구 삼성로 417"
 [5] "서울특별시 강남구 광평로19길 10" "서울특별시 강남구 압구정로 113"
 [7] "서울특별시 강남구 언주로90길 6"   "서울특별시 강남구 일원로14길 25"
 [9] "서울특별시 강남구 역삼로34길 12" "서울특별시 강남구 삼성로111길 8"

> head(x = detail$doroJuso, n = 10)   # ❷
 [1] "서울특별시 강남구 테헤란로52길 16" "서울특별시 강남구 역삼로 314"
 [3] "서울특별시 강남구 언주로 332"       "서울특별시 강남구 역삼로 307"
 [5] "서울특별시 강남구 선릉로 423"       "서울특별시 강남구 언주로86길 11"
 [7] "서울특별시 강남구 강남대로84길 33" "서울특별시 강남구 테헤란로4길 46"
 [9] "서울특별시 강남구 언주로85길 13"   "서울특별시 강남구 역삼로 315-1"
```

❶ price의 도로명주소 컬럼을 10개만 출력합니다. ❷ detail의 doroJuso 컬럼을 10개만 출력합니다.

외래키 원소를 일부만 출력했지만 특징을 파악할 수 있습니다. 예를 들어 어떤 컬럼은 '서울특별시'로 시작하고 다른 컬럼은 '서울시'로 시작한다면 서로 일치하지 않을 겁니다. 도로명과 건물번호 사이에 공백이 있는지 여부도 중요한 체크 사항입니다. 현재로써는 큰 문제가 없는 것으로 판단되므로, 데이터프레임을 병합한 결과에 따라 병합되는 행이 많지 않다면 외래키 일치 여부를 자세하게 들여다보아야 할 겁니다.

STEP 3 12.4 외래키 중복 여부 확인

detail에서 외래키로 사용될 doroJuso 컬럼에 중복된 원소가 있는지 확인합시다. 그 전에 벡터 원소 및 데이터프레임 행 중복 여부를 확인할 때 사용하는 duplicated() 함수를 소개합니다. 이 함수는 벡터의 모든 원소에 대해 순방향으로 진행하면서 처음 나온 원소는 FALSE, 중복된 원소는 TRUE로 반환합니다.

함수
```
duplicated(x = 벡터 또는 데이터프레임)
```

12.4.1 duplicated() 함수 동작 이해하기

예제 코드로 함수 동작 원리를 알아봅시다.

```
> set.seed(seed = 1234)  # ❶
> nums <- sample(x = 5, size = 10, replace = TRUE)  # ❷
> print(x = nums)  # ❸
 [1] 4 2 5 4 1 5 4 2 2 4

> duplicated(x = nums)  # ❹
 [1] FALSE FALSE FALSE  TRUE FALSE  TRUE  TRUE  TRUE  TRUE  TRUE

> duplicated(x = nums, fromLast = TRUE)  # ❺
 [1]  TRUE  TRUE  TRUE  TRUE FALSE FALSE  TRUE  TRUE FALSE FALSE
```

❶ 임의의 수를 생성하기 전에 시드를 고정합니다. ❷ 1부터 5까지의 정수를 랜덤하게 10개 선택하고, 벡터 nums를 생성합니다. sample() 함수 안에 Replace = TRUE를 추가하면 복원 추출합니다. ❸ nums를 출력합니다. 1을 제외하고 나머지 원소는 모두 중복이 있습니다. ❹ 처음부터 끝까지 원소의 중복 여부를 TRUE와 FALSE로 반환합니다. 1~3번째 원소 4, 2, 5는 모두 처음 나왔으므로 FALSE이지만, 이후로는 모두 TRUE가 됩니다. ❺ duplicated() 함수 안에 fromLast = TRUE를 추가하면 원소의 중복 여부를 체크하는 방향을 역순으로 변경합니다.

duplicated() 함수는 실행 결과로 TRUE와 FALSE를 반환하므로, 이 결과를 sum() 함수에 넣고 실행하면 중복된 원소의 개수를 확인할 수 있습니다.

```
> duplicated(x = nums) %>% sum()  # ❶
 [1] 6
```

❶ 벡터 nums에서 중복된 원소 개수를 확인합니다.

12.4.2 아파트 실거래 데이터에서 중복 원소 확인하기

이제 detail의 doroJuso 컬럼에서 중복된 원소가 있는지 확인해보겠습니다.

```
> duplicated(x = detail$doroJuso) %>% sum()  # ❶
 [1] 0
```

❶ detail의 doroJuso 컬럼에서 중복된 원소는 없습니다. 실제로 공공데이터포털에서 수집한 원본 데이터에는 doroJuso 컬럼에서 중복된 원소가 많이 있었지만 원소가 중복된 이유를 찾고, 중복된 원소를 제거하는 것은 매우 까다로운 일입니다. 이에 미리 정제하여 제공합니다.

STEP 4 | 12.5 데이터프레임 병합 실습

데이터프레임을 병합하는 방법이 3가지라고 설명한 바 있는데, 데이터프레임을 병합할 때 사용하는 함수도 3가지입니다. 함수 안에 두 데이터프레임과 외래키로 사용될 컬럼명을 지정하면 됩니다.

함수
```
inner_join(x = df1, y = df2, by = '외래키 컬럼명')
full_join(x = df1, y = df2, by = '외래키 컬럼명')
left_join(x = df1, y = df2, by = '외래키 컬럼명')
```

만약 두 데이터프레임에서 외래키로 사용될 컬럼명이 일치한다면 by = '외래키 컬럼명'을 생략할 수 있습니다. 하지만 반대로 외래키로 사용될 컬럼명이 서로 다르면 by 매개변수에 외래키의 관계를 추가해주어야 합니다. 현재 예제 데이터셋에서 외래키로 사용될 컬럼명이 서로 다르므로 코드로 설명하겠습니다.

불필요한 컬럼이 있는지 확인해봅니다.

```
> apt <- left_join(x = price,
+                   y = detail,
+                   by = c('도로명주소' = 'doroJuso'))  # ❶

> str(object = apt)  # ❷
'data.frame':  3828 obs. of  20 variables:
 $ 아파트    : chr  "대치아이파크" "아카데미스위트" "우성캐릭터" "포스코더샵" ...
 $ 도로명주소 : chr  "서울특별시 강남구 선릉로 222" "서울특별시 강남구 언주로30길 21"
"서울특별시 강남구 언주로 118" "서울특별시 강남구 삼성로 417" ...
 $ 월        : int  1 1 1 1 1 1 1 1 1 1 ...
 $ 일        : int  2 2 2 2 3 3 3 3 3 3 ...
 $ 전용면적   : num  115 164.9 132.9 139.5 39.6 ...
 $ 층        : int  10 7 5 3 13 13 8 7 4 5 ...
 $ 거래금액   : num  30 20 17 24.7 8.7 ...
```

```
                                                              결측값이 있는 컬럼
 $ 단위금액    : num   8611 4003 4220 5841 7250 ...
 $ 금액구분    : chr   "1억 미만" "1억 미만" "1억 미만" "1억 미만" ...
 $ kaptCode    : chr   "A13528102" NA "A13527003" "A13584101" ...
 $ kaptName    : chr   "대치아이파크" NA "우성캐릭터" "포스코더샵" ...
 $ kaptDongCnt: int   11 NA 2 4 7 9 NA NA NA 12 ...
 $ kaptdaCnt   : int   768 NA 199 276 1403 911 NA NA NA 926 ...
 $ kaptTarea   : num   147442 NA 100497 72319 83491 ...
 $ privArea    : num   78559 NA 29658 41858 57555 ...
 $ codeSaleNm : chr   "분양" NA "분양" "분양" ...
 $ codeHeatNm : chr   "지역난방" NA "지역난방" "지역난방" ...
 $ codeMgrNm  : chr   "위탁관리" NA "위탁관리" "위탁관리" ...
 $ codeHallNm : chr   "계단식" NA "계단식" "계단식" ...
 $ kaptUsedate: int   20080603 NA 19981107 20040930 19930908 19871205 NA NA NA
 20081210 ...
```

❶ price의 도로명주소 컬럼과 detail의 doroJuso 컬럼값이 일치하는 행을 합치는 방식으로 데이터프레임을 병합하고 apt를 생성합니다. ❷ apt의 구조를 확인합니다. apt의 행 길이는 3828, 열 길이는 20입니다. 10번째 kaptCode 컬럼부터 마지막 kaptUserdate 컬럼을 자세히 보면 원소 중간에 결측값이 확인됩니다. 이는 외래키 값이 일치하지 않아 오른쪽 데이터프레임에서 온 컬럼값이 결측값으로 대체되었기 때문입니다. apt에는 불필요한 컬럼도 있고 중복된 컬럼도 있습니다. kaptCode, kaptName 컬럼을 삭제하고 RDS 파일로 저장합니다.

```
> apt %>% select(-kaptCode, -kaptName) -> apt   # ❶
> saveRDS(object = apt, file = 'APT_Dataset_Gangnam_2020.RDS')   # ❷
```

❶ apt에서 kaptCode, kaptName 컬럼을 제거하고 apt에 재할당합니다. ❷ 마지막으로 apt를 RDS 파일로 저장합니다.

학습 마무리

이상으로 데이터프레임을 병합하는 프로세스와 방법을 알아봤습니다. 데이터프레임 병합은 분석할 데이터셋의 가치를 높이는 작업이므로 매우 중요합니다. 데이터프레임 병합 코딩이 익숙하지 않아 엑셀로 되돌아가서 vlookup으로 작업하는 일이 없도록 반복 학습하기 바랍니다.

새로 배운 함수 모아보기

두 개의 데이터프레임을 하나로 병합할 수 있습니다.

```
duplicated(x = 벡터 또는 데이터프레임)
# 순방향으로 벡터에서 처음 나온 원소는 FALSE, 중복된 원소는 TRUE로 반환합니다.
# 데이터프레임은 행 기준으로 중복 여부를 확인합니다.

duplicated(x = 벡터 또는 데이터프레임, fromLast = TRUE)
# 역방향으로 벡터에서 처음 나온 원소는 FALSE, 중복된 원소는 TRUE로 반환합니다.
```

```
inner_join(x = df1, y = df2, by = '외래키 컬럼명') # 내부 병합
full_join(x = df1, y = df2, by = '외래키 컬럼명')  # 외부 병합
left_join(x = df1, y = df2, by = '외래키 컬럼명')  # 왼쪽 외부 병합
```

```
left_join(x = df1, y = df2, by = c('외래키 컬럼명1' = '외래키 컬럼명2'))
# 두 데이터프레임에서 외래키 컬럼명이 다르면, by 매개변수에 관계를 추가해야 합니다.
```

기술통계 분석

☐ **학습 목표**	기술통계descriptive statistics 분석을 통해 데이터의 주요 특징을 빠르게 파악합니다.
☐ **학습 순서**	**1** 기술통계량 : 대푯값, 산포, 선형관계
	2 실습 데이터셋 준비
	3 대푯값 : 평균, 절사평균, 중위수, 백분위수, 사분위수
	4 산포 : 최솟값, 최댓값, 범위, 사분범위, 분산, 표준편차
	5 선형관계 : 공분산, 상관계수
☐ **기술통계** **분석 소개**	기술통계에서 '기술'은 '서술하다, 묘사하다'는 의미를 갖습니다. 따라서 분석 데이터셋에 포함되어 있는 개별 컬럼에 대해 중심에 해당하는 대푯값과 퍼진 정도인 산포를 계산함으로써 각 컬럼의 특징을 표현하는 겁니다.
	• 탐색적 데이터 분석의 일환으로 분석 데이터셋의 컬럼별 특징을 파악할 수 있습니다. • 데이터 마이닝 또는 머신러닝 모형 결과를 해석할 때 도움이 됩니다.

13.1 기술통계량 : 대푯값, 산포, 선형관계

분석 데이터셋 준비가 완료되면, 데이터에 잠재되어 있는 특징을 파악하는 탐색적 데이터 분석Exploratory Data Analysis, EDA을 실행합니다. 탐색적 데이터 분석을 할 때 주로 기술통계량을 확인하거나 다양한 그래프를 그려봅니다. 데이터 시각화는 다음 장에서 다루기로 하고, 이번 장에서는 다양한 기술통계량에 대한 설명과 함께 R 코드로 실습하는 방법을 살펴보겠습니다.

▼ 기술통계량 종류

구분	기술통계량
대푯값	평균, 절사평균, 중위수, 백분위수, 사분위수
산포	최솟값, 최댓값, 범위, 사분범위, 분산, 표준편차
선형관계	공분산, 상관계수

Tip 탐색적 데이터 분석
데이터를 다각도에서 관찰하고 이해하는 과정

13.2 실습 데이터셋 준비

기술통계 분석 실습을 위해 12장에서 마지막에 저장했던 RDS 파일을 읽고 apt로 생성합니다.

```
> library(tidyverse)  # ❶
— Attaching packages ———————————————— tidyverse 1.3.1 —
✓ ggplot2 3.3.3      ✓ purrr    0.3.4
✓ tibble  3.1.2      ✓ dplyr    1.0.6
✓ tidyr   1.1.3      ✓ stringr 1.4.0
✓ readr   1.4.0      ✓ forcats 0.5.1
— Conflicts ———————————————— tidyverse_conflicts() —
x dplyr::filter() masks stats::filter()
x dplyr::lag()    masks stats::lag()

> getwd()  # ❷
[1] "C:\\Users\\계정이름\\Documents\\DAwR"

> setwd(dir = './data')  # ❸
> list.files()  # ❹
[1] "APT_Dataset_Gangnam_2020.RDS" "APT_Detail_Gangnam_2020.csv"
[3] "APT_Price_Gangnam_2020.csv"   "APT_Price_Gangnam_2020.RDS"
[5] "iris.csv"                     "iris.RDA"
[7] "iris.RDS"                     "iris.xlsx"
[9] "irisAll.RDA"

> apt <- readRDS(file = 'APT_Dataset_Gangnam_2020.RDS')  # ❺
> str(object = apt)  # ❺
'data.frame': 3828 obs. of  18 variables:
 $ 아파트     : chr  "대치아이파크" "아카데미스위트" "우성캐릭터" "포스코더샵" ...
 $ 도로명주소 : chr  "서울특별시 강남구 선릉로 222" "서울특별시 강남구 언주로30길 21"
"서울특별시 강남구 언주로 118" "서울특별시 강남구 삼성로 417" ...
 $ 월         : int  1 1 1 1 1 1 1 1 1 1 ...
 $ 일         : int  2 2 2 2 3 3 3 3 3 3 ...
 $ 전용면적   : num  115 164.9 132.9 139.5 39.6 ...
 $ 층         : int  10 7 5 3 13 13 8 7 4 5 ...
 $ 거래금액   : num  30 20 17 24.7 8.7 ...
 $ 단위금액   : num  8611 4003 4220 5841 7250 ...
 $ 금액구분   : chr  "1억 미만" "1억 미만" "1억 미만" "1억 미만" ...
 $ kaptDongCnt: int  11 NA 2 4 7 9 NA NA NA 12 ...
 $ kaptdaCnt  : int  768 NA 199 276 1403 911 NA NA NA 926 ...
```

```
$ kaptTarea  : num  147442 NA 100497 72319 83491 ...
$ privArea   : num  78559 NA 29658 41858 57555 ...
$ codeSaleNm : chr  "분양" NA "분양" "분양" ...
$ codeHeatNm : chr  "지역난방" NA "지역난방" "지역난방" ...
$ codeMgrNm  : chr  "위탁관리" NA "위탁관리" "위탁관리" ...
$ codeHallNm : chr  "계단식" NA "계단식" "계단식" ...
$ kaptUsedate: int  20080603 NA 19981107 20040930 19930908 19871205 NA NA NA
20081210 ...
```

❶ tidyverse 패키지를 호출합니다. ❷ 현재 작업 경로를 확인합니다. ❸ RDS 파일이 저장된
[data] 폴더로 작업 경로를 변경합니다. ❹ 현재 작업 경로에 저장된 폴더명과 파일명을 문자형
벡터로 출력합니다. ❺ RDS 파일을 읽고 데이터프레임 apt를 생성합니다. ❻ apt의 구조를 확인
합니다.

13.3 대푯값 : 평균, 절사평균, 중위수, 백분위수, 사분위수

기술통계에서 대푯값은 중심을 의미합니다. 즉, 숫자 데이터를 대표하는 값을 찾는 겁니다. 일반
적으로 무게 중심에 해당하는 산술평균이 대푯값으로 많이 사용되지만 산술평균은 이상치에 민감
하다는 단점이 있으므로 이상치에 덜 민감한 절사평균과 중위수를 함께 살펴봐야 합니다. 아울러
전체 데이터에서 특정 위치에 해당하는 숫자인 분위수도 알아보겠습니다.

13.3.1 평균

평균mean은 숫자형 컬럼의 원소를 모두 더한 값을 원소 개수로 나눈 겁니다. 평균은 대푯값 중에서
가장 많이 사용되지만, 이상치outlier에 민감하게 영향을 받는다는 단점이 있습니다. 평균을 수식으
로 표현하면 아래와 같습니다. 아래 식에서 n은 벡터 원소 개수이고, xi는 벡터의 원소입니다. x̄는
평균을 의미합니다.

$$\bar{X} = \frac{1}{n} \sum_{i=1}^{n} X_i$$

R에서 평균을 계산할 때 mean() 함수를 사용합니다. x 매개변수에 평균을 계산할 숫자형 컬럼

을 지정하고, trim 매개변수에는 양 극단을 잘라낼 부분fraction을 0~0.5의 값으로 지정합니다. 예를 들어 0.1을 지정하면 양 극단에서 10%씩 잘라낸 값으로 평균을 계산합니다. na.rm 매개변수는 결측값을 제거하는지 여부를 TRUE / FALSE로 지정합니다. mean() 함수는 숫자형 컬럼에 결측값이 있을 때 항상 NA를 반환하므로 na.rm = TRUE를 추가해야 결측값을 제거한 평균을 반환합니다. na.rm은 결측값NA을 제거remove하라는 의미입니다. 이번 장에서 다룰 대부분의 숫자 관련 함수에는 na.rm 매개변수가 정의되어 있습니다.

함수   mean(x = 숫자형 벡터, trim = 0, na.rm = FALSE, …)

거래금액 컬럼의 평균을 계산해보겠습니다.

```
> mean(x = apt$거래금액)  # ❶
[1] 18.08677
```

❶ 거래금액 컬럼의 평균을 계산합니다.

이번에는 결측값이 다수 포함된 kaptdaCnt(세대수) 컬럼의 평균을 계산해보겠습니다.

```
> mean(x = apt$kaptdaCnt)  # ❶
[1] NA

> mean(x = apt$kaptdaCnt, na.rm = TRUE)  # ❷
[1] 1077.312
```

❶ kaptdaCnt(세대수) 컬럼의 평균을 계산합니다. 결측값이 포함되어 있으므로 NA가 반환됩니다. ❷ na.rm = TRUE를 추가하면 결측값을 제거한 평균을 반환합니다.

13.3.2 절사평균

평균은 이상치에 민감하기 때문에 이상치가 많을 때 대푯값으로 적당하지 않습니다. 따라서 양 극단에서 일부 잘라낸 값으로 평균을 계산하는데 이를 절사평균trimmed mean이라고 합니다. 절사평균이 평균보다 작으면 최댓값 근처에 이상치가 있다는 것을 의미하고, 반대로 절사평균이 평균이 평균보다 크면 최솟값 근처에 이상치가 있다는 것을 의미합니다.

▼ 10% 절사평균

1분위	2분위	3분위	4분위	5분위	6분위	7분위	8분위	9분위	10분위

```
0%    10%    20%    30%    40%    50%    60%    70%    80%    90%    100%
```

위 그림은 숫자 데이터를 오름차순으로 정렬하고 10 등분한 겁니다. 0%는 최솟값, 100%는 최댓값이고, 50%는 다음에 설명할 중위수입니다. 10% 절사평균을 계산할 때, 양 극단의 10%를 잘라내고 남은 80%로 평균을 계산합니다. 따라서 양 극단에 있는 값이 제거되므로 이상치의 영향을 덜 받게 되는 겁니다.

거래금액 컬럼의 5%, 10% 절사평균을 각각 계산해보겠습니다.

```
> mean(x = apt$거래금액, trim = 0.05)  # ❶
[1] 17.58001

> mean(x = apt$거래금액, trim = 0.10)  # ❷
[1] 17.43438
```

❶ 거래금액 컬럼의 5% 절사평균을 계산합니다. 평균인 18.08677보다 절사평균이 작으므로 최댓값 방향에 이상치가 있다고 판단합니다. ❷ 거래금액 컬럼의 10% 절사평균을 계산합니다. 양 극단에 잘라내는 개수가 많아질수록 절사평균이 점점 작아지고 있습니다.

13.3.3 중위수

중위수median는 숫자형 컬럼을 오름차순으로 정렬했을 때 정가운데 숫자를 가리킵니다. 따라서 숫자형 컬럼의 원소 개수가 홀수면 정가운데에 위치한 숫자를 반환하고, 원소 개수가 짝수면 가운데 있는 두 숫자의 평균을 반환합니다. 중위수는 평균에 비해 이상치에 덜 민감하다는 장점이 있습니다.

R에서 중위수를 계산할 때 median() 함수를 사용합니다. x 매개변수에 중위수를 계산할 숫자형 컬럼을 지정하고, na.rm 매개변수는 결측값을 제거하는지 여부를 TRUE와 FALSE로 지정합니다. median() 함수도 숫자형 컬럼에 결측값이 있을 때 항상 NA를 반환합니다.

함수
```
median(x = 숫자형 컬럼, na.rm = FALSE, ...)
```

거래금액 컬럼의 중위수를 계산해보겠습니다.

```
> median(x = apt$거래금액)  # ❶
[1] 17.275
```

❶ 거래금액 컬럼의 중위수를 계산합니다.

13.3.4 분위수와 백분위수

분위수quantile는 숫자형 컬럼을 오름차순으로 정렬한 다음, 전체 데이터를 n개로 나눌 때 경계가 되는 값을 의미합니다. 따라서 십분위수는 전체 데이터를 10등분하는 값이고, 백분위수percentile는 100등분하는 값이 됩니다. 분위수를 계산할 때 quantile() 함수를 사용합니다. probs 매개변수에 0~1 값을 원소로 갖는 벡터를 지정하면, 해당 백분위수를 반환합니다.

함수 quantile(x = 숫자형 벡터, probs = seq(0, 1, 0.25), na.rm = FALSE)

거래금액 컬럼의 다양한 백분위수를 출력해보겠습니다.

```
> quantile(x = apt$거래금액, prob = 0.1)  # ❶
10%
7.4
> quantile(x = apt$거래금액, probs = 0.9)  # ❷
90%
 30
> quantile(x = apt$거래금액, probs = c(0.1, 0.9))  # ❸
 10%  90%
 7.4 30.0
```

❶ 거래금액 컬럼의 10% 경계가 되는 10 백분위수를 출력합니다. ❷ 거래금액 컬럼의 90% 경계가 되는 90 백분위수를 출력합니다. ❸ 10 백분위수와 90 백분위수를 함께 출력합니다.

13.3.5 사분위수

사분위수quartile는 전체 데이터는 4개로 등분하는 값입니다. 분위수이므로 quantile() 함수를 사용합니다. 그런데 quantile() 함수의 probs 매개변수는 기본값이 seq(0, 1, 0.25)이므로, probs 매개변수를 추가하지 않으면 사분위수$^{inter\ quartile\ range}$를 반환하게 됩니다.

거래금액 컬럼의 사분위수를 출력합니다.

```
> quantile(x = apt$거래금액)   # ❶
    0%    25%    50%    75%   100%
 1.500 10.980 17.275 23.800 67.000
```

❶ 거래금액 컬럼의 사분위수를 출력합니다.

13.4 산포 : 최솟값, 최댓값, 범위, 사분범위, 분산, 표준편차

기술통계에서 산포는 숫자 데이터가 중심에서부터 떨어져 있는 정도를 의미합니다. 최솟값과 최댓값의 간격인 범위, 1사분위수와 3사분위수의 간격인 사분범위, 그리고 평균으로부터 퍼져 있는 정도인 분산과 표준편차를 알아보겠습니다.

13.4.1 최솟값, 최댓값, 범위

범위^{range}는 최댓값과 최솟값의 간격을 의미합니다. 범위를 통해 전체 데이터의 변동 폭이 어느 정도인지 빠르게 확인할 수 있습니다. 아울러 특정 기간의 범위가 평소와 다를 때 어떤 변화가 발생했다고 판단할 수 있습니다. 예를 들어 아파트 거래금액의 범위를 월 단위로 모니터링을 했을 때 갑자기 범위가 커지거나 작아지는 기간이 있다면 해당 기간에 어떤 변화가 발생한 것으로 간주하고 원인이 무엇인지 탐색하는 데이터 분석을 실시할 수 있습니다.

R에서 최솟값, 최댓값 및 범위를 반환하는 함수를 차례대로 살펴봅시다.

함수
```
min(숫자형 벡터, na.rm = FALSE)
max(숫자형 벡터, na.rm = FALSE)
range(숫자형 벡터, na.rm = FALSE)
```

min() 함수는 최솟값, max() 함수는 최댓값, 그리고 range() 함수는 최솟값과 최댓값을 벡터로 반환합니다. 따라서 범위를 계산하려면 최댓값에서 최솟값을 차감하는 방식으로 사용하거나,

diff() 함수를 이용합니다. diff() 함수는 벡터 원소의 차이를 반환하는 함수입니다.

함수
```
diff(숫자형 벡터)
range(숫자형 벡터, na.rm = FALSE) %>% diff()
```

거래금액 컬럼의 최솟값, 최댓값 및 범위를 차례대로 출력해보겠습니다.

```
> min(apt$거래금액)   # ❶
[1] 1.5
> max(apt$거래금액)   # ❷
[1] 67
> range(apt$거래금액)   # ❸
[1]  1.5 67.0
> range(apt$거래금액) %>% diff()   # ❹
[1] 65.5
```

❶ 거래금액 컬럼의 최솟값을 출력합니다. ❷ 거래금액 컬럼의 최댓값을 출력합니다. ❸ 거래금액 컬럼의 최솟값과 최댓값을 함께 출력합니다. ❹ range() 함수를 실행하면 원소 개수가 2개인 벡터가 반환되는데, diff() 함수는 벡터 원소의 차이를 반환하기 때문에 두 번째 원소(최댓값)에서 첫 번째 원소(최솟값)의 차이인 범위가 반환됩니다.

13.4.2 사분범위

사분범위^{interquartile range}는 3사분위수(75%)와 1사분위수(25%)의 간격을 의미합니다. IQR() 함수를 사용해 구합니다. 따라서 사분범위는 전체 데이터의 50%가 분포하는 범위를 의미합니다. 참고로 사분범위 대신 사분위 범위, 사분위간 범위 또는 사분위수 범위 등 다양한 명칭이 사용됩니다. 사분범위는 상자수염그림에서 이상치를 판단하는 기준값으로 사용되는데, 이 내용은 14장에서 설명하겠습니다.

함수
```
IQR(x = 숫자형 벡터, na.rm = FALSE)
```

거래금액 컬럼의 사분범위를 출력합니다.

```
> IQR(x = apt$거래금액)   # ❶
[1] 12.82
```

❶ 거래금액 컬럼의 사분범위를 출력합니다.

13.4.3 분산

개별 관측값이 평균으로부터 떨어져 있는 크기를 편차^{deviation}라고 하는데, 편차를 단순히 모두 더하면 0이 되므로 편차의 부호를 통일하기 위해 제곱하여 평균을 구한 것을 분산^{variance}이라고 합니다. 따라서 분산은 숫자형 컬럼의 원소가 평균으로부터 (평균적으로) 퍼져 있는 정도를 의미합니다. 분산이 작을수록 개별 관측값이 평균에 밀집해 있다고 판단할 수 있습니다.

$$\text{Var}(X) = \frac{1}{n} \sum_{i=1}^{n} (X_i - \bar{X})^2$$

> **함수** `var(x = 숫자형 벡터, na.rm = FALSE)`

위 공식은 편차 제곱합을 n으로 나누지만 R에서 분산을 반환하는 var() 함수는 n대신 n-1을 사용합니다. 왜냐하면 n을 사용한 샘플 데이터 분산의 기대값이 모집단의 분산과 다르기 때문입니다. 따라서 편차 제곱합을 n-1로 나누어야 불편 추정량이 됩니다.

Tip 우리는 모집단의 특성인 모수를 추정하기 위해 표본을 이용하여 추정량을 계산합니다. 예를 들어 모집단의 분산(줄여서 모분산)을 추정하기 위해 표본분산을 계산하는데요. 편차제곱합을 n으로 나누지 않고 n-1로 나누는 이유는 표본분산의 기대값이 모분산과 같아지도록 하기 위함입니다. 이렇듯 n 대신 n-1로 나누어주면 불편 추정량이 되는데, 여기에서 '불편'은 '편향(bias)되지 않은, 편향이 없는'이라는 의미가 됩니다. 편차제곱합을 n-1로 나누어주는 이유는 표본분산 공식에 사용된 표본평균 때문입니다. 자세한 내용은 통계 관련 서적을 참고하기 바랍니다.

거래금액의 분산을 출력해보겠습니다.

```
> var(x = apt$거래금액)   # ❶
[1] 91.60763
```

❶ 거래금액 컬럼의 분산을 출력합니다.

13.4.4 표준편차

분산은 편차 제곱의 평균이므로 원래 데이터와 척도가 다릅니다. 따라서 원래 데이터와 척도를 같도록 분산의 양의 제곱근을 구한 것이 표준편차입니다. 분산보다 표준편차standard deviation가 데이터의 퍼진 정도를 파악하기 더 좋습니다. 표준편차도 작을수록 개별 관측값이 평균에 밀집해 있다고 판단할 수 있습니다.

$$\text{SD}(X) = \sqrt{\frac{1}{n}\sum_{i=1}^{n}(X_i - \bar{X})^2}$$

함수   `sd(x = 숫자형 벡터, na.rm = FALSE)`

sd() 함수를 사용해 거래금액 컬럼의 표준편차를 출력해보겠습니다.

```
> sd(x = apt$거래금액)    # ❶
[1] 9.571188
```

❶ 거래금액 컬럼의 표준편차를 출력합니다.

13.5 선형관계 : 공분산, 상관계수

기술통계에서 선형관계란 하나의 컬럼이 증가할 때 다른 컬럼도 직선으로 증가하거나 감소하는 관계에 있는지 여부를 의미합니다. 선형관계를 확인할 때 사용하는 공분산과 상관계수를 알아보겠습니다.

13.5.1 공분산

공분산covariance은 2개의 숫자형 컬럼 간 선형관계의 방향을 나타내는 통계량입니다. 분산 공식에서 x의 편차 제곱 대신 x와 y의 편차를 곱한 겁니다. 즉, x와 y가 각각의 평균으로부터 떨어져 있는 정도를 곱한 것인데, 공분산 값이 양수이면 x가 증가할 때 y도 증가한다는 것을 의미하고 공분산 값이 음수이면 x가 증가할 때 y는 감소한다는 것을 의미합니다. x와 y의 척도가 서로 다를 수 있으므로 공분산으로는 상관관계의 방향만 알 수 있습니다.

$$\mathrm{Cov}(X, Y) = \frac{1}{n} \sum_{i=1}^{n} (X_i - \bar{X})(Y_i - \bar{Y})$$

함수 `cov(x = 숫자형 벡터, y = 숫자형 벡터, use = 'everything')`

분산을 반환하는 var() 함수와 같이 cov() 함수도 n 대신 n-1을 사용합니다. 그리고 x와 y에 결측값이 있으면 항상 NA를 반환합니다. 따라서 결측값을 제외하고 공분산을 반환하려면 use = 'complete'를 추가합니다. 전용면적과 거래금액 컬럼의 공분산을 출력해보겠습니다.

```
> cov(x = apt$전용면적, y = apt$거래금액)  # ❶
[1] 319.7721
```

❶ 전용면적과 거래금액 컬럼의 공분산을 출력합니다.

13.5.2 상관계수

상관계수^{correlation coefficient}는 공분산을 각 컬럼의 표준편차로 각각 나눈 통계량입니다. 두 컬럼의 척도가 서로 다를 수 있기 때문에 공분산으로는 상관관계의 방향만 알 수 있지만, 공분산을 두 컬럼의 표준편차로 각각 나누어줌으로써 각 컬럼이 표준화되므로 상관계수는 두 컬럼 간 선형관계의 방향과 강도를 함께 나타냅니다. 상관계수는 -1 ~ 1 값을 가지는데, 1에 가까울수록 강한 양의 상관관계를 가지며, 반대로 -1에 가까울수록 강한 음의 상관관계를 갖습니다. 상관계수가 0에 가까울수록 상관관계가 없다고 판단합니다.

$$\mathrm{Cor}(X, Y) = \frac{1}{n} \sum_{i=1}^{n} \frac{(X_i - \bar{X})(Y_i - \bar{Y})}{s_X s_Y}$$

함수 `cor(x = 숫자형 벡터, y = 숫자형 벡터, use = 'everything', method = 'pearson')`

cor() 함수의 method 매개변수에는 'pearson'이 기본값입니다. 피어슨 상관계수는 2개의 숫자형 컬럼이 정규분포를 따를 때 사용합니다. 만약 x, y 매개변수에 지정된 벡터가 이산형 또는 순서형이라면 method 매개변수에 'spearman'(스피어만) 또는 'kendall'(켄달)을 지정합니다.

전용면적과 거래금액 컬럼의 상관계수를 출력해보겠습니다.

```
> cor(x = apt$전용면적, y = apt$거래금액)  # ❶
[1] 0.7862965
```

❶ 전용면적과 거래금액 컬럼의 상관계수를 출력합니다.

학습 마무리

이상으로 다양한 기술통계량을 확인하는 방법을 알아봤습니다. 기술통계 분석은 탐색적 데이터 분석의 일환으로 연속형 및 범주형 컬럼에 대한 특징을 빠르게 파악할 때 사용하므로 데이터 분석 과정에서 반드시 실행해보기 바랍니다.

새로 배운 함수 모아보기

기술통계 분석으로 분석 데이터셋에서 숫자형 컬럼의 특징을 파악할 수 있습니다.

```
mean(x = 숫자형 컬럼, trim = 0, na.rm = FALSE) # 평균 반환
median(x = 숫자형 컬럼, na.rm = FALSE) # 중위수 반환

min(숫자형 컬럼, na.rm = FALSE) # 최솟값 반환
max(숫자형 컬럼, na.rm = FALSE) # 최댓값 반환
range(숫자형 컬럼, na.rm = FALSE) # 최소값과 최대값 반환

quantile(x = 숫자형 컬럼, na.rm = FALSE, probs = seq(0, 1, 0.25)) # 사분위수 반환
IQR(x = 숫자형 컬럼, na.rm = FALSE) # 사분범위 반환

var(x = 숫자형 컬럼, na.rm = FALSE) # 분산 반환
sd(x = 숫자형 컬럼, na.rm = FALSE) # 표준편차 반환

cov(x = 숫자형 컬럼1, y = 숫자형 컬럼2, use = 'everything') # 공분산 반환
cor(x = 숫자형 컬럼1, y = 숫자형 컬럼2, use = 'everything', method = 'pearson')
  # 상관계수 반환
```

데이터 시각화

☐ **학습 목표**	ggplot2 패키지에서 제공하는 함수를 사용해 히스토그램, 상자 수염 그림, 막대 그래프, 선 그래프, 산점도 시각화 그래프를 그려서 데이터의 주요 특징을 시각화합니다.
☐ **학습 순서**	1 사전 지식 : ggplot2 패키지
	2 데이터 시각화 종류
	3 실습 데이터셋 준비 및 폰트 추가
	4 히스토그램 시각화
	5 상자 수염 그림 시각화
	6 막대 그래프 시각화
	7 선 그래프 시각화
	8 산점도 시각화
☐ **데이터 시각화 소개**	데이터 시각화는 탐색적 데이터 분석 과정에서 히스토그램, 상자 수염 그림, 산점도 등 다양한 그래프를 이용하여 분석 데이터셋에 내재되어 있는 패턴을 발굴하고 이를 효과적으로 전달하는 과정입니다.
	• 분석 데이터셋에 대한 이해의 폭을 넓힐 수 있습니다.
	• 데이터 분석 과정에 참여하지 않은 사람에게 분석 결과를 쉽고 빠르게 전달할 수 있습니다.

14.1 사전 지식 : ggplot2 패키지

ggplot2 패키지는 데이터 시각화 필요한 함수를 다수 포함하고 있습니다. ggplot2 패키지로 그래프를 그릴 때, ggplot() 함수와 geom_*() 함수로 그래프의 골격을 만듭니다. ggplot2 패키지는 증 분 방식을 사용하므로 계층을 쌓아서 사용자가 원하는 그래프를 완성합니다.

- ggplot() 함수와 geom_*() 함수로 그래프의 기본 골격을 만듭니다.
- coord_*(), scale_*(), facet_*() 함수 등 필요한 레이어를 추가함으로써 그래프를 통해 전달하려는 메시지를 효과적으로 표현할 수 있습니다.
- 각 레이어는 파이프 연산자 대신 + 기호로 연결합니다.

14.1.1 ggplot() 함수 소개

ggplot() 함수는 전체 그래프에 적용될 데이터프레임과 그래프의 각 요소를 설정합니다.

```
함수    ggplot(data = df,
          mapping = aes(x = 컬럼명1, y = 컬럼명2, ...),
          color = '테두리 색',
          fill = '채우기 색',
          alpha = '투명도',
          shape = '점의 모양',
          size = '크기',
          stroke = '선 굵기',  ...)
```

ggplot() 함수의 data 매개변수에는 그래프 전체에 적용될 데이터프레임을 지정하고, mapping 매개변수에는 그래프 전체에 적용될 요소를 aes() 함수 안에 지정합니다. 'aes'는 '심미적'이라는 의미의 'aesthetic'에서 따온 겁니다. aes() 함수에는 기본적으로 x축과 y축에 놓일 컬럼명을 지정합니다. 그래프의 종류에 따라 컬럼을 1개만 지정해야 할 때가 있고, 2개 모두 지정해야 할 때가 있습니다. 예를 들어 히스토그램은 컬럼이 1개만 사용되고, 산점도는 2개 사용됩니다.

ggplot() 함수에는 전체 그래프에 적용될 요소를 지정합니다. 그래프의 요소로는 color(테두리 색), fill(채우기 색), alpha(투명도), shape(점의 모양), size(크기), stroke(선 굵기) 등이 있습니다. 예를 들어 color 매개변수에 'gray30'을 지정하면 전체 테두리를 '짙은 회색'으로 설정합니다.

그런데 특정 컬럼값에 따라 테두리 색이나 채우기 색을 다르게 설정하고 싶다면 color 또는 fill 매개변수를 aes() 함수 안으로 옮깁니다. 그리고 'gray30'처럼 단색을 지정하지 않고, 컬럼명을 따옴표 없이 지정합니다. 예를 들어 금액구분 컬럼값에 따라 채우기 색을 다르게 하려면 aes(fill = 금액구분)과 같이 지정합니다.

지금까지 설명한 내용은 이후 예제 코드를 통해 자세하게 안내하겠습니다만 ggplot2 패키지의 전체 내용은 매우 방대하므로 상세한 내용은 아래 링크를 참고하기 바랍니다.

- https://ggplot2.tidyverse.org/reference/index.html

14.1.2 geom_*() 함수 소개

geom_*() 함수는 그래프의 종류를 지정합니다. 아래 표는 geom_*() 함수로 시각화할 수 있는 그래프 종류를 정리한 겁니다. 위 링크를 방문하시면 더 많은 종류의 함수를 확인할 수 있습니다.

▼ ggplot2 패키지에서 지원하는 geom_*( ) 함수

함수	그래프
geom_histogram( )	히스토그램
geom_boxplot( )	상자 수염 그림
geom_bar( ), geom_col( )	일변량, 이변량 막대 그래프
geom_line( )	선 그래프
geom_point( )	산점도
geom_text( ), geom_label( )	그래프에 글자 및 라벨 추가
geom_hline( ), geom_vline( )	그래프에 수평선 및 수직선 추가

참고로 ggplot() 함수에서 설명했던 data, mapping, color, fill 등의 매개변수를 geom_*() 함수에도 그대로 사용할 수 있습니다. ggplot() 함수에 설정된 요소는 그래프 전체에 적용되지만, geom_*() 함수에 설정된 데이터프레임과 그래프의 각 요소는 해당 그래프에만 적용된다는 차이가 있습니다. 이와 관련한 자세한 내용은 산점도에서 예제 코드로 설명드리겠습니다.

14.1.3 ggplot2 패키지 함수 사용 예제

내장 데이터프레임 iris를 사용한 예제 코드를 소개합니다. 예제 코드에 사용된 개별 함수에 대한 내용은 각 절에서 상세하게 설명하겠습니다. 지금은 전체적인 분위기만 살펴보기 바랍니다.

```
> library(tidyverse)    # ❶
─ Attaching packages ──────────────── tidyverse 1.3.1 ─
✓ ggplot2 3.3.3    ✓ purrr    0.3.4  # ❷
✓ tibble  3.1.2    ✓ dplyr    1.0.6
✓ tidyr   1.1.3    ✓ stringr 1.4.0
✓ readr   1.4.0    ✓ forcats 0.5.1
─ Conflicts ──────────────── tidyverse_conflicts() ─
x dplyr::filter() masks stats::filter()
x dplyr::lag()    masks stats::lag()

> ggplot(data = iris,    # ❸
+          mapping = aes(x = Sepal.Length,    # ❹
+                        y = Sepal.Width,      # ❺
+                        fill = Species)) +    # ❻
+   geom_point(shape = 21, size = 3) +         # ❼
+   coord_cartesian(xlim = c(4, 8)) +          # ❽
+   theme_bw()  # ❾
```

❶ tidyverse 패키지를 호출합니다. ❷ ggplot2 패키지가 함께 호출됩니다. ❸ 그래프를 그린 데이터프레임을 설정합니다. ❹ x축에는 Sepal.Length 컬럼을 놓습니다. ❺ y축에는 Sepal. Width 컬럼을 놓습니다. ❻ 점의 채우기 색을 Species 컬럼값에 따라 다르게 설정합니다. ❼ 산점도를 그립니다. 점의 모양은 21, 점의 크기는 3으로 설정합니다. ❽ x축의 좌표 범위를 4부터 8까지 설정합니다. ❾ Black and White 테마를 추가합니다.

▼ ggplot2 패키지로 그린 산점도

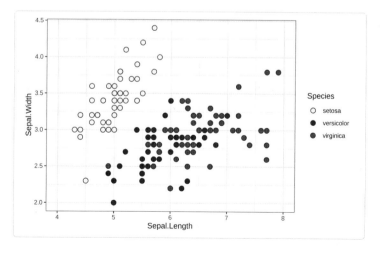

14.2 데이터 시각화 종류

데이터 시각화 그래프는 일변량, 이변량, 디변량으로 나타낼 수 있습니다. 관측 대상을 수치 하나로 나타내면 일변량, 둘로 나타내면 이변량, 셋 이상으로 나타내면 다변량 그래프입니다. 데이터 분석 과정에서 많이 사용되는 그래프 종류는 다음과 같습니다.

▼ 데이터 시각화 그래프

구분	예시	특징
히스토그램	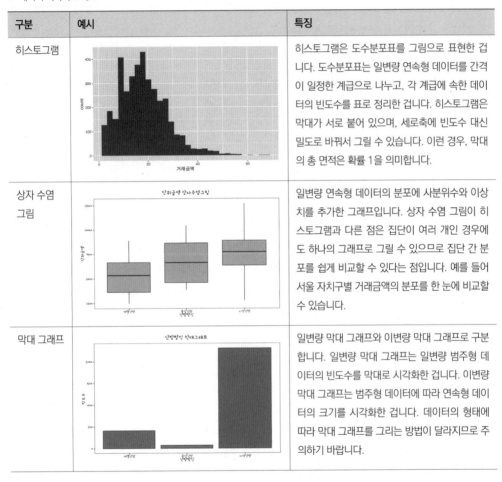	히스토그램은 도수분포표를 그림으로 표현한 겁니다. 도수분포표는 일변량 연속형 데이터를 간격이 일정한 계급으로 나누고, 각 계급에 속한 데이터의 빈도수를 표로 정리한 겁니다. 히스토그램은 막대가 서로 붙어 있으며, 세로축에 빈도수 대신 밀도로 바꿔서 그릴 수 있습니다. 이런 경우, 막대의 총 면적은 확률 1을 의미합니다.
상자 수염 그림		일변량 연속형 데이터의 분포에 사분위수와 이상치를 추가한 그래프입니다. 상자 수염 그림이 히스토그램과 다른 점은 집단이 여러 개인 경우에도 하나의 그래프로 그릴 수 있으므로 집단 간 분포를 쉽게 비교할 수 있다는 점입니다. 예를 들어 서울 자치구별 거래금액의 분포를 한 눈에 비교할 수 있습니다.
막대 그래프		일변량 막대 그래프와 이변량 막대 그래프로 구분합니다. 일변량 막대 그래프는 일변량 범주형 데이터의 빈도수를 막대로 시각화한 겁니다. 이변량 막대 그래프는 범주형 데이터에 따라 연속형 데이터의 크기를 시각화한 겁니다. 데이터의 형태에 따라 막대 그래프를 그리는 방법이 달라지므로 주의하기 바랍니다.

선 그래프	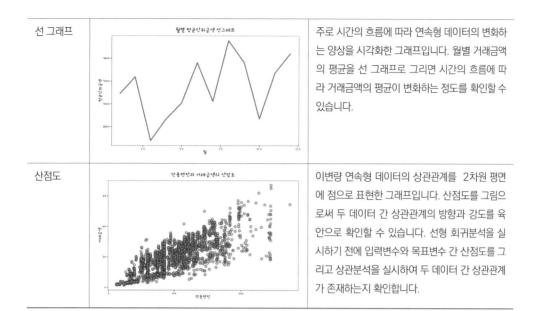	주로 시간의 흐름에 따라 연속형 데이터의 변화하는 양상을 시각화한 그래프입니다. 월별 거래금액의 평균을 선 그래프로 그리면 시간의 흐름에 따라 거래금액의 평균이 변화하는 정도를 확인할 수 있습니다.
산점도		이변량 연속형 데이터의 상관관계를 2차원 평면에 점으로 표현한 그래프입니다. 산점도를 그림으로써 두 데이터 간 상관관계의 방향과 강도를 육안으로 확인할 수 있습니다. 선형 회귀분석을 실시하기 전에 입력변수와 목표변수 간 산점도를 그리고 상관분석을 실시하여 두 데이터 간 상관관계가 존재하는지 확인합니다.

14.3 실습 데이터셋 준비 및 폰트 추가

실습 데이터셋을 준비하고 폰트를 추가해봅시다.

14.3.1 실습 데이터셋 준비

데이터 시각화 실습을 위해 12장에서 마지막에 저장했던 RDS 파일을 읽고 apt로 생성합니다.

```
> getwd()  # ❶
[1] "C:\\Users\\계정이름\\Documents\\DAwR"

> setwd(dir = './data')  # ❷
> list.files()  # ❸
[1] "APT_Dataset_Gangnam_2020.RDS" "APT_Detail_Gangnam_2020.csv"
[3] "APT_Price_Gangnam_2020.csv"   "APT_Price_Gangnam_2020.RDS"
[5] "iris.csv"                     "iris.RDA"
[7] "iris.RDS"                     "iris.xlsx"
[9] "irisAll.RDA"

> apt <- readRDS(file = 'APT_Dataset_Gangnam_2020.RDS')  # ❹
```

❶ 현재 작업 경로를 확인합니다. ❷ RDS 파일이 저장된 [data] 폴더로 작업 경로를 변경합니다. ❸ 현재 작업 경로에 저장된 폴더명과 파일명을 문자형 벡터로 출력합니다. ❹ RDS 파일을 읽고 데이터프레임 apt를 생성합니다.

14.3.2 한글 폰트 추가

윈도우는 한글 폰트를 설정해주지 않아도 한글이 제대로 출력됩니다. 하지만 한글 폰트를 설정함으로써 그래프를 예쁘게 꾸밀 수 있습니다. 맥OS는 한글 폰트를 설정하지 않으면 한글이 네모로 출력되므로 반드시 한글 폰트를 설정하도록 합니다.

01 구글 폰트(https://fonts.google.com/?subset=korean)에 등록된 한글 폰트 중 마음에 드는 것을 고릅니다. 예를 들어 구글 폰트 사이트에서 Nanum Gothic 폰트를 선택했다고 가정하겠습니다. 다음 그림에 표시한 네모 안 글자를 기억하기 바랍니다. 폰트 이름이므로 대소문자와 띄어쓰기가 모두 맞아야 합니다.

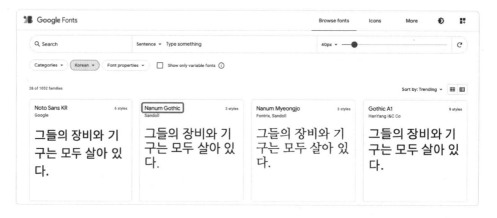

02 구글 폰트에 등록된 한글 폰트를 설정하려면 showtext 패키지를 호출해야 합니다.
❶ [Packages] 탭 클릭 → ❷ [install] 클릭 → ❸ Packages에 'showtext'를 입력 → ❹ [install]을 클릭합니다.

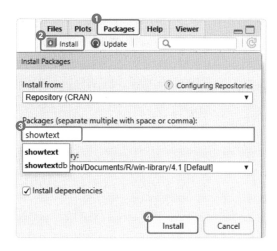

showtext 패키지가 호출되면서 의존성 있는 sysfonts 패키지도 함께 호출되는데, sysfonts 패키지의 font_add_google() 함수로 원하는 한글 폰트를 추가할 수 있습니다. font_add_google() 함수의 name 매개변수에 구글 폰트 사이트에서 선택했던 한글 폰트명을 지정하고, family 매개변수에는 앞으로 RStudio에서 사용할 폰트명을 입력합니다. 참고로 폰트는 여러 개 추가할 수 있습니다.

함수
```
font_add_google(name = '구글 폰트명', family = 'RStudio에서 사용할 폰트명')
showtext_auto()
```

03 원하는 한글 폰트를 모두 추가했다면 마지막으로 showtext_auto() 함수를 실행해야 한글 폰트 설정이 완료됩니다.

한글 폰트를 설정합시다.

```
> library(showtext)  # ❶
Loading required package: sysfonts  # ❷
Loading required package: showtextdb

> font_add_google(name = 'Nanum Gothic', family = 'NanumGothic')  # ❸
> font_add_google(name = 'Gamja Flower', family = 'GamjaFlower')

> showtext_auto()  # ❹
```

❶ showtext 패키지를 호출합니다. ❷ sysfonts 및 showtextdb 패키지가 함께 호출됩니다. ❸ Nanum Gothic과 Gamja Flower 폰트를 추가합니다. ❹ 한글 폰트를 사용할 수 있도록 설정합니다.

참고로 showtext 패키지를 활용한 한글 폰트 설정 코드는 필요할 때마다 매번 실행해야 한다는 번거로움이 있습니다.

14.4 히스토그램 시각화

히스토그램은 일변량 연속형 컬럼의 분포를 시각화한 겁니다. 가장 기본적인 히스토그램을 그려보겠습니다. ggplot2 패키지로 히스토그램을 그릴 때 geom_histogram() 함수를 사용합니다. color, fill 등 ggplot() 함수에서 사용된 매개변수가 geom_histogram() 함수에서도 사용될 수 있다는 점을 기억하기 바랍니다.

함수
```
geom_histogram(bins = NULL, breaks = NULL, color = NULL, fill = NULL, ...)
```

geom_histogram() 함수의 bins 매개변수에는 막대 개수를 정수로 지정하고, breaks 매개변수에는 막대 경계를 실수형 벡터로 지정합니다. bins 또는 breaks를 생략하면 bins에 기본값인 30이 자동으로 지정됩니다.

14.4.1 히스토그램 기본형 그리기

연속형 컬럼인 거래금액 컬럼에 대한 히스토그램 기본형을 그려보겠습니다.

```
> ggplot(data = apt, mapping = aes(x = 거래금액)) +   # ❶
+   geom_histogram()  # ❷
`stat_bin()` using `bins = 30`. Pick better value with `binwidth`.   # ❸
```

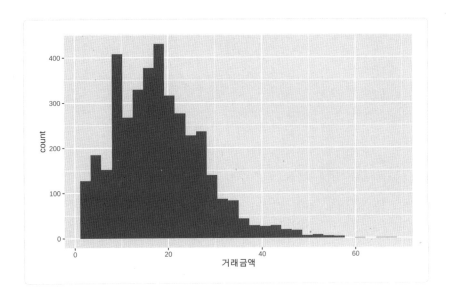

❶ 전체 그래프에 적용될 데이터프레임과 x축에 거래금액 컬럼을 지정합니다. ❷ 히스토그램을 그립니다. ❸ geom_histogram() 함수 안에 아무런 설정을 하지 않았을 때 출력되는 안내문구입니다. 이 안내문구가 출력되지 않도록 하려면 geom_histogram() 함수 안에 bins 또는 breaks 매개변수를 추가하면 됩니다.

14.4.2 히스토그램 막대 간격과 채우기 및 테두리 색 설정

위 그림을 보면 히스토그램의 테두리 색과 채우기 색이 검정색으로 설정되어 있으므로 막대의 경계를 구분할 수 없습니다. 따라서 테두리 색과 채우기 색을 다르게 설정해주는 것이 좋습니다. 아울러 히스토그램 막대는 거래금액 컬럼의 최솟값에서 시작하며, 막대 경계는 자동으로 설정되므로 히스토그램을 이해하기 어렵습니다. 따라서 히스토그램을 그리기 전에 해당 컬럼의 최솟값과 최댓값을 미리 확인하고, 막대 경계를 적당한 간격으로 설정해주면(이를 '비닝'이라고 합니다) 보기 좋은 히스토그램을 그릴 수 있습니다.

```
> range(apt$거래금액)  # ❶
[1]  1.5 67.0
> breaks <- seq(from = 0, to = 70, by = 2)  # ❷
> ggplot(data = apt, mapping = aes(x = 거래금액)) +
+   geom_histogram(breaks = breaks, color = 'gray30', fill = 'pink')  # ❸
```

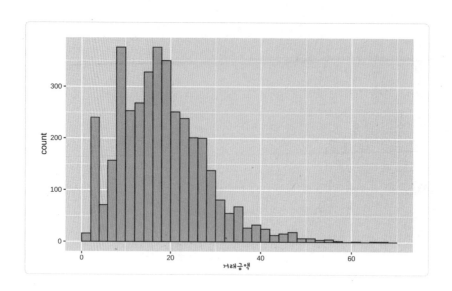

❶ 거래금액 컬럼의 최솟값과 최댓값을 확인합니다. ❷ 히스토그램의 막대 경계를 0부터 70까지 2 간격으로 설정한 breaks로 생성합니다. 이때 주의해야 할 점은 막대 경계의 시작은 최솟값보다 작거나 같고, 경계의 끝은 최댓값보다 크거나 같아야 한다는 겁니다. 한편 막대 간격에 따라 막대 개수가 결정되므로, 여러 번 그렸을 때 가장 적당한 간격으로 설정합니다. ❸ geom_histogram() 함수 안에 막대의 경계를 breaks로 설정하고, 막대의 테두리 색은 '짙은 회색', 막대의 채우기 색은 '분홍색'으로 설정합니다.

14.4.3 히스토그램 제목 및 완성된 테마 추가

위 그림에서 세로축 이름이 'count'로 자동 설정되었습니다. 만약 그래프의 제목을 추가하고 x축, y축 이름을 변경하려면 labs() 함수를 사용합니다. 그런데 그래프의 제목과 축 이름을 한글로 추가하려면 한글 폰트를 설정해주는 것이 좋습니다. theme_bw() 함수는 ggplot2 패키지에서 제공하는 완성된 테마 함수입니다. theme_bw() 함수의 base_family 매개변수에 기본 한글 폰트명을 지정하면 모든 문자에 적용됩니다.

함수
```
labs(title = '제목', x = 'x축 이름', y = 'y축 이름')
theme_bw(base_family = '한글 폰트명')
```

참고로 ggplot2 패키지에는 theme_bw() 함수 외에도 8개의 완성된 테마 함수가 더 있습니다.

이밖에 다양한 완성된 테마를 사용하고 싶다면 ggthemes 패키지를 참고하기 바랍니다.

```
> ggplot(data = apt, mapping = aes(x = 거래금액)) +
+   geom_histogram(breaks = breaks, color = 'gray30', fill = 'pink') +
+   labs(title = '거래금액 히스토그램', x = '거래금액', y = '빈도수') +    # ❶
+   theme_bw(base_family = 'GamjaFlower')  # ❷
```

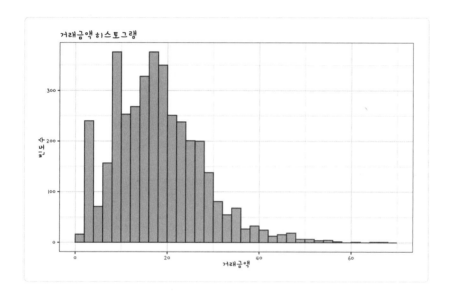

❶ 히스토그램의 제목 및 x축, y축 이름을 설정합니다. ❷ 그래프에 Black and White 테마를 추가합니다. 기본 한글 폰트를 'GamjaFlower'로 설정하면 모든 한글에 해당 폰트가 적용됩니다.

히스토그램의 막대 경계와 막대의 테두리 및 채우기 색을 변경하고, theme_bw() 함수를 추가만 했을 뿐인데 상당히 보기 좋은 그래프가 그려졌습니다. 그런데 만약 제목의 글씨 크기를 변경하거나 그래프에 있는 가로, 세로 그리드를 제거하고 싶다면 theme() 함수를 사용하여 사용자 테마를 설정합니다. ggplot() 함수와 마찬가지로 theme() 함수의 내용도 매우 방대하므로 상세한 내용은 아래 링크를 참고하기 바랍니다.

• https://ggplot2.tidyverse.org/reference/theme.html

14.4.4 히스토그램 테마 수정하기

위 그림에서 제목 폰트 크기를 키우고, 제목의 위치를 가운데 정렬로 변경한 다음, 그래프에 있는 가로, 세로 격자grid를 제거하는 테마 설정 코드를 살펴봅시다.

```
> ggplot(data = apt, mapping = aes(x = 거래금액)) +
+   geom_histogram(breaks = breaks, color = 'gray30', fill = 'pink') +
+   labs(title = '거래금액 히스토그램', x = '거래금액', y = '빈도수') +
+   theme_bw(base_family = 'GamjaFlower') +
+   theme(plot.title = element_text(size = 14, hjust = 0.5),   # ❶
+         panel.grid = element_blank())   # ❷
```

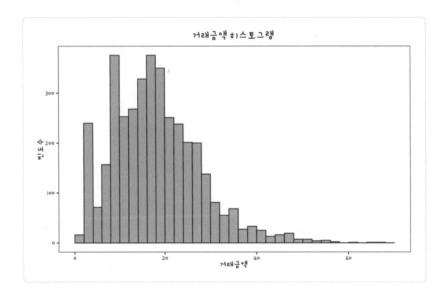

❶ 제목 폰트 크기(기본값 : 11)를 14로 키우고, 위치를 가운데 정렬로 설정합니다. ❷ 그래프에 있는 가로, 세로 격자를 제거합니다. theme에서 특정 요소를 제거할 때 element_black() 함수를 사용합니다.

만약 테마 관련 코드를 반복해서 사용한다면 사용자 테마를 따로 생성하는 것이 좋습니다.

```
> mytheme <- theme_bw(base_family = 'NanumGothic') +   # ❶
+   theme(plot.title = element_text(size = 14, hjust = 0.5),
+         panel.grid = element_blank())
```

❶ theme_bw() 함수와 theme() 함수로 설정한 테마를 사용자 테마로 생성합니다. 이때 주의할 사항은 theme_bw() 함수 다음에 theme() 함수를 사용한다는 점입니다. 만약 순서가 뒤바뀌면

theme() 함수로 설정한 테마가 theme_bw() 함수에 의해 덮어쓰이기 때문에 원하는 결과를 얻을 수 없습니다. 이후 그래프를 그릴 때는 마지막에 mytheme을 추가하겠습니다.

14.5 상자 수염 그림 시각화

상자 수염 그림은 일변량 연속형 데이터의 분포에 사분위수와 이상치를 시각화한 겁니다. 히스토그램과 달리 상자 수염 그림은 데이터의 분포를 세로로 표현합니다.

▼ 상자 수염 그림

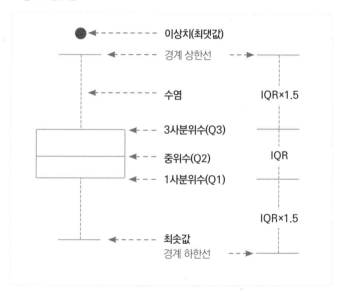

위 그림에서 상자의 바닥은 1사분위수, 가운데 굵은 선은 중위수, 상자의 천장은 3사분위수입니다. 기술통계 분석에서 3사분위수와 1사분위수의 간격을 사분범위라고 설명한 바 있습니다. 1사분위수에서 사분범위에 1.5를 곱한 값을 내려서 경계 하한, 3사분위수에서 사분범위에 1.5를 곱한 값을 올려서 경계 상한을 정합니다. 만약 경계 하한 작은 값이 있거나 경계 상한보다 큰 값이 있으면 이상치로 표현합니다. 어울러 경계 하한과 경계 상한을 가로선으로 추가합니다. 하지만 이상치가 없을 때는 최솟값과 최댓값을 가로선으로 표현합니다. 위 그림을 보면 경계 상한보다 큰 값이 있으므로 경계 상한을 가로선으로 긋고 이상치를 점으로 추가했지만, 경계 하한보다 작은 값은 없으므로 최솟값을 가로선으로 그렸습니다.

ggplot2 패키지로 상자 수염 그림을 그릴 때 geom_boxplot() 함수를 사용합니다. geom_boxplot() 함수에만 추가할 수 있는 매개변수로는 outlier.color(이상치 점의 테두리 색), outlier.fill(이상치 점의 채우기 색), outlier.shape(이상치 점의 모양), outlier.size(이상치 점의 크기), outlier.stroke(이상치 테두리 선 굵기), outlier.alpha(이상치 점의 투명도) 등 이상치 관련된 것들입니다.

함수
```
geom_boxplot(color = NULL, fill = NULL, outlier.color = NULL,
             outlier.fill = NULL, outlier.shape = 19, outlier.size = 1.5,
             outlier.stroke = 1.5, outlier.alpha = NULL, …)
```

14.5.1 일변량 상자 수염 그림

단위금액 컬럼으로 상자 수염 그림을 세로 방향으로 세워서 그려보겠습니다.

```
> ggplot(data = apt, mapping = aes(y = 단위금액)) +  # ❶
+   geom_boxplot(color = 'gray30', fill = 'pink',   # ❷
+                outlier.color = 'darkred', outlier.fill = 'red',  # ❸
+                outlier.shape = 21, outlier.size = 3,  # ❹
+                outlier.stroke = 2, outlier.alpha = 0.5) +  # ❺
+   labs(title = '단위금액 상자 수염 그림') +  # ❻
+   mytheme  # ❼
```

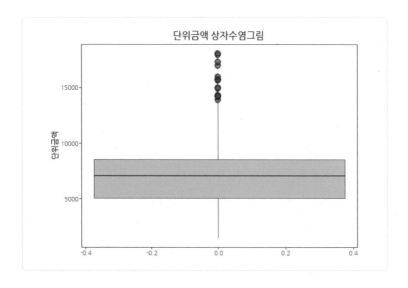

❶ 전체 그래프에 사용될 데이터프레임과 y축에 단위금액 컬럼을 지정합니다. 만약 y 대신 x를 사용하면 상자 수염 그림을 가로 방향으로 눕혀서 그립니다. ❷ 상자 수염 그림을 그립니다. 상자의 테두리 색을 '짙은 회색', 상자의 채우기 색을 '분홍색'으로 각각 설정합니다. ❸ 이상치 점의 테두리 색을 '어두운 빨간색', 이상치 점의 채우기 색을 '빨간색'으로 각각 설정합니다. ❹ 이상치 점의 모양을 21, 이상치 점의 크기를 3으로 설정합니다. 점의 모양은 아래 그림을 참고하세요. ❺ 이상치 점의 테두리 선 굵기를 2, 이상치 점의 투명도를 0.5로 설정합니다. 투명도는 0일 때 완전투명이 되고, 1일 때 완전불투명이 됩니다. 따라서 0.5는 반투명으로 표시됩니다. ❻ 그래프의 제목을 추가합니다. ❼ 마지막에 사용자 테마를 추가합니다.

▼ 점의 모양

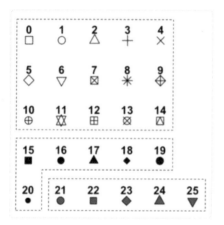

shape(점의 모양) 매개변수에는 위 표에 있는 26가지 중 하나를 설정할 수 있습니다. 0~14번 모양은 채우기 색 없이 테두리 색만 있으므로 color 매개변수로 테두리 색을 지정합니다. 15~20번 모양은 테두리와 채우기 색이 같으므로 color 매개변수로 테두리와 채우기 색을 동시에 지정합니다. 21~25번 모양은 테두리와 채우기 색이 다르므로 color 매개변수로 테두리 색, fill 매개변수로 채우기 색을 각각 지정합니다. 이외에 '@', '★'과 같이 원하는 모양의 한 글자를 점의 모양으로 설정할 수 있습니다. 관심 있는 분은 직접 해보기 바랍니다.

14.5.2 이변량 상자 수염 그림

상자 수염 그림은 일변량 컬럼의 분포와 사분위수 및 이상치를 표현할 수 있다는 장점이 있지만, 상자 수염 그림의 최대 장점은 x축에 명목형 또는 범주형 벡터를 설정하면 벡터의 원소별 분포를 한꺼번에 시각화할 수 있다는 겁니다. 예를 들어 x축에 codeHeatNm(난방방식) 컬럼을 지정하면 '개별난방', '중앙난방', '지역난방'별 단위금액 데이터로 상자 수염 그림을 그릴 수 있습니다.

```
> apt1 <- apt %>% filter(!is.na(x = codeHeatNm))   # ❶
> ggplot(data = apt1, mapping = aes(x = codeHeatNm, y = 단위금액)) +   # ❷
+   geom_boxplot(color = 'gray30', fill = 'pink',
+                outlier.color = 'darkred', outlier.fill = 'red',
+                outlier.shape = 21, outlier.size = 3,
+                outlier.stroke = 2, outlier.alpha = 0.5) +
+   labs(title = '단위금액 상자 수염 그림', x = '난방방식') +   # ❸
+   mytheme
```

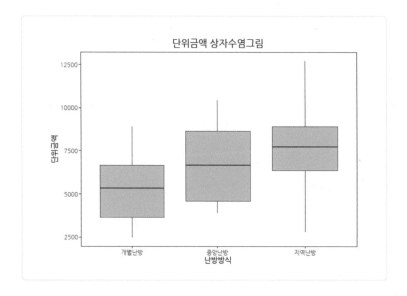

❶ codeHeatNm에 결측값이 없는 행만 남겨서 apt1을 생성합니다. ❷ 전체 그래프에 적용될 데이터프레임을 apt1으로 변경하고, x축에 codeHeatNm 컬럼을 추가합니다. ❸ x축 이름을 '난방방식'으로 설정합니다.

14.5.3 색 바꾸고 범례 추가하기

위 그림에서 x축에 codeHeatNm 원소별로 상자 수염 그림을 그려봄으로써 분포가 서로 다르다는 것을 확인할 수 있습니다. 그런데 만약 상자의 채우기 색을 서로 다르게 설정하고 싶다면

geom_boxplot() 함수 안에서 fill 매개변수를 aes() 함수 안에 넣어주면 됩니다. 그리고 'pink'
라는 문자열 대신 codeHeatNm 컬럼값을 지정합니다.

```
> ggplot(data = apt1, mapping = aes(x = codeHeatNm, y = 단위금액)) +
+   geom_boxplot(mapping = aes(fill = codeHeatNm), color = 'gray30',  # ❶
+               outlier.color = 'darkred', outlier.fill = 'red',
+               outlier.shape = 21, outlier.size = 3,
+               outlier.stroke = 2, outlier.alpha = 0.5) +
+   labs(title = '단위금액 상자 수염 그림', x = '난방방식') +
+   mytheme
```

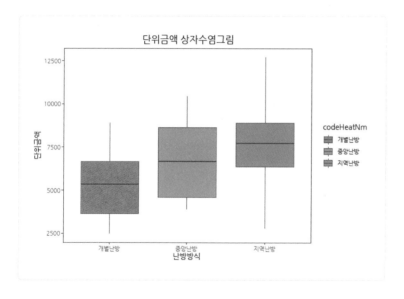

❶ 상자의 채우기 색을 codeHeatNm 컬럼값에 따라 다르게 설정합니다.

14.5.4 범례 제거하기

위 그림을 보면 오른쪽에 범례가 자동으로 추가되었음을 알 수 있습니다. 그래프에 범례가 있으면
그래프를 이해하기 좋을 때가 많지만 지금은 x축에 컬럼값이 있으므로 굳이 범례가 필요 없을 수
있습니다. 만약 범례가 필요 없다면 theme() 함수에 관련 설정을 추가할 수 있습니다.

```
> ggplot(data = apt1, mapping = aes(x = codeHeatNm, y = 단위금액)) +
+   geom_boxplot(mapping = aes(fill = codeHeatNm), color = 'gray30',
+                outlier.color = 'darkred', outlier.fill = 'red',
+                outlier.shape = 21, outlier.size = 3,
+                outlier.stroke = 2, outlier.alpha = 0.5) +
+   labs(title = '단위금액 상자 수염 그림', x = '난방방식') +
+   mytheme +
+   theme(legend.position = 'none')   # ❶
```

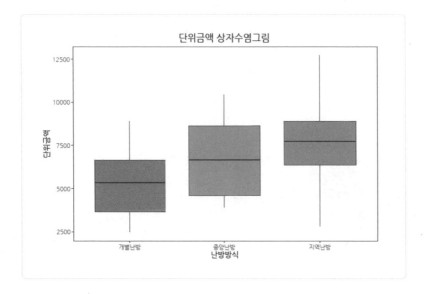

❶ 범례를 제거합니다. 'none' 대신 'left', 'right', 'top', 'bottom' 등을 지정하면 원하는 위치에 범례를 옮길 수 있습니다.

14.6 막대 그래프 시각화

일변량 막대 그래프는 명목형 또는 범주형 벡터의 원소별 빈도수를 시각화한 겁니다. ggplot2 패키지에서 일변량 막대 그래프를 그릴 때 geom_bar() 함수를 사용합니다. geom_bar() 함수 안에 테두리, 채우기 등 요소를 추가할 수 있습니다.

함수   geom_bar(color = NULL, fill = NULL, ...)

14.6.1 일변량 막대 그래프 그리기

결측값을 제거한 apt1의 codeHeatNm 컬럼의 원소별 빈도수로 막대 그래프를 그려보겠습니다.

```
> ggplot(data = apt1, mapping = aes(x = codeHeatNm)) +  # ❶
+   geom_bar(mapping = aes(fill = codeHeatNm), color = 'gray30') +      # ❷
+   labs(title = '난방방식 막대 그래프', x = '난방방식', y = '빈도수') +  # ❸
+   mytheme +
+   theme(legend.position = 'none')
```

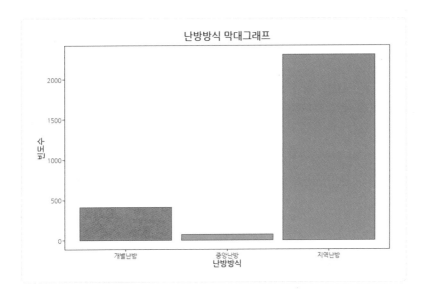

❶ 전체 그래프에 적용될 데이터프레임을 apt1, x축에 codeHeatNm 컬럼을 지정합니다. ❷ 막대 그래프를 그립니다. 막대의 채우기 색은 codeHeatNm 컬럼값에 따라 다르게 설정하고 테두리 색은 '짙은 회색'으로 지정합니다. ❸ 그래프 제목 및 x축과 y축 이름을 추가합니다.

14.6.2 이변량 막대 그래프 그리기

앞의 그림에서 3가지 난방방식에 따라 거래된 아파트의 건수가 크게 차이난다는 것을 시각적으로 알 수 있습니다. 막대 위 또는 아래에 빈도수를 추가한다면 그래프의 완성도를 높일 수 있을 겁니다. 지금 그래프에도 빈도수를 추가할 수 있지만 코드가 조금 까다롭습니다. 따라서 이변량 막대 그래프 그리는 방법을 소개하면서 막대 위에 빈도수를 추가해보겠습니다.

ggplot2 패키지에서 이변량 막대 그래프를 그릴 때 geom_col() 함수를 사용합니다. geom_col() 함수 안에 테두리, 채우기 등 요소를 추가할 수 있습니다.

함수
```
geom_col(color = NULL, fill = NULL, ...)
```

이변량 막대 그래프를 그리려면 dplyr 패키지를 이용하여 요약 데이터를 만들어야 합니다. codeHeatNm 컬럼으로 그룹을 지정하고 집계함수로 빈도수를 계산하여 새로운 데이터프레임을 생성하겠습니다.

```
> apt1 %>% group_by(codeHeatNm) %>% summarise(freq = n()) -> heatCnt   # ❶
> str(object = heatCnt)   # ❷
tibble [3 × 2] (S3: tbl_df/tbl/data.frame)
 $ codeHeatNm: chr [1:3] "개별난방" "중앙난방" "지역난방"
 $ freq      : int [1:3] 409 71 2306
```

❶ apt1에서 codeHeatNm 컬럼으로 그룹을 설정하고 집계함수로 codeHeatNm 컬럼의 원소별 빈도수를 계산하여 데이터프레임 heatCnt를 생성합니다. ❷ heatCnt의 구조를 확인합니다. heatCnt는 행 길이가 3, 열 길이가 2인 티블입니다.

새로 생성한 heatCnt로 이변량 막대 그래프를 그려보겠습니다.

```
> ggplot(data = heatCnt, mapping = aes(x = codeHeatNm, y = freq)) +      # ❶
+   geom_col(mapping = aes(fill = codeHeatNm), color = 'gray30') +       # ❷
+   labs(title = '난방방식 막대 그래프', x = '난방방식', y = '빈도수') +
+   mytheme +
+   theme(legend.position = 'none')
```

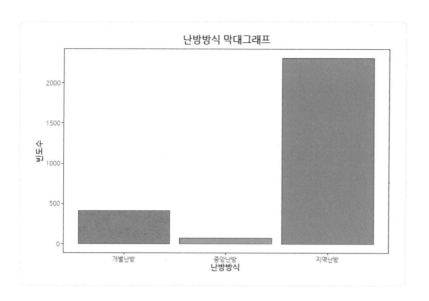

❶ 전체 그래프에 적용될 데이터프레임을 heatCnt, x축에 codeHeatNm, y축에 freq 컬럼을 지정합니다. ❷ 막대 그래프를 그립니다.

출력된 그림을 보면 일변량 막대 그래프와 다를 바가 없습니다. 다만 ggplot() 함수에서 x축과 y축을 설정했을 때 geom_bar() 함수를 사용하면 에러가 발생한다는 점에 유의하기 바랍니다.

14.6.3 빈도수 추가하기

막대 위에 빈도수를 추가하려면 두 가지 함수를 사용해야 합니다. 첫 번째 함수는 그래프에 텍스트를 추가할 때 사용하는 geom_text() 함수이고, 두 번째 함수는 x축 또는 y축을 제한할 때 사용하는 coord_cartesian() 함수입니다.

함수
```
geom_text(mapping = aes(x = 컬럼명1, y = 컬럼명2, label = 컬럼명3),
          color = NULL, vjust = NULL, hjust = NULL, size = 4, ...)
coord_cartesian(xlim = NULL, ylim = NULL)
```

geom_text() 함수에는 텍스트를 추가할 x축, y축 좌표 및 라벨을 컬럼명으로 지정합니다. 막대 위에 빈도수를 추가할 때는 y축 좌표와 라벨에 같은 컬럼명을 지정합니다. vjust 매개변수에는 라벨이 출력될 위치를 세로 방향으로 미세 조정합니다. 0.5일 때 막대의 정가운데로 설정되고

0.5보다 작을수록 위쪽으로 이동합니다. hjust 매개변수에는 라벨이 출력될 위치를 가로 방향으로 미세 조정합니다. 0.5일 때 막대의 정가운데로 설정되고 0.5보다 작을수록 오른쪽으로 이동합니다.

coord_cartesian() 함수에는 x축과 y축의 제한을 설정할 수 있는데, 시작과 끝 위치를 원소로 갖는 벡터를 지정합니다. 막대 그래프에서 막대 위에 텍스트를 추가할 때 y축을 제한하는 이유는 y축을 조금 키워서 일부 텍스트가 잘리지 않도록 하기 위함입니다. 참고로 cartesian은 프랑스 수학자 르네 데카르트가 발명한 데카르트 좌표계를 의미하며, 2차원 데카르트 좌표계를 좌표평면이라고 합니다.

이변량 막대 그래프에 y축 제한을 설정하여 y축을 조금 키우고, 막대 위에 빈도수를 추가해보겠습니다.

```
> ggplot(data = heatCnt, mapping = aes(x = codeHeatNm, y = freq)) +
+   geom_col(mapping = aes(fill = codeHeatNm), color = 'gray30') +
+   coord_cartesian(ylim = c(0, 2500)) +    # ❶
+   geom_text(mapping = aes(label = freq),  # ❷
+             vjust = -1, size = 3) +  # ❸
+   labs(title = '난방방식 막대 그래프', x = '난방방식', y = '빈도수') +
+   mytheme +
+   theme(legend.position = 'none')
```

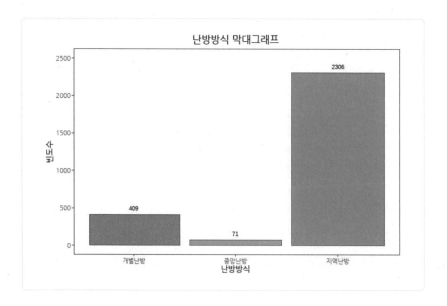

❶ y축을 0부터 2500으로 제한합니다. 기존 그래프보다 y축의 범위를 조금 키운 겁니다. ❷ 막대 위에 빈도수를 추가합니다. aes() 함수 안에 x축과 y축은 별도로 추가할 필요가 없으므로 생략하였고, label 매개변수가 텍스트로 출력할 freq 컬럼명을 지정했습니다. ❸ vjust 매개변수에 -1을 지정하면 라벨이 출력되는 위치를 위로 이동시킵니다. 라벨의 크기는 3으로 줄입니다.

14.7 선 그래프 시각화

선 그래프는 주로 시간의 흐름에 따라 연속형 데이터의 변화를 시각화한 겁니다. 따라서 x축에 시간 관련 컬럼을 지정하고, y축에는 연속형 컬럼을 지정합니다. ggplot2 패키지에서 선 그래프를 그릴 때 geom_line() 함수를 사용합니다.

함수
```
geom_line(mapping = aes(group = 컬럼명), color = NULL, linetype = NULL,
          size = 0.5, ...)
```

14.7.1 이변량 선 그래프 그리기

월별 단위금액 컬럼의 평균을 갖는 데이터프레임으로 생성하고 선 그래프로 시각화해보겠습니다.

```
> apt1 %>%
+    group_by(월) %>%
+    summarise(평균단위금액 = mean(x = 단위금액)) -> monthMean   # ❶

> str(object = monthMean)   # ❷
tibble [12 × 2] (S3: tbl_df/tbl/data.frame)
 $ 월          : int [1:12] 1 2 3 4 5 6 7 8 9 10 ...
 $ 평균단위금액: num [1:12] 7089 7238 6679 6868 7009 ...

> ggplot(data = monthMean, mapping = aes(x = 월, y = 평균단위금액)) +    # ❸
+    geom_line(color = 'red', linetype = 1, size = 1) +   # ❹
+    labs(title = '월별 평균단위금액 선 그래프') +
+    mytheme
```

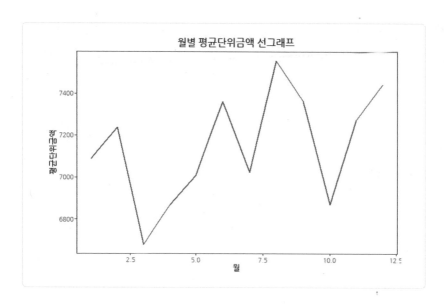

❶ apt1에서 월 컬럼으로 그룹을 설정하고 집계함수로 단위금액 컬럼의 평균을 계산하여 데이터
프레임 monthMean을 생성합니다. ❷ monthMean의 구조를 확인합니다. monthMean은 행
길이가 12, 열 길이가 2인 티블입니다. ❸ 전체 그래프에 적용될 데이터프레임을 monthMean,
x축에 월, y축에 평균단위금액 컬럼을 지정합니다. ❹ 선 그래프를 그립니다. 선의 색은 '빨간색',
선의 형태는 1번, 선의 크기는 1로 설정합니다. 참고로 선의 형태가 1번이면 실선(기본값), 2~6
번이면 다양한 점선으로 그립니다.

14.7.2 데이터 처리 : 단위금액 컬럼의 평균을 갖는 데이터프레임 생성

geom_line() 함수에는 group 매개변수가 있는데, group에 설정된 컬럼의 원소마다 선 그래프
를 그립니다. 이해를 돕기 위해 이번에는 apt1에서 월과 codeHeatNm 컬럼으로 그룹을 설정하
고 집계함수로 단위금액 컬럼의 평균을 갖는 데이터프레임을 생성하겠습니다.

```
> apt1 %>%
+   group_by(월, codeHeatNm) %>%
+   summarise(평균단위금액 = mean(단위금액), .groups = 'drop') -> monthMean2   # ❶

> str(object = monthMean2)   # ❷
tibble [36 × 3] (S3: tbl_df/tbl/data.frame)
 $ 월           : int [1:36] 1 1 1 2 2 2 3 3 3 4 ...
```

```
 $ codeHeatNm  : chr [1:36] "개별난방" "중앙난방" "지역난방" "개별난방" ...
 $ 평균단위금액: num [1:36] 5224 6194 7477 5435 6044 ...

> head(x = monthMean2)    # ❸
# A tibble: 6 x 3
      월 codeHeatNm 평균단위금액
   <int> <chr>             <dbl>
1      1 개별난방          5224.
2      1 중앙난방          6194
3      1 지역난방          7477.
4      2 개별난방          5435.
5      2 중앙난방          6044.
6      2 지역난방          7554.
```

❶ apt1에서 월과 codeHeatNm 컬럼으로 그룹을 설정하고 집계함수로 단위금액 컬럼의 평균을 계산하여 데이터프레임 monthMean2를 생성합니다. 참고로 2개 이상의 컬럼으로 그룹을 설정하면 summarise() 함수를 실행한 결과에 그룹 설정이 여전히 남아 있으므로 .groups = 'drop'을 추가하여 그룹을 제거해주는 것이 좋습니다. ❷ monthMean2의 구조를 확인합니다. monthMean2는 행 길이가 36, 열 길이가 3인 티블입니다. 이런 형태를 Long Type 데이터프레임이라고 합니다. ❸ monthMean2의 처음 여섯 행을 출력합니다. 월별 codeHeatMn 컬럼의 원소가 3개씩 행으로 저장되어 있습니다.

14.7.3 Long Type 데이터프레임으로 선 그래프 그리기

monthMean2로 선 그래프를 그려보겠습니다.

```
> ggplot(data = monthMean2, mapping = aes(x = 월, y = 평균단위금액)) +   # ❶
+   geom_line(color = 'red', size = 1) +    # ❷
+   labs(title = '월별 평균단위금액 선 그래프') +
+   mytheme
```

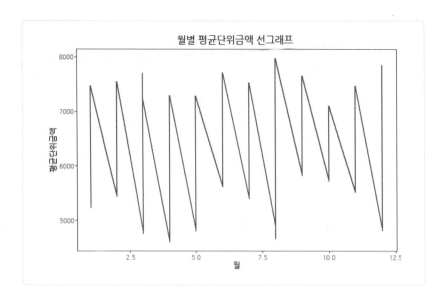

① 전체 그래프에 적용될 데이터프레임을 heatMean2, x축에 월, y축에 평균거래금액 컬럼을 지정합니다. ② 선 그래프를 그립니다. linetype 매개변수를 생략하면 실선으로 그립니다.

14.7.4 Long Type 데이터프레임으로 선 그래프 그릴 때 group으로 묶기

monthMean2로 선 그래프를 그렸더니 예상하지 못한 그래프가 그려졌습니다. 선 그래프가 이렇게 그려진 이유는 36개 행의 평균단위금액 컬럼값을 하나의 선 그래프로 그렸기 때문입니다. 이런 문제를 해결하려면 선 그래프를 그릴 때 group 매개변수에 codeHeatNm 컬럼을 지정해주어야 합니다. 아울러 x축 눈금이 소수점으로 표현되었습니다. 월 컬럼을 범주형 벡터로 변환하면 이 문제를 쉽게 해결할 수 있습니다.

```
> monthMean2 %>% mutate(월 = as.factor(x = 월)) -> monthMean2   # ①
> ggplot(data = monthMean2, mapping = aes(x = 월, y = 평균단위금액)) +
+   geom_line(mapping = aes(group = codeHeatNm, color = codeHeatNm),   # ②
+             size = 1) +
+   labs(title = '월별 평균단위금액 선 그래프') +
+   mytheme +
+   theme(legend.position = 'bottom')   # ③
```

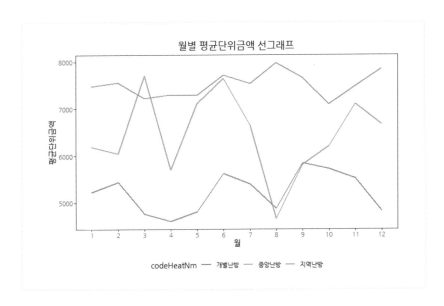

❶ heatMean2의 월 컬럼을 범주형으로 변환합니다. ❷ group과 color 매개변수에 codeHeatNm 컬럼을 지정합니다. 이렇게 함으로써 3개 그룹별로 색이 다른 선 그래프가 그려 집니다. ❸ 범례가 출력되는 위치를 바닥으로 설정합니다.

위 그림을 통해 난방방식에 따라 월별 평균단위금액의 변화를 비교할 수 있습니다. 중앙난방방식 은 총 건수가 71건에 불과하므로 월별 평균단위금액의 변동이 매우 심한 것으로 보입니다.

14.8 산점도 시각화

산점도는 이변량 연속형 데이터의 선형관계를 시각화한 겁니다. ggplot2 패키지로 산점도를 그 릴 때 geom_point() 함수를 사용합니다.

함수
```
geom_point(color = NULL, fill = NULL, shape = 19, alpha = NULL, size = 1.5,
           stroke = 0.5, ...)
```

14.8.1 이변량 산점도 그리기

apt의 전용면적과 거래금액 컬럼으로 산점도를 그리고 선형관계가 있는지 확인해보겠습니다.

```
> ggplot(data = apt, mapping = aes(x = 전용면적, y = 거래금액)) +  # ❶
+   geom_point(color = 'gray30', fill = 'gray80', shape = 21,
+               size = 2, alpha = 0.5, stroke = 1) +  # ❷
+   labs(title = '전용면적과 거래금액의 산점도') +
+   mytheme
```

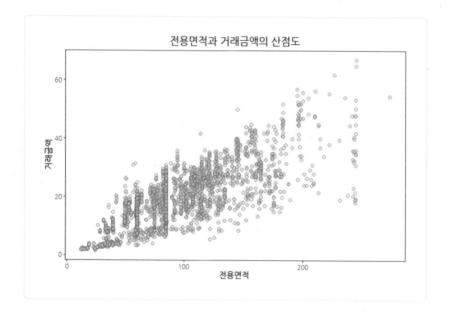

❶ 전체 그래프에 적용될 데이터프레임을 apt, x축에 전용면적, y축에 거래금액 컬럼을 설정합니다. 산점도를 그릴 때 원인이 되는 컬럼을 x축, 결과가 되는 컬럼을 y축에 설정하는 것이 좋습니다. ❷ 산점도를 그립니다. 점의 모양은 21, 점의 테두리 색은 '짙은 회색', 점의 채우기 색은 '밝은 회색', 점의 크기는 2, 점의 투명도는 0.5, 선의 굵기는 1로 설정합니다.

14.8.2 수직선/수평선으로 구역 나누기

ggplot2 패키지로 수직선 및 수평선을 그릴 때 geom_vline(), geom_hline() 함수를 사용합니다.

함수
```
geom_vline(xintercept = 숫자형 벡터, color = NULL, linetype = NULL, ...)
geom_hline(yintercept = 숫자형 벡터, color = NULL, linetype = NULL, ...)
```

산점도에 전용면적 컬럼의 평균으로 수직선, 거래금액 컬럼의 평균으로 수평선을 추가하면 산점도를 4개의 구역으로 나누어 볼 수 있습니다.

```
> ggplot(data = apt, mapping = aes(x = 전용면적, y = 거래금액)) +
+    geom_point(color = 'gray30', fill = 'gray80', shape = 21,
               size = 2, alpha = 0.5, stroke = 1) +
+    geom_vline(xintercept = mean(x = apt$전용면적), color = 'red', linetype = 2) +
+    geom_hline(yintercept = mean(x = apt$거래금액), color = 'red', linetype = 2) +
+    labs(title = '전용면적과 거래금액의 산점도') +
+    mytheme
```

▼ 이변량 산점도에 수직선과 수평선 추가

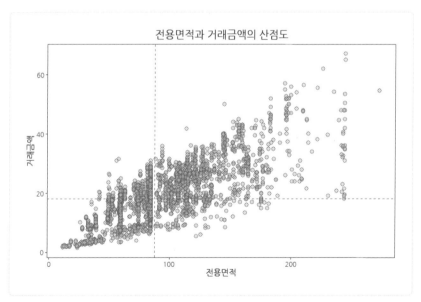

학습 마무리

이상으로 다양한 그래프를 그리는 방법을 알아봤습니다. 데이터 시각화는 분석 데이터셋에서 컬럼의 분포와 관계를 시각화함으로써 데이터셋에 대한 이해도를 높이고, 데이터 분석 과정에 참여하지 않은 사람들에게 효과적으로 전달할 수 있는 도구입니다. 데이터 시각화는 탐색적 데이터 분석의 일환으로 사용하므로 데이터 분석 과정에서 반드시 실행해보기 바랍니다.

새로 배운 함수 모아보기

데이터 시각화를 통해 분석 데이터셋에서 컬럼의 분포와 관계를 파악할 수 있습니다.

```
library(showtext)
font_add_google(name = '구글 폰트명', family = 'RStudio에서 사용할 폰트명')
# 구글 폰트에 등록된 한글 폰트를 추가합니다.

showtext_auto()
# 한글 폰트를 설정합니다.
```

```
ggplot(data = df,
       mapping = aes(x = 컬럼명1, y = 컬럼명2, …),
       color = '테두리 색',
       fill = '채우기 색',
       alpha = '투명도',
       shape = '점의 모양',
       size = '크기',
       stroke = '선 굵기', …)
# 전체 그래프에 사용될 데이터와 요소를 설정합니다.
```

```
geom_histogram(bins = NULL, breaks = NULL, color = NULL, fill = NULL, …)
# 히스토그램을 그립니다.
```

```
geom_boxplot(color = NULL, fill = NULL,
             outlier.color = NULL, outlier.fill = NULL,
             outlier.shape = 19, outlier.size = 1.5,
             outlier.stroke = 1.5, outlier.alpha = NULL, …)
# 상자수염그림을 그립니다.
```

```
geom_bar(color = NULL, fill = NULL, …) # 일변량 막대 그래프를 그립니다.
geom_col(color = NULL, fill = NULL, …) # 이변량 막대 그래프를 그립니다.
```

```
geom_line(mapping = aes(group = 컬럼명),
          color = NULL, linetype = NULL, size = 0.5, …)
# 선그래프를 그립니다.
```

```
geom_point(color = NULL, fill = NULL, shape = 19,
           alpha = NULL, size = 1.5, stroke = 0.5, …)
# 산점도를 그립니다.
```

R은 프로그래밍 언어이므로
자료구조와 기본 문법을 잘 이해해야 합니다

20년 전, 제가 마케팅 석사 학위를 받고 직장인으로서의 삶을 시작하면서 CRM 전문가가 되겠다는 생각을 가졌습니다. CRM은 Customer Relationship Management의 머릿글자로, 한글로 번역하면 고객 관계 관리가 됩니다. 고객과의 거래 데이터를 분석하여 고객의 니즈를 파악하고, 고객에 니즈에 맞는 다양한 마케팅 활동을 전개함으로써 고객과의 관계를 유지시키는 것이 목적이죠. 결국 CRM을 잘하려면 데이터 분석을 통해 고객의 니즈를 파악하는 것이 무엇보다 중요합니다.

석사과정을 포함하면 저는 약 22년 동안 데이터를 분석하는 일을 했습니다. 그런데 저에게 데이터 분석은 일이고 동시에 취미였습니다. 그래서인지 데이터를 다룰 때 힘들거나 지루했던 적은 없었던 것 같습니다. 좋아하는 일을 하는 것은 언제나 즐겁고 재미있으니까요. 하지만 사실 데이터를 분석하는 일은 재미있지 않습니다. 분석할 데이터를 수집하는 일부터 해야 할 수도 있으며, 수집된 데이터를 분석 가능한 형태로 전처리하는 일은 힘들고 지루하며 심지어 짜증나는 일이 될 수도 있기 때문입니다.

업무상 데이터 분석을 배워야 하는 직장인이나 데이터 분석가를 꿈꾸는 학생 중 많은 사람이 이렇게 힘들고 지루하며 짜증나는 일 때문에 데이터 분석 공부를 포기하곤 합니다. 그래서 저는 데이터 분석을 공부하려면 가능한 본인이 좋아하는 분야의 데이터로 시작해보라고 권유합니다. 비록 데이터 전처리와 분석에 관한 코드를 배우는 것이 어려울지 몰라도 데이터 자체에 흥미를 가지고 있다면 그 어려운 공부를 지속시켜나갈 수 있도록 데이터가 동기부여를 해주기 때문입니다.

이 책은 R을 활용하여 데이터를 분석하려는 사람들이 갖추어야 할 기본 지식을 소개하고 있습니다. 분석 데이터는 2020년에 서울에서 거래된 아파트 매매가격 데이터를 제공합니다. R은 프로그래밍 언어이므로 자료형과 자료구조, 제어문과 반복문 등의 기본적인 문법을 잘 이해하고 있어야 합니다. 아울러 dplyr와 ggplot2 패키지는 데이터를 전처리하고 시각화하는데 매우 유용한 함수들을 제공하고 있으므로 데이터 분석가에게 든든한 지원자가 될 것입니다. 아무쪼록 이 책이 R 데이터 분석 공부를 시작하시는 독자께 조금이나마 도움이 되었으면 하는 바람입니다. 감사합니다.

2021년 10월
나성호

감사의 말

이 책이 세상에 나올 수 있도록 물심양면으로 도움을 주신 최현우 대표님과 골든래빗에 감사드립니다. 아울러 바쁜 시간을 내어주신 많은 베타리더께 감사의 인사를 올립니다. 여러분 덕분에 이 책의 내용이 더 충실해질 수 있었습니다. 그리고 항상 저를 응원해주시는 가족에게 무한 감사를 드립니다. 무엇보다 아직은 개구쟁이지만 훗날 멋진 남자로 성장할 아들 연우와 항상 제 편이 되어주는 아내 영희에게 지금껏 그랬듯 앞으로도 많이 사랑한다는 마음을 전합니다.

용어 찾기

영문

용어 찾기

코드 찾기

코드 찾기

기호

나성호의 R 데이터 분석 입문

자료구조가 핵심이다! 기초부터 탄탄히 익히는 R 데이터 분석 입문의 정석

초판 1쇄 발행 2021년 10월 15일

지은이 나성호

펴낸이 최현우 · **기획** 최현우 · **편집** 최현우, 이복연

디자인 Nu:n · **조판** 이경숙

펴낸곳 골든래빗(주)

등록 2020년 7월 7일 제 2020-000183호

주소 서울 마포구 신촌로2길 19, 302호

전화 0505-398-0505 · **팩스** 0505-537-0505

이메일 ask@goldenrabbit.co.kr

SNS facebook.com/goldenrabbit2020

ISBN 979-11-91905-03-8   93000